Anthony de Mello
Der Dieb im Wahrheitsladen

Meines lieben Ilse
ein frohes Weihnachtsfest
u. viel Freude beim
lesen dieser vielen
Geschichten!

Deine Sie

24.12.2003

Anthony de Mello
Der Dieb im Wahrheitsladen

Die schönsten
Weisheitsgeschichten

Herausgegeben von
Ewald Müller

Herder
Freiburg · Basel · Wien

Zweite, durchgesehene Auflage 1998

Alle Rechte vorbehalten – Printed in Germany
© Verlag Herder Freiburg im Breisgau 1997
Umschlaggestaltung: Finken & Bumiller, Stuttgart
Herstellung: Clausen u. Bosse, Leck
Gedruckt auf umweltfreundlichem,
chlorfrei gebleichten Papier
ISBN 3-451-26244-4

Vorwort des Herausgebers

Der Meister, jener von Anthony de Mello erdachte Weise, sagte zu seinen Schülern, deren Sinn nach Tieferem stand: »Verachtet nicht die Geschichten. Eine verlorene Goldmünze findet man mit Hilfe einer billigen Kerze, die tiefste Wahrheit mit Hilfe einer einfachen Geschichte.«

Wie viele Weisheitsgeschichten hat Anthony de Mello den Menschen in aller Welt eigentlich erzählt? – Jedenfalls wollten die schönsten aus fast einem Dutzend kleinerer Ausgaben (vgl. Quellenverzeichnis Seite 367) schon immer einmal in einem großen Geschichtenbuch zusammengefaßt werden. So sind es über 500 in diesem stattlichen Band geworden, der zuerst dem unvergleichlichen Erzähler selbst gewidmet ist, dann aber auch dessen großer Verehrergemeinde, die sicher immer weiter wachsen wird – diese Prognose fällt ganz leicht.

Über die Auswahl der Geschichten entschied keine Verlagsjury. Der Herausgeber, selbstverständlich ein de Mello-Fan, ging ganz subjektiv, ganz nach eigenem Gefallen zu Werke, jedem Ranking von außen abhold. Und er glaubt, dabei auch das Empfinden vieler anderer getroffen zu haben. Zwölf Themenkreise wurden gebildet: über Gott zum Beispiel: »Hast du je den Vogel singen hören?« (Seite 51) – oder über die Zeit: »Was die Schnecke hat« (Seite 177).

Und so hofft der Herausgeber, daß diese Sammlung dem Leser, der Leserin, im Sinne des großen Geschichtenerzählers etwas von der Begeisterung, dem Lachen, ja auch der diebischen Freude mitteilt, die ihn überkamen, wenn ihm beim Auswählen im Wahrheitsladen von Meister de Mello in einem gesegneten Augenblick wieder einmal ein Licht aufging.

....

Anthony de Mello starb vor zehn Jahren am 2. Juni 1987 im Alter von 56 Jahren an einer Herzattacke bei seiner Schwester in New York, wenige Stunden nach seiner Ankunft aus Indien. Aber seine Geschichten haben ihn unsterblich gemacht.

Für alle, die Anthony de Mello noch nicht kennen: Er wurde 1931 in Bombay geboren. Seine katholische Familie stammt aus Goa. Er kam früh mit westlichem Gedankengut in Berührung und sprach fließend englisch und portugiesisch. In sehr jungen Jahren trat er in den Jesuitenorden ein, der ihn schließlich nach Barcelona zum Philosophiestudium schickte. Nun lernte er auch, perfekt spanisch zu sprechen und vertiefte sich in die Gedankenwelt der großen spanischen Mystiker, insbesondere in die des Ignatius von Loyola. Seine theologische Ausbildung erhielt er in Poona, wo er auch zum Priester geweiht wurde. Von da an zeigte er großes Interesse für das weite Feld der Spiritualität westlich-christlicher wie östlicher Prägung. Später studierte er in Chikago noch Psychologie.

Gegen Ende seines Lebens widmete er sich vor allem dem geistlichen Weg der Sâdhana. Das ist ein geläufiger Ausdruck in verschiedenen hinduistischen Traditionen und Bereichen und heißt wörtlich: »Das, was direkt zum Ziel führt.« Das Ziel Anthony de Mellos war und ist es, den Menschen zu seiner Grundidentität zu führen jenseits mentaler, philosophischer und religiöser Kategorien. »Gewöhnlich sind alle unsere Beziehungen zu Gott mittelbar, gebrochen durch Bilder und Ideen, die notwendigerweise seine Wirklichkeit verzerren«, sagt Anthony de Mello. Es sei das Privileg des mystischen Herzens, Gott jenseits von Gedanken und Bildern erfassen zu können. Dieses Herz habe freilich nichts mit unserem körperlichen Herzen oder unseren Gemütsbewegungen zu tun. Anthony de Mello war überzeugt, daß gerade darin die Botschaft der christlichen Mystiker zu finden ist: Im Weg des Herzens, das universell in seiner Sprache und seinem Inhalt ist und das Ziel hat, das menschliche Wesen in direkten Kontakt zu seiner Quelle, zu Gott, zu bringen.

Anthony de Mello ist immer auch vom Geheimnis des Transzendenten umgeben. Warum trägt diese Sammlung seiner schönsten Geschichten den Titel »Der Dieb im Wahrheitsladen«? Wie wird man überhaupt zum Dieb im Wahrheitsladen? – Darf's noch ein Viertel Wahrheit mehr sein? – Nein danke, ich möchte die ganze Wahrheit. – Das wird Ihnen zu teuer sein. Es könnte Sie nämlich den Verlust Ihrer Ruhe und Gelassenheit, und zwar für den Rest Ihres Lebens kosten. – Ja, und so werde ich zunächst zum kleinen Dieb im Wahrheitsladen, weil mir die ganze Wahrheit unerträglich, unerreichbar, unerschwinglich zu sein scheint. Weil mir die Münze der Erleuchtung fehlt.

Doch was sagt de Mellos Meister: »Ihr müßt begreifen lernen, daß die kürzeste Entfernung zwischen einem Menschen und der Wahrheit eine Geschichte ist.« – Anthony de Mellos Geschichten handeln von Stille und göttlicher Leere, von der Suche nach Bewußtheit, Wahrheit, Loslassenkönnen und Glück. Und irgendwie spürt man in ihnen immer wieder etwas vom Lachen: Das göttliche Land ist das Land des Lachens – über sich selbst und über die Welt. Vor allem über sich selbst: Dem Leben ins Gesicht lachen und vorbereitet sein, zu sterben, bedeutet wahre Macht. – »Was ist die Aufgabe eines Meisters?« fragte ein Besucher mit feierlicher Miene. »Die Leute lachen zu lehren«, erwiderte der Meister.

Anthony de Mello warnt aber auch vor seinen Gleichnissen: »Man hüte sich, die Geschichten auf irgend jemand anderen (Pfarrer, Mullah, Kirche, Nachbarn) als auf sich selbst zu beziehen. In diesem Fall könnte die Geschichte im geistigen Sinne Schaden zufügen. Alle Geschichten handeln von Dir, von niemand sonst«, wie er vor Augen führt: »Sehr gute Predigt«, sagte eine Frau aus der Gemeinde, als sie dem Pfarrer nach dem Gottesdienst die Hand schüttelte. »Alles, was Sie sagten, paßt genau auf die eine oder andere meiner Bekannten.« – Und Anthony de Mello fügt hinzu: »Niemand kann es Dir abnehmen, nach der Bedeutung zu suchen, die die Geschichte für Dich persönlich hat. Nicht einmal der Meister selbst.«

In diesem Band hier haben fast alle Geschichten vom Herausgeber neue Namen bekommen, die es in den bisherigen Büchern de Mellos nicht gibt. Diese Namen sollen den geistigen Duft und die mystischen Farben der so wie so unvergleichlichen Geschichten Anthony de Mellos entfalten helfen. Sie sind mit der im eigentlichen Sinn des Wortes kindlichen Vorstellung gesucht und so gefunden worden, daß Meister de Mello hoffentlich gern seinen Segen dazu gegeben und gelacht hätte, lebte er noch. Sie heißen zum Beispiel – neugierig machend: »Dobermann und Lebertran« oder »Erfahrungen einer Leiche«, dann lyrisch: »Die Nacht singt«, mit einem Hauch Frivolität: »Der Kuß auf dem Amboß«, auch aggressiv: »Das Ego ist ein Allesfresser« und wieder mystisch: »Auf großer Reise hinterm Haus«.

Wie gesagt: 500 Weisheitsgeschichten und ein paar mehr, die *es* in sich haben. Man muß *es* nur finden. Der Mystiker Anthony de Mello sagt es anders: »Mystik ist die Kunst, im eigenen Herzen die innere Bedeutung von Geschichten über das Göttliche so zu erleben und zu spüren, daß man davon verwandelt wird« - für den Alltag und nicht nur an Feiertagen.

Ich danke meinem Freund Franz Johna für Rat und Tat bei der Herausgabe dieser Sammlung.

Köln, im April 1997   *Dr. Ewald Müller*

Inhalt

I. DIE KÖCHIN IM HASCHEE

....

II. HAST DU JE DEN VOGEL SINGEN HÖREN?

III. DER MENSCH, DAS UNBEKANNTE SCHRIFTZEICHEN

IV. AUF GROSSER REISE HINTERM HAUS

V. PAPST DURCH DIE BRILLE

VI. WAS DIE SCHNECKE HAT

VII. GLÜCK – WAS SONST

14

VIII. GREIFT MAN ZU, LÄUFT ES WEG

IX. DER KUSS AUF DEM AMBOSS

X. TROMPETERS KLARTEXT

XI DER VERSCHWOMMENE EHEMANN

XII. DIE NACHT SINGT

I
Die Köchin im Haschee

»Ihr müßt begreifen lernen, meine Lieben,
daß die kürzeste Entfernung
zwischen einem Menschen und der Wahrheit
eine Geschichte ist.«

DIE KÖCHIN IM HASCHEE

Was ist an diesem Menschen so originell?« fragte ein Gast.
»Alles, was er dir gibt, ist ein Haschee von Geschichten,
Sprichwörtern und Aussprüchen anderer Meister.«

Eine Schülerin lächelte. Sie hatte einmal eine Köchin, sagte
sie, die das wunderbarste Haschee der Welt zubereiten konnte.

»Wie um alles in der Welt bereiten Sie es zu? Sie müssen mir
das Rezept geben.«

Die Köchin strahlte vor Stolz und sagte: »Also Madam, ich will
es Ihnen sagen: das Fleisch ist's nicht, der Pfeffer ist's nicht, die
Zwiebeln sind's nicht, aber wenn ich mich selbst in das Haschee
hineingebe – das ist's, was es zu dem macht, was es ist.«

UNSINN, ABER FEIERLICH

Der Mann redet Unsinn«, sagte ein Besucher, nachdem er dem
Meister zugehört hatte.

Sagte ein Schüler: »Du würdest nicht weniger Unsinn reden,
wolltest du versuchen, das Unsagbare auszusprechen.«

Als der Besucher darüber mit dem Meister selbst sprach, erhielt er
von ihm die Antwort: »Niemand ist davon ausgenommen,
Unsinn zu reden. Das Schlimme dabei aber ist, es feierlich zu
tun.«

WOVOR SICH WICHTIGTUER FÜRCHTEN

Es gab kein wichtigtuerisches Gehabe um den Meister. Wildes, ausgelassenes Gelächter brach jedesmal los, wenn er sprach, zum Entsetzen derer, die es mit ihrer Spiritualität – und mit sich selbst – feierlich hielten.

Sagte ein enttäuschter Besucher: »Der Mann ist ein Clown.«

»Nein, nein«, sagte ein Schüler. »Du übersiehst den entscheidenden Punkt: Ein Clown bringt dich über ihn zum Lachen, ein Meister bringt dich über dich selbst zum Lachen.«

SCHÖN GEPREDIGT, HERR PFARRER

Sehr gute Predigt«, sagte eine Frau aus der Gemeinde, als sie dem Pfarrer nach dem Gottesdienst die Hand schüttelte. »Alles, was Sie sagten, paßt genau auf die eine oder andere meiner Bekannten.«

SONDERMISCHUNG

Eine Gruppe älterer Herren in Japan traf sich regelmäßig, um Neuigkeiten auszutauschen und Tee zu trinken. Es machte ihnen Spaß, teure Teesorten ausfindig zu machen und neue Mischungen zu kreieren, die ihrem Gaumen schmeichelten. Als das älteste Mitglied der Gruppe an der Reihe war, die anderen zu bewirten, servierte er den Tee mit der ausgesuchtesten Zeremonie und verteilte die Teeblätter aus einem goldenen Gefäß. Jedermann war des höchsten Lobes voll und wollte wissen, wie er diese hervorragende Mischung zusammengestellt hatte.

Der alte Mann lächelte und sagte:»Meine Herren, den Tee, den Sie so köstlich finden, trinken die Bauern auf meiner Farm. Die besten Dinge im Leben sind weder teuer noch schwer zu finden.«

LEELA – DAS SPIEL GOTTES

Einmal bezog sich der Meister auf die hinduistische Auffassung, wonach die ganze Schöpfung»leela«, ein Spiel Gottes sei und das Universum sein Spielplatz. Das Ziel der Spiritualität bestehe darin, so behauptete er, alles Leben zu einem Spiel zu machen.

Dies erschien einem strengen Besucher zu frivol.»Ist denn kein Raum zum Arbeiten da?« fragte er.

»Selbstverständlich ist einer da. Aber Arbeit wird nur dann spirituell, wenn sie sich in Spiel verwandelt.«

DAS STÜCK VOM SCHLÄGER UND GESCHLAGENEN

Muso, einer der berühmtesten Meister seiner Zeit, war unterwegs in der Gesellschaft eines Schülers. Sie kamen an einen Fluß und bestiegen eine Fähre. Gerade als sie ablegen wollten, kam ein betrunkener Samurai angerannt. Er sprang in das überladene Boot und brachte es beinahe zum Kentern. Dann torkelte er wild herum und gefährdete das nicht sehr robuste Schiff, so daß der Bootsführer ihn bat, sich ruhig zu verhalten.

»Wir sind hier wie in einem Schafstall zusammengepfercht«, sagte der Samurai heiser. Plötzlich sah er Muso und schrie:

»Hier! Laßt uns den heiligen Mann über Bord werfen!«

»Habt bitte Geduld«, sagte Muso,»wir werden bald drüben sein«.

»Was? Ich soll Geduld haben?« brüllte der Samurai, »hört, wenn Ihr nicht springt, werfe ich Euch glatt über Bord«.

Des Meisters ruhige Haltung angesichts dieser Drohungen machten den Samurai so wütend, daß er zu Muso hinging und ihn so in das Gesicht schlug, daß es blutete. Nun hatte der Schüler genug. Er war ein kräftiger Mann und sagte:

»Jetzt soll er sterben, nachdem er das getan hat.«

»Warum sich über eine solche Kleinigkeit aufregen?« sagte Muso lächelnd. »Gerade solche Vorkommnisse stellen uns auf die Probe. Erinnere dich, daß Geduld mehr ist als nur ein Wort.« Dann verfaßte er ein kleines Gedicht.

»Schläger und Geschlagene
sind nur Spieler eines Stückes,
das so schnell vorbeigeht wie ein Traum.«

PETRUS WILL GOLF SPIELEN

Eines Sonntagmorgens gingen Gott und Petrus Golf spielen. Gott spielte den Ball vom Anschlag. Er tat einen mächtigen Schlag und schlug den Ball ins Rauh neben den Fairway.

Der Ball hatte noch nicht den Boden berührt, als ein Kaninchen aus einem Busch heraussauste, den Ball mit dem Maul auffing und den Fairway hinunterrannte. Plötzlich stürzte ein Adler herab, packte das Kaninchen mit seinen Fängen und flog mit ihm über das Green. Ein Mann mit einem Gewehr nahm ihn ins Visier und schoß den Adler mitten im Flug ab. Der Adler ließ das Kaninchen fallen. Es fiel ins Green, und der Ball rollte aus seinem Maul in das Loch.

Wütend drehte sich Petrus zu Gott um und sagte: »Was soll das? Entweder du spielst Golf, oder du alberst herum!«

BESSER ALS UNSTERBLICH

Nach einer Legende schickte Gott einen Engel mit folgender Botschaft zu dem Meister: »Bitte um eine Million Lebensjahre, und sie werden dir gegeben werden, ja auch abermillionen Jahre. Wie lange möchtest du leben?«

»Achtzig Jahre«, erwiderte der Meister, ohne das geringste Zögern.

Die Schüler waren bestürzt. »Aber Meister, wenn Ihr eine Million Jahre leben könntet, bedenkt wie viele Generationen von Eurer Weisheit profitieren könnten.«

»Wenn ich eine Million Jahre lebte, wären die Menschen mehr darauf bedacht, ihr Leben zu verlängern als Weisheit zu entwickeln.«

DER ZIGEUNER IN UNS

In einer kleinen Grenzstadt lebte ein alter Mann schon fünfzig Jahre in dem gleichen Haus.

Eines Tages zog er zum großen Erstaunen seiner Umgebung in das Nachbarhaus um. Reporter der Lokalzeitung sprachen bei ihm vor, um ihn nach dem Grund zu fragen.

»Ich glaube, das ist der Zigeuner in mir«, sagte er mit selbstzufriedenem Lächeln.

EIN SCHNEIDER FUHR MIT COLUMBUS

Habt ihr je von dem Mann gehört, der Christoph Columbus auf seiner Entdeckungsfahrt in die Neue Welt begleitete und sich die ganze Zeit grämte, vielleicht nicht rechtzeitig zurück zu sein, um die Nachfolge des alten Dorfschneiders anzutreten, und ein anderer ihm den Job wegschnappen könnte?

Um in dem Abenteuer, genannt Spiritualität, Erfolg zu haben, muß man fest entschlossen sein, aus dem Leben soviel wie möglich herauszuholen. Viele Menschen begnügen sich mit Nichtigkeiten wie Reichtum, Ruhm, Bequemlichkeit und menschlicher Geselligkeit.

SCHÜLER SEIN

Als der König die Klöster des großen Zen-Meisters Lin Chi besuchte, erfuhr er zu seinem Erstaunen, daß dort mehr als zehntausend Mönche mit ihm lebten.

Da der König die genaue Anzahl der Mönche wissen wollte, fragte er: »Wie viele Schüler habt Ihr?«

Lin Chi erwiderte: »Höchstens vier oder fünf.«

PERLEN IN DER WÜSTE

Zwei Schmuckhändler kamen eines Nachts ungefähr gleichzeitig in einer Karawanserei in der Wüste an. Jeder war sich der Gegenwart des anderen durchaus bewußt, und als der eine sein Kamel ablud, konnte der andere der Versuchung nicht widerstehen, wie zufällig eine große Perle fallen zu lassen. Sie rollte auf den anderen zu, der sie mit gespielter Liebenswürdigkeit aufhob, sie ihrem Eigentümer zurückgab und sagte: »Ihr habt hier eine wunderschöne Perle, Sir. Groß und schimmernd wie wenige.«

»Wie reizend Ihr das sagt«, erwiderte der andere. »Tatsächlich ist sie eine der kleineren aus meiner Kollektion.«

Ein Beduine, der am Feuer saß, hatte dieses Schauspiel beobachtet. Er erhob sich und lud die beiden ein, mit ihm zu essen. Als sie ihr Mahl begannen, erzählte er folgende Geschichte:

»Auch ich, meine Freunde, war einmal Schmuckhändler wie Ihr. Eines Tages geriet ich in der Wüste in einen großen Sturm. Meine Karawane und ich wurden hin und her getrieben, bis ich mein Gefolge verloren und mich verirrt hatte. Tage vergingen, und von panischer Angst ergriffen, merkte ich, daß ich im Kreis herumwanderte und kein Gefühl mehr hatte, wo ich war und welche Richtung ich einschlagen sollte.

Als ich fast verhungert war, lud ich alles Gepäck von meinem Kamel ab und durchwühlte es wohl zum hundertsten Mal. Stellt euch meine Aufregung vor, als ich einen Beutel fand, den ich zuvor übersehen hatte. Mit zitternden Fingern riß ich ihn auf in der Hoffnung, etwas Eßbares zu finden. Ihr werdet meine Enttäuschung verstehen, als ich sah, daß er nur Perlen enthielt.«

WENN DIE MAUS ZUM PANTHER WIRD

Nach einer alten indischen Fabel lebte eine Maus in ständiger Sorge, weil sie Angst vor der Katze hatte. Ein Zauberer hatte Mitleid mit ihr und verwandelte sie in eine Katze. Aber dann hatte sie Angst vor dem Hund. Also verwandelte sie der Zauberer in einen Hund. Da begann sie den Panther zu fürchten, also verwandelte sie der Zauberer in einen Panther. Nun hatte sie Angst vor dem Jäger.

Da gab der Zauberer auf. Er verwandelte sie wieder in eine Maus und sagte: »Nichts, was ich für dich tun kann, wird dir helfen, denn du hast das Herz einer Maus.«

DIE EHRLICHE KÖCHIN

Ein guter Weg, Ihre eigenen Fehler und Unzulänglichkeiten zu erkennen«, sagte der Meister, »besteht darin, zu beobachten, was Sie bei anderen stört«.

Er erzählte einmal, wie seine Frau eine Dose mit Schokoladenbonbons in den Küchenschrank gestellt hatte, um schon nach einer Stunde, als sie die Dose wieder in die Hand nahm, festzustellen, daß sie bis auf den Boden leer war. Die Bonbons waren sorgfältig Stück für Stück in eine Papiertüte gepackt, die bei den persönlichen Sachen der neuen Köchin lag. Die gutmütige Frau wollte deswegen kein Aufhebens machen. Sie füllte die Bonbons wieder in die Dose um und stellte sie an einen Platz außer Reichweite.

Nach dem Essen teilte die Köchin dem Hausherrn mit, daß sie ihre Stelle noch am selben Abend verlassen werde.

»Warum denn? Was ist los?« fragte der Meister.

»Ich möchte nicht für Leute arbeiten, die zurückstehlen«, antwortete sie erbost.

DAS SÜNDENREGISTER DES BISCHOFS

Eine Frau dachte, sie habe Gottesvisionen und ging zum Bischof, um sich Rat zu holen. Der Bischof legte ihr nahe: »Sie mögen an Visionen glauben. Verstehen Sie jedoch, daß ich als

Bischof der Diözese darüber entscheiden kann, ob Ihre Visionen echt oder falsch sind.«

»Durchaus, Exzellenz.«

»Es gehört zu meinem Verantwortungsbereich, es ist meine Pflicht. Sie werden also tun, was ich von Ihnen verlange.«

»Das werde ich, Exzellenz.«

»Also hören Sie gut zu: wenn Ihnen Gott das nächste Mal erscheint, so wie er Ihnen normalerweise erscheint, werden Sie einen Test machen, durch den ich erfahre werde, ob es wirklich Gott ist.«

»Einverstanden, Exzellenz. Aber wie geht der Test?«

»Sagen Sie Gott: ›Bitte enthülle mir die persönlichen, die privaten Sünden des Bischofs.‹ Wenn es wirklich Gott ist, der Ihnen da erscheint, wird er Ihnen meine Sünden sagen. Danach kommen Sie wieder und erzählen mir alles – aber: sonst niemandem! In Ordnung?«

»Das werde ich tun, Exzellenz.«

Einen Monat später bat die Frau erneut um einen Termin beim Bischof, der sie fragte: »Und, ist Gott Ihnen noch einmal erschienen?«

»Ich glaube schon, Exzellenz.«

»Und Sie stellten ihm die Frage, wie ich es verlangt habe?«

»Sicher, Exzellenz.«

»Was hat Gott gesagt?«

»Gott sagte mir: ›Sag dem Bischof, daß ich alle seine Sünden vergessen habe!‹«

Wie finden Sie das? Es gibt kein Buch, in dem die Sünden vermerkt werden. Und wissen Sie, Gott führt kein Sündenregister, keine Liste. Er sieht uns in diesem gegenwärtigen Augenblick und schenkt uns seine bedingungslose Liebe.

DER SCHEINHEILIGE

Ein alter Rabbi lag krank im Bett. Neben seinem Lager führten seine Schüler flüsternd eine Unterhaltung. Sie priesen seine beispiellosen Tugenden.

»Seit Salomons Zeiten gab es niemand, der weiser wäre als er«, sagte einer von ihnen. »Und sein Glauben! Er gleicht dem unseres Vaters Abraham«, sagte ein anderer. »Seine Geduld ähnelt der Hiobs«, sagte ein dritter. »Nur in Moses finden wir jemand, der so vertraut mit Gott verkehrte wie er«, sagte ein vierter.

Der Rabbi schien keine Ruhe zu finden. Als die Schüler gegangen waren, sagte seine Frau: »Hast du gehört, wie sie dein Lob gesungen haben?«

»In der Tat«, erwiderte der Rabbi.

»Warum bist du dann so mürrisch?« fragte sie.

»Meine Bescheidenheit«, klagte der Rabbi, »keiner erwähnte meine Bescheidenheit«.

HILFESCHREI VERKEHRT

Lady Pumphamptons Freund war zum Tee erschienen. Sie gab ihrem Mädchen ein großes Trinkgeld und sagte: »Hier, das ist für Sie. Wenn Sie mich um Hilfe schreien hören, haben Sie Ausgang.«

EIN HEILIGER IM GEFÄNGNIS

Ein zweiundneunzig Jahre alter Priester wurde von jedermann in der Stadt verehrt. Wenn er auf der Straße erschien, verneigte man sich tief, denn der Mann galt als heilig. Er war auch Mitglied des Rotary Klubs. Bei jeder Versammlung war er anwesend, immer pünktlich und saß stets auf seinem Lieblingsplatz in einer Ecke des Raumes.

Eines Tages war er verschwunden. Es war, als hätte er sich in Luft aufgelöst, denn trotz allem Suchen fand man keine Spur von ihm. Als sich jedoch im folgenden Monat der Rotary Klub wieder versammelte, saß er wie gewöhnlich in einer Ecke.

»Aber, Father«, riefen sie, »wo wart Ihr?« – »Im Gefängnis«, antwortete der Priester ruhig. »Im Gefängnis? Aber um Himmels willen, Ihr könnt doch keiner Fliege etwas zuleide tun. Was ist passiert?« – »Das ist eine lange Geschichte«, sagte der Priester. »Kurz gesagt, folgendes ist passiert. Ich kaufte mir eine Fahrkarte, um in die Stadt zu fahren und wartete auf dem Bahnsteig auf den Zug, als ein Polizist mit einem sehr schönen Mädchen im Griff auftauchte. Sie musterte mich, drehte sich zu dem Polypen und sagte: ›Der war's!‹ Und um die Wahrheit zu sagen, ich fühlte mich so geschmeichelt, daß ich mich schuldig bekannte.«

DER SCHATTEN DES HEILIGEN MANNES

Es war einmal ein so gottesfürchtiger Mann, daß sich sogar die Engel freuten, wenn sie ihn sahen. Aber trotz seiner Heiligkeit hatte er keine Ahnung, daß er heilig war. Er ging einfach seinen täglichen Arbeiten nach, und die Güte, die von ihm ausging, war

31

so natürlich wie der Duft, den die Blumen verströmen oder das Licht, das Straßenlaternen verbreiten.

Seine Heiligkeit lag darin, daß er jedes Menschen Vergangenheit vergaß und ihn so nahm, wie er jetzt war, und über die äußere Erscheinung hinweg bis in sein innerstes Wesen sah, wo jedermann unschuldig und ohne Fehl war, noch nicht wissend, was er tat. Auf diese Weise liebte er alle und vergab jedem, den er traf, und er sah darin auch nichts Besonderes, weil es seiner Betrachtungsweise entsprach.

Eines Tages sagte ein Engel zu ihm: »Gott hat mich zu dir geschickt. Äußere irgendeinen Wunsch, und er wird dir erfüllt werden. Möchtest du die Fähigkeit haben, heilen zu können?«

»Nein«, sagte der Mann, »mir ist es lieber, wenn Gott selbst heilt.«

»Möchtest du die Gabe haben, Sünder wieder auf den rechten Weg zu bringen?«

»Nein«, sagte der Mann, »es kommt mir nicht zu, an Menschenherzen zu rühren. Das sollten die Engel tun.«

»Möchtest du ein solches Vorbild an Tugend werden, daß die Menschen veranlaßt werden, dir nachzueifern?«

»Nein«, sagte der Heilige, »denn dadurch würde ich ja die Aufmerksamkeit auf mich ziehen«.

»Was wünscht du dir dann?« fragte der Engel.

»Die Gnade Gottes«, lautete die Antwort, »wenn ich die besitze, habe ich alles, was ich mir wünsche«.

»Nein, du mußt dir schon irgendein Wunder wünschen«, sagte der Engel, »oder es wird dir eines aufgenötigt«.

»Gut, dann bitte ich um folgendes: es möge Gutes durch mich geschehen, ohne daß ich es merke.«

So wurde also beschlossen, dem Schatten des heiligen Mannes Heilkräfte zu verleihen. Wann immer also sein Schatten auf den

Boden fiel, vorausgesetzt, es geschah hinter seinem Rücken, wurden die Kranken geheilt, das Land wurde fruchtbar, Quellen sprudelten hervor, und die Gesichter derer, die von Kummer und Sorgen gezeichnet waren, blühten wieder auf.

Aber der Heilige erfuhr davon nichts, weil die Aufmerksamkeit der Menschen so auf den Schatten konzentriert war, daß sie den Mann vergaßen. So wurde sein Wunsch, durch ihn möge Gutes geschehen, er selbst aber vergessen werden, in vollem Maße erfüllt.

IM PALASTHOTEL

Ein vom Äußeren her streng und unnachsichtig wirkender Sufi erschien vor den Toren des Palastes. Niemand wagte ihn aufzuhalten, als er geradewegs auf den Thron zuschritt, den der heiligmäßige Ibrahim ben Adam innehatte.

»Was wünscht du?« fragte der König.

»Einen Platz, um in dieser Karawanserei zu schlafen.«

»Das ist keine Karawanserei. Das ist mein Palast.«

»Darf ich fragen, wem dieser Ort vor Euch gehörte?«

»Meinem Vater. Er ist tot.«

»Und wem gehörte er vor diesem?«

»Meinem Großvater. Er ist auch tot.«

»Und dieser Ort, den Menschen eine kurze Weile bewohnen und dann weiterziehen – sagtet Ihr wirklich, er sei keine Karawanserei?«

DAS GLEICHNIS VOM BENZINVERBRAUCH

Eine Schülerin war überzeugt, sie sei eigentlich zu sehr welt-
verhaftet und zu wenig religiös. Nach einer Woche Aufenthalt
im Kloster bescheinigte ihr der Meister jedoch, daß ihre Religio-
sität durchaus in Ordnung und gesund sei.

»Aber gibt es nicht *irgend etwas*, was ich tun kann, um genauso
religiös zu sein wie die anderen Schüler?!

Darauf sagte der Meister: »Hör einmal zu: Ein Mann kaufte
sich ein neues Auto. Nachdem er sechs Monate gefahren war und
über den Benzinverbrauch genau Buch geführt hatte, mußte er
feststellen, daß er nicht den phänomenal günstigen Verbrauch
erreichen konnte, der anderen Wagen dieser Klasse so oft nachge-
sagt wird. Er brachte sein Auto in eine Werkstatt, wo eine gründ-
liche Inspektion vorgenommen wurde, ohne daß dabei jedoch
irgendein Fehler gefunden werden konnte.

›Aber kann man denn nicht *irgend etwas* machen, um den Benzinverbrauch zu senken?‹ fragte der Mann.

›Ja, schon‹, sagte der Mechaniker. ›Sie können das machen,
was die meisten Autobesitzer tun.‹

›Was denn?‹

›Lügen Sie sich ihn vor.‹«

TAPFER IST DIE FEUERWEHR

Eine Ölquelle geriet in Brand, und die Gesellschaft rief Fachleute zur Hilfe, um das Feuer zu löschen. Aber die Hitze war so
groß, daß die Feuerlöscher nicht näher als dreihundert Meter an
den Förderturm herankamen. Die Unternehmensleitung bat die
Freiwillige Feuerwehr des Ortes, bei der Brandbekämpfung so gut

es ging zu helfen. Eine halbe Stunde später rollte ein klapprig aussehender Feuerwehrwagen die Straße hinunter und kam ungefähr zwanzig Meter vor den vernichtenden Flammen zu einem abrupten Halt. Die Männer sprangen aus dem Wagen, besprühten einander und machten sich dann daran, das Feuer zu löschen.

Die Unternehmensleitung veranstaltete aus Dankbarkeit einige Tage später eine Feier, wobei der Mut der Feuerwehrmänner hervorgehoben, ihre Pflichterfüllung gerühmt wurde. Als Dank wurde dem Leiter des Feuerwehrdepots ein ansehnlicher Scheck überreicht. Als der Feuerwehrhauptmann von einem Reporter gefragt wurde, was er mit dem Scheck zu tun gedenke, erwiderte dieser: »Zuallererst werde ich den Löschwagen in eine Werkstatt bringen, damit die verdammten Bremsen repariert werden.«

DAMIT ICH IN DEN HIMMEL KOMM'

Leuten, die Tugend übten, um Gott zu gefallen und seine Freundschaft zu erlangen, hatte der Meister dies zu sagen:

Eine Seifenfirma veranstaltete ein Werbequiz, bei dem ein Cadillac zu gewinnen war. Die Teilnehmer, die in Scharen gekommen waren, wurden gefragt: »Warum mögen Sie unsere ›Himmelsduft-Seife‹?«

Darauf antwortete eine Frau prompt: »Weil ich einen Cadillac haben möchte.«

ES MÜSSEN SPÄNE FLIEGEN

Jemand fragte den Meister, was ›uneigennütziges Handeln‹ heiße. Der Meister antwortete: »Handeln, das gern und um seiner selbst willen geschieht, und nicht, um dafür eine Anerkennung, einen Nutzen oder eine Belohnung zu erhalten.«

Dann erzählte er von einem Mann, der von einem Forscher angeheuert und in einen Hinterhof geführt wurde, wo er ihm eine Axt in die Hand drückte.

»Siehst du den Baumstamm hier auf dem Boden? Ich möchte, daß du ihn mit dieser Axt durchhaust – aber nur mit der stumpfen Kante der Axt und nicht mit der scharfen Schneide. Du bekommst dafür hundert Dollar pro Stunde.«

Der Mann dachte, der Forscher sei verrückt, aber der Lohn war so verlockend, daß er zusagte und mit der Arbeit anfing. Nach zwei Stunden warf er die Axt hin und sagte: »Herr, ich hör' auf.«

»Was ist los? Bist du mit dem, was ich dir gebe, nicht zufrieden? Du sollst das Doppelte haben!«

»Nein, danke«, sagte der Mann. »Der Lohn ist gut. Aber wenn ich Holz haue, muß ich die Späne fliegen sehen.«

DER ÜBERFAHRENE VERKEHRSEXPERTE

Der Meister lächelte über Leute, die sich selbst als geistliche Führer anderer einsetzen, obwohl sie selbst hin und her gerissen und orientierungslos waren.

Er erzählte mit Vorliebe von dem Autor, der ein Buch schrieb »Wie verhalte ich mich als Fußgänger im Straßenverkehr« und am Tage der Veröffentlichung überfahren wurde.

EHEANBAHNUNG NACH DIENSTALTER

Um seinen Schülern deutlich zu machen, wie absurd eine religiöse Autorität ist, die irgendeiner anderen Quelle entspringt als persönlicher Fähigkeit und Kompetenz, erzählte der Meister von einem Arbeiter, der in eine Agentur für Eheanbahnung ging.

»Ist das ein Union-Vermittlungs-Shop (der Gewerkschaft)?«

»Ja, so ist es.«

Er suchte das Foto einer fünfundzwanzigjährigen Schönen aus und sagte: »Ich möchte die nehmen.«

»Nein, Sie müssen *diese* Dame nehmen«, erwiderte der Leiter der Agentur und zeigte ihm das Bild einer grauhaarigen Frau um die Fünfzig.

»Warum soll ich die nehmen?«

»Weil sie Vorrang im Dienstalter hat.«

KLAPP DEN KOFFER ZU!

Als der Meister von religiösen Führern sprach, die andere durch ihr äußeres Verhalten und ihre Kleidung zu beeindrucken suchen, erzählte er seinen Schülern diese Geschichte: Ein Betrunkener schwankte nach Hause und kam auf eine schlaue Idee, wie er seiner Frau seinen Zustand verheimlichen könnte: Er wollte sich in sein Arbeitszimmer setzen und ein Buch lesen, denn wer hätte einen Betrunkenen schon einmal ein Buch lesen gesehen?

Als seine Frau kam und wissen wollte, was er dort in der Ecke seines Arbeitszimmers tue, antwortete er vergnügt: »Lesen, meine Liebe.«

»Du bist betrunken«, sagte seine Frau. »Klapp den Koffer zu, und komm runter zum Essen!«

GEFUNDEN

Eine andere Geschichte wird erzählt von einem Soldaten auf dem Schlachtfeld, der einfach sein Gewehr fallen ließ, ein Stück Papier vom Boden aufhob und es betrachtete. Nach kurzer Zeit ließ er es wieder zu Boden flattern. Dann ging er ein Stückchen weiter und tat das gleiche. Die anderen Soldaten sagten: »Der ist ja lebensmüde. Er braucht Hilfe.« So schafften sie ihn in eine Klinik, wo sich der beste Psychiater um ihn kümmerte. Aber nichts schien zu helfen. Der Soldat wanderte durch die Gänge, las Papierfetzen auf, schaute sie kurz an und ließ sie wieder zu Boden flattern. Schließlich sagte man: »Wir müssen diesen Mann aus der Armee entlassen.« Also rief man ihn herein und überreichte ihm seine Entlassungsurkunde. Er nahm sie, warf einen Blick darauf und rief: »Ist sie das? Das ist sie!« Endlich hatte er sie gefunden.

DIE BÜHNENARBEITER UND DER CHOR

Der Chor hielt seine Generalprobe in einem Höllenlärm, weil die Bühnenarbeiter dabei waren, letzte Hand an die Bühnenaufbauten zu legen.

Als ein junger Bursche so laut darauf loshämmerte, daß der Krach unerträglich wurde, klopfte der Dirigent ab und warf ihm einen flehenden Blick zu.

»Singen Sie ruhig weiter«, rief der fröhliche Arbeiter, »es stört mich nicht im geringsten!«

IN DER EINBRECHERSCHULE

Als der Sohn eines Einbrechers merkte, daß sein Vater alt wurde, sagte er: »Vater, lehre mich dein Handwerk, damit ich die Familientradition fortsetzen kann, wenn du in den Ruhestand trittst.«

Der Vater antwortete nicht, nahm aber in der Nacht den Jungen mit, als er in ein Haus einbrach. Als sie drinnen waren, öffnete er einen Wandschrank und ließ seinen Sohn nachgucken, was sich im Schrank befand. Sobald der Junge drin war, schlug der Vater die Tür zu, verriegelte sie und machte dabei einen solchen Lärm, daß das ganze Haus aufwachte. Dann schlich er sich still davon.

Der eingeschlossene Junge war erschrocken und wütend und zerbrach sich den Kopf, wie er herauskommen könnte. Dann hatte er eine Idee. Er ahmte den Laut einer Katze nach, darauf entzündete ein Diener eine Kerze und öffnete den Schrank, um die Katze herauszulassen. Im gleichen Augenblick sprang der Junge heraus, und alle rannten hinter ihm her. Da sah er neben der Straße einen Brunnen, ergriff einen großen Stein, warf ihn hinein und versteckte sich im Dunkeln. Dann schlich er sich davon, während seine Verfolger in die Tiefe des Brunnens starrten in der Hoffnung, daß der Einbrecher dort ertrunken war.

Zu Hause angekommen, vergaß der Junge seinen Ärger vor lauter Eifer, seine Geschichte zu erzählen. Aber sein Vater sagte: »Wozu die Geschichte? Du bist hier. Das genügt. Du hast das Handwerk gelernt.«

ÜBERRASCHUNG IM NACHTCLUB

Zum Thema der moralischen Erziehung von Kindern wußte der Meister einmal zu sagen:

»Als ich noch nicht zwanzig war, warnte mich mein Vater vor bestimmten Orten in der Stadt.

Er sagte: ›Geh niemals in einen Nachtclub, mein Sohn!‹

›Warum nicht, Vater?‹ wollte ich wissen.

›Weil du dort Dinge siehst, die du besser nicht sehen solltest.‹

Das weckte natürlich meine Neugierde, und bei der nächsten Gelegenheit ging ich in einen Nachtclub.«

Die Schüler fragten: »Und hast du etwas gesehen, was du nicht solltest?«

»Natürlich habe ich«, sagte der Meister. »Ich sah meinen Vater.«

KLEINER REITER WIRD GEZÄHMT

Ein verzweifeltes Elternpaar bat dringend um den Besuch eines Kinderpsychologen, weil sie mit ihrem kleinen Jungen nicht fertig wurden, der auf dem Schaukelpferd eines Nachbarkindes saß und sich weigerte, herunterzusteigen. Er hatte zu Hause drei eigene Schaukelpferde, bestand aber unnachgiebig auf *diesem*. Versuche, ihn herunterzuheben, führten zu einem solchen Geheule und Geschrei, daß man ihn schnell wieder auf das Pferd setzte.

Der Psychologe regelte zunächst die Angelegenheit seines Honorars, begab sich dann zu dem Kind, fuhr ihm liebevoll durchs Haar, beugte sich hinunter und flüsterte ihm lächelnd ins Ohr. Sofort stieg der Junge vom Pferd und ging artig mit seinen Eltern nach Hause.

»Welche Zauberformel haben Sie bei dem Kind angewandt?«
fragten die erstaunten Eltern.

Der Psychologe steckte sein Honorar ein und sagte dann:
»Ganz einfach. Ich beugte mich zu ihm und sagte: ›Wenn du nicht
sofort von dem Pferd herunterkommst, werde ich dich so verprügeln, daß du eine Woche nicht mehr sitzen kannst. Ich werde
dafür bezahlt, es ist also nicht bloß Gerede.‹«

DOBERMANN UND LEBERTRAN

Ein Mann begann seinem Dobermann große Mengen Lebertran zu geben, weil man ihm gesagt hatte, das Zeug sei gut für
Hunde. Jeden Tag pflegte er den Kopf des widerstrebenden Tieres
zwischen seinen Knien festzuhalten, seine Schnauze gewaltsam
zu öffnen und ihm die Flüssigkeit mit einem Löffel hineinzu-
schütten.

Eines Tages riß sich der Hund los und spuckte den Lebertran
aus. Zum größten Erstaunen seines Herrn begann er dann jedoch,
den Löffel abzulecken. So kam der Mann darauf, daß der Hund
nichts gegen den Lebertran hatte, sondern gegen die Art der Verab-
reichung.

RENNEN WIE DER TEUFEL

Unterwegs auf der Straße sah ein Priester, wie ein kleiner
Junge immer wieder hochsprang, um die Haustürklingel zu
erreichen. Der arme Kerl war zu klein, und die Glocke hing zu
hoch.

Also ging der Priester hin und klingelte für den kleinen Kerl.
Dann wandte er sich lächelnd an den Kleinen: »Und was machen
wir jetzt?«

Das Bürschlein sagte: »Rennen wie der Teufel!«

REQUIEM PARTOUT

Ein kleiner Junge war todunglücklich, als er seinen Liebling,
eine Schildkröte, leblos und starr auf dem Rücken liegend,
neben dem Teich fand.

Sein Vater bemühte sich, ihn zu trösten: »Weine nicht, mein
Junge. Wir werden ein schönes Begräbnis für Frau Schildkröte
veranstalten. Wir werden ihr einen kleinen Sarg machen, ihn mit
Seide ausschlagen und einen Grabstein bestellen, auf den Frau
Schildkrötes Name graviert wird. Dann werden wir jeden Tag fri-
sche Blumen hinbringen und einen kleinen Palisadenzaun anle-
gen.«

Der kleine Junge trocknete seine Tränen und begeisterte sich
für diesen Plan. Als alles fertig war, formierte sich der Trauerzug –
Vater, Mutter, Hausmädchen und Kind als Haupttrauernde – und
begann sich feierlich zu dem Teich zu begeben, um den Leichnam
einzuholen. Aber der war verschwunden.

Plötzlich erblickten sie Frau Schildkröte, wie sie aus der Tiefe
des Teiches auftauchte und vergnügt hin und herpaddelte. Der
kleine Junge starrte bitter enttäuscht auf seinen Freund und
sagte: »Komm, dann bringen wir sie eben um.«

EIN FACHMANN HÄLT DIE LUFT AN

Ein hoher Lastwagen fuhr durch eine Eisenbahnunterführung, blieb aber zwischen den Brückenträgern und der Straße stecken. Alle Bemühungen von Fachleuten, ihn wieder freizubekommen, erwiesen sich als nutzlos, und der Verkehr staute sich kilometerlang auf beiden Seiten der Unterführung.

Ein kleiner Junge versuchte immer wieder die Aufmerksamkeit des Vorarbeiters auf sich zu lenken, wurde aber stets weggestoßen. Schließlich sagte der Mann in schierer Verzweiflung: »Du bist wohl hergekommen, um uns zu sagen, wie wir die Sache anpacken sollen!«

»Ja«, sagte der Junge, »ich würde vorschlagen, etwas Luft aus den Reifen zu lassen«.

WER NICHT LESEN KANN, MUSS SELBER DENKEN

Mit Hilfe einer Gebrauchsanweisung versuchte eine Frau stundenlang, ein kompliziertes Gerät, das sie gekauft hatte, zusammenzusetzen. Schließlich gab sie auf und ließ die einzelnen Teile verstreut auf dem Küchentisch liegen.

Als sie einige Stunden später nach Hause kam, stellte sie erstaunt fest, daß das Hausmädchen die Maschine zusammengebaut hatte. Die Maschine funktionierte perfekt.

»Wie haben Sie das nur fertiggebracht?« rief sie erstaunt.

»Ach, gnädige Frau, wenn man nicht lesen kann, muß man eben seinen Verstand gebrauchen«, war die gelassene Antwort.

MURPHY ZÄHMT DEN WILDEN

Ein großes Mannsbild betrat einen überfüllten Raum und schrie: »Ist hier ein Bursche namens Murphy?« Ein kleiner Kerl stand auf und sagte: »Ich bin Murphy.«

Der Hüne brachte ihn beinahe um. Er brach ihm fünf Rippen, die Nase, versetzte ihm zwei blaue Augen und schlug ihn dann nieder. Danach verließ er den Raum.

Als er draußen war, sahen wir, wie der Kleine kichernd zu sich sagte: »Den Kerl habe ich ganz schön angeführt. Ich bin gar nicht Murphy, ha, ha.«

Eine Gesellschaft, die ihre Rebellen gezähmt hat, gewinnt Frieden, aber verliert ihre Zukunft.

ZEHN TASSEN KAFFEE

Ein Bettler sah einen Bankier aus seinem Büro kommen und sagte:

»Könnten Sie mir ein paar Cents geben, Sir, daß ich mir eine Tasse Kaffee kaufen kann?«

Dem Bankier tat der Mann leid, der schmutzig und elend aussah. Er sagte: »Hier haben Sie einen Dollar, dafür können Sie sich zehn Tassen Kaffee kaufen.«

Am nächsten Tag war der Bettler wieder vor dem Büro des Bankiers, und als dieser herauskam, versetzte er ihm einen Schlag.

»He«, sagte der Bankier, »was tun Sie da?«

»Sie und Ihre verdammten zehn Tassen Kaffee. Ich konnte die ganze Nacht nicht schlafen.«

TAUBSTUMMEN-TRICK

Zwei Bewohner eines Taubstummenheimes zankten sich. Als ein Angestellter dazukam, um die Sache wieder ins Lot zu bringen, hatte einer dem anderen den Rücken zugedreht und schüttelte sich vor Lachen.

»Worum geht der Spaß? Warum sieht Ihr Partner so wütend aus?« fragte der Helfer in der Zeichensprache.

Der Stumme erwiderte, auch mit den Fingern: »Weil er mich beschimpfen will, aber ich mich weigere, hinzusehen!«

REBHÜHNER FÜR DEN RICHTER

Zwei Jäger hatten eine Klage gegeneinander angestrengt. Einer fragte seinen Rechtsanwalt, ob es nicht eine gute Idee wäre, dem Richter ein Paar Rebhühner zu schicken. Der Rechtsanwalt war entsetzt: »Dieser Richter ist stolz auf seine Unbestechlichkeit«, sagte er, »eine solche Geste hätte genau die gegenteilige Wirkung der von Ihnen beabsichtigten«.

Nachdem der Prozeß vorüber – und gewonnen – war, lud der Mann seinen Rechtsanwalt zum Essen ein und dankte ihm für den Rat hinsichtlich der Rebhühner.

»Wissen Sie«, sagte er, »ich habe sie dem Richter doch geschickt im Namen unseres Gegners«.

VOM ARBEITSLOSEN TASCHENRECHNER

Der Meister war von modernen Erfindungen auf kindliche Weise fasziniert. Als er einen Taschenrechner sah, konnte er sich vor Erstaunen kaum fassen.

Später sagte er nachsichtig: »Viele Leute scheinen solche kleinen Taschenrechner zu haben, aber nichts in ihren Taschen, das eine Berechnung lohnte.«

Wochen später, als ihn ein Besucher fragte, was er seine Schüler lehrte, sagte er: »Die Prioritäten richtig zu setzen: es ist besser, Geld zu haben, als es zu berechnen, besser, die Erfahrung zu machen, als sie zu definieren.«

GEGEN RANG UND NAMEN

Ein Rekrut wurde als Wachmann eingeteilt, um die Einfahrt zu dem Militärlager zu bewachen, mit dem strikten Befehl, keinen Wagen passieren zu lassen, der nicht einen besonderen Wimpel trug.

Es geschah nun, daß er einen Wagen anhielt, in dem ein General saß, der sofort seinem Fahrer befahl, sich nicht um die Wache zu kümmern und weiterzufahren. Daraufhin trat der Rekrut, das Gewehr im Anschlag, vor und sagte ruhig: »Ich bitte um Verzeihung, Sir, aber ich bin neu in diesem Geschäft. Wen soll ich erschießen? Sie oder den Chauffeur?«

Man erlangt Größe, wenn man den Rang der Vorgesetzten nicht achtet, und die Untergebenen seinen eigenen Rang vergessen macht. Wenn man weder überheblich gegenüber den Schwachen ist, noch schwach mit den Überheblichen.

MAULTIERKREISEL

Gott sei Dank hatten wir ein Maultier zum Picknick mitgenommen, denn als ein Junge sich verletzte, konnten wir ihn auf dem Maultier zurücktransportieren.«

»Wie verletzte er sich?«

»Das Maultier versetzte ihm einen Tritt.«

WANN WIRD DER KRIEG ZU ENDE SEIN?

Marschall Ferdinand Foch war Oberbefehlshaber der Alliierten Streitkräfte im Ersten Weltkrieg. Sein Chauffeur Pierre wurde unentwegt von Zeitungsreportern belagert, die von ihm zu erfahren hofften, welche Gedanken den Marschall bewegten. Ständig fragten sie ihn, wann der Krieg zu Ende sein würde. Aber Pierre wollte nie etwas sagen.

Eines Tages wurden sie Pierres gerade habhaft, als dieser das Hauptquartier verließ. Als sie ihn umringten, sagte der Chauffeur:

»Heute hat der Marschall gesprochen.«

»Was hat er gesagt?« fragten sie eifrig.

»Er sagte: ›Pierre, was glaubst du? Wann wird der Krieg zu Ende sein?‹«

VATER UND PRÄSIDENT

Der amerikanische Präsident William Howard Taft saß eines Abends beim Essen, als sein jüngster Sohn eine respektlose Bemerkung über seinen Vater machte.

Alle waren entsetzt über die Unverfrorenheit des Jungen. Ein verlegenes Schweigen breitete sich im Zimmer aus.

Mrs. Taft fragte: »Willst du ihn nicht bestrafen?«

»Wenn die Bemerkung an mich als seinen Vater gerichtet ist, dann wird er bestimmt bestraft werden«, sagte Taft. »Wenn er sie allerdings gegenüber dem Präsidenten der Vereinigten Staaten machte, dann ist das sein verfassungsmäßiges Recht.«

SCHUSTERPHILOSOPHIE

Ein Philosoph, der nur ein Paar Schuhe besaß, bat den Schuster, sie auszubessern, während er warten würde.

»Es ist Geschäftsschluß«, sagte der Schuster, »ich kann sie jetzt nicht mehr reparieren. Können Sie die Schuhe nicht morgen abholen?«

»Ich habe nur ein Paar Schuhe, und ohne Schuhe kann ich nicht laufen.«

»Also gut, ich werde Ihnen für einen Tag ein Paar gebrauchte Schuhe leihen.«

»Was? Ich soll Schuhe von einem anderen tragen? Wofür halten Sie mich?«

»Was haben Sie gegen fremde Schuhe an Ihren Füßen? Es macht Ihnen ja auch nichts aus, anderer Leute Gedanken in Ihrem Kopf zu haben?«

HIER SITZE ICH UND KANN NICHT ANDERS

Das auszusprechen, was man für Wahrheit hält, erfordert viel Mut, wenn man zu einer Institution gehört.

Die Institution selbst in Frage zu stellen, fordert noch mehr Mut. Das tat Jesus.

Als Chruschtschow in seiner berühmten Rede die Stalin-Ära brandmarkte, soll jemand in der Kongreßhalle gesagt haben: »Wo waren Sie, Genosse Chruschtschow, als alle diese unschuldigen Menschen hingeschlachtet wurden?«

Chruschtschow hielt inne, blickte sich in der Halle um und sagte: »Würde derjenige bitte aufstehen, der das gesagt hat!«

In der Halle wuchs die Spannung. Niemand stand auf.

Dann sagte Chruschtschow: »Nun, das ist die Antwort, wer Sie auch immer sein mögen. Ich war damals in genau der gleichen Lage wie Sie jetzt.«

Jesus wäre aufgestanden.

WER HAT SCHON RECHT?

Einem Gast, der sich selbst einen Wahrheitssucher nannte, sagte der Meister: »Wenn du die Wahrheit suchst, mußt du vor allem anderen eine Sache besitzen.«

»Ich weiß, ein unbezwingbares Verlangen nach Wahrheit.«

»Nein. Eine nie nachlassende Bereitschaft zuzugeben, daß du unrecht haben könntest.«

WEISHEIT IST KEIN BAHNHOF

Gewisse Menschen werden nie etwas lernen,
weil sie alles zu schnell begreifen.
Weisheit ist schließlich kein Bahnhof,
an dem man ankommt,
sondern eine Art zu reisen.
Reist man zu schnell,
übersieht man die Landschaft.
Genau zu wissen, wohin man will,
kann der beste Weg sein, sich zu verirren.
Nicht alle, die bummeln, verlaufen sich.

II
Hast du je den Vogel singen hören?

» Wir spüren nicht mehr,
daß Gott uns im leichten Wind umspielt
und uns bei jeder Empfindung berührt.«

HAST DU JE DEN VOGEL SINGEN HÖREN?

Der Schüler beklagte sich ständig gegenüber seinem Zen-Meister: »Ihr verbergt das letzte Geheimnis des Zen vor mir.« Und er wollte es nicht glauben, als der Meister verneinte. Eines Tages machte der Meister mit ihm einen Spaziergang in der hügeligen Landschaft. Unterwegs hörten sie einen Vogel singen. »Hast du den Vogel singen hören?« fragte der Meister. »Ja«, sagte der Schüler.

»Also, nun weißt du, daß ich nichts vor dir verborgen habe.«

»Ja«, sagte der Schüler.

Wenn du wirklich einen Vogel singen hörtest, wenn du wirklich einen Baum sähest – wüßtest du – jenseits aller Worte und Begriffe.

Du sagst, du hättest Dutzende von Vögeln singen hören und Hunderte von Bäumen gesehen? Nun, sahst du den Baum oder den Begriff? Wenn du einen Baum betrachtest und einen Baum siehst, hast du in Wirklichkeit nicht den Baum gesehen. Wenn du einen Baum betrachtest und ein Wunder siehst, dann hast du endlich einen Baum gesehen!

VOM TANZ ZUM TÄNZER

Das hinduistische Indien schuf ein schönes Bild, um die Beziehung zwischen Gott und seiner Schöpfung zu beschreiben. Gott »tanzt« seine Schöpfung. Er ist der Tänzer, die Schöpfung der Tanz. Der Tanz ist etwas anders als der Tänzer, und doch gäbe es keinen Tanz ohne Ihn.

53

Auf seiner Suche nach Gott denkt der Mensch zuviel, redet zuviel. Selbst wenn er diesen Tanz betrachtet, den wir Schöpfung
nennen, grübelt er die ganze Zeit, spricht, überlegt, analysiert und
philosophiert: Worte, Lärm.

Sei still und sieh dem Tanz zu. Nur hinschauen: ein Stern, eine
Blume, ein welkendes Blatt, ein Vogel, ein Stein. Jeder Teil des
Tanzes ist geeignet. Schauen, lauschen, riechen, berühren,
schmecken. Und sicher wird es nicht lange dauern, bis du Ihn
siehst, den Tänzer selbst!

HEILIGE UNRUHE

Was ist das Ziel deiner Suche? Frieden«, sagte der Gast.
»Denjenigen, die suchen, ihr eigenes Ich zu schützen,
bringt Frieden nur Unruhe.«

Und zu einer Gruppe frommer Leute, die zu ihm kamen, um
ihn anzugaffen und um einen Segen zu bitten, sagte der Meister:
»Möge der Friede Gottes euch stets beunruhigen.«

HINWEIS FÜR IDIOTEN

Der Meister sah es als seine Aufgabe an, jedes Lehr- oder
Glaubenssystem, jeden Begriff vom Göttlichen zu zerstören,
da diese ursprünglich als Hinweise gedachten Dinge immer als
Beschreibungen genommen werden.

Er zitierte dabei mit Vorliebe das orientalische Wort:

»Wenn der Weise auf den Mond zeigt, sieht der Idiot nur den
Finger.«

WIE DER SÄNGER UND SEIN LIED

W ie sucht man Einheit mit Gott?«
»Je mehr du suchst, um so größer wird die Entfernung
zwischen Ihm und dir.«

»Wie überwindet man diese Entfernung?«

»Begreife, daß sie nicht wirklich vorhanden ist.«

»Bedeutet das, Gott und ich sind eins?«

»Nicht eins, nicht zwei.«

»Wie ist das möglich?«

»Die Sonne und ihr Licht, der Ozean und die Welle, der Sänger
und sein Lied – nicht eins. Nicht zwei.«

GOTT SELBSTGEMACHT

D er Priester war fest entschlossen, dem Meister eine unzwei-
deutige Glaubensaussage über Gott zu entlocken.

»Glaubst du, daß es einen Gott gibt?«

»Natürlich glaube ich das«, antwortete der Meister.

»Und daß er alles geschaffen hat, glaubst du das?«

»Ja, ja«, sagte der Meister, »bestimmt glaube ich das.«

»Und wer hat Gott geschaffen?«

»Du«, erwiderte der Meister.

Der Prediger schaute ihn entgeistert an.

»Willst du mir im Ernst erzählen, daß ich Gott geschaffen
habe?«

»Den, über den du ständig *nachdenkst* und *sprichst* – ja!« sagte
der Meister ruhig.

WELCHEM GOTT SEI DANK?

D er Meister bekämpfte immer wieder die Vorstellung, die sich die Menschen von Gott machten.

»Wenn euer Gott euch zur Hilfe kommt und euch aus mißlicher Lage befreit«, pflegte er zu sagen, »dann ist es an der Zeit, sich auf die Suche nach dem wahren Gott zu machen«.

Als man ihn bat, das näher zu erklären, erzählte er folgende Geschichte:

»Ein Mann ließ sein nagelneues Fahrrad unbeaufsichtigt auf dem Marktplatz stehen und ging einkaufen.

Erst am nächsten Tag erinnerte er sich an das Fahrrad und rannte auf den Marktplatz, überzeugt, daß es gestohlen worden sei. Das Rad befand sich noch genau dort, wo er es abgestellt hatte.

Überwältigt von Freude stürzte er in die nächste Kirche und dankte Gott, daß er sein Fahrrad sicher bewahrt hatte, nur um beim Herauskommen festzustellen, daß das Rad weg war!«

GOTT OHNE BART

G ott beschloß, der Erde einen Besuch abzustatten, also schickte er zuvor einen Engel hinunter, um zu sehen, wie dort die Lage war.

Der Engel kehrte zurück und berichtete: »Die meisten haben nicht genug zu essen, und sehr viele sind arbeitslos.«

Gott sagte: »Dann werde ich in der Form von Nahrung für die Hungernden erscheinen und als Arbeit für die Arbeitslosen.«

WIE DIE STIMME DES SÄNGERS DIE HALLE FÜLLT

Vor einer Konzerthalle hörte ich zufällig folgendes Gespräch:
»Ein phantastischer Sänger! Seine Stimme füllte die Halle!«
»Ja, einige von uns mußten die Halle verlassen, um Raum für sie zu schaffen!«

Komisch! Sie können ruhig sitzen bleiben, meine Damen und Herren, des Sängers Stimme füllt zwar die Halle, beansprucht aber keinen Raum.

Im Verlauf einer geistigen Beratung hörte ich zufällig:
»Wie kann ich Gott so lieben, wie die Heilige Schrift verlangt? Wie kann ich ihm mein ganzes Herz geben?«
»Du mußt zunächst aus deinem Herzen alle Dinge der Schöpfung verbannen.«

Stimmt nicht! Hab keine Angst, dein Herz mit Menschen und Dingen zu füllen, die du liebst, denn die Liebe zu Gott wird in deinem Herzen nicht mehr Raum beanspruchen als eines Sängers Stimme in einer Konzerthalle.

DAS SICHERSTE VERSTECK

Der Meister wurde schon zu Lebzeiten eine Legende. Man erzählte, daß Gott selbst einmal seinen Rat einholte: »Ich möchte mit den Menschen Versteck spielen. Ich habe meine Engel gefragt, wo man mich am besten verstecken könnte. Einige sagten, in der Tiefe des Ozeans, andere auf dem höchsten Berggipfel, wieder andere, auf der erdabgewandten Seite des Mondes oder auf einem fernen Stern. Was schlägst du vor?«

Sagte der Meister: »Verbirg dich im menschlichen Herzen, das ist der letzte Ort, an den sie denken werden.«

STIMME IN DER SCHUBLADE

Großvater und Großmutter hatten sich gezankt, und Großmutter war so wütend, daß sie nicht mehr mit ihrem Mann sprach. Am nächsten Tag hatte Großvater den ganzen Streit vergessen, aber Großmutter übersah ihn geflissentlich und machte den Mund nicht auf. Großvater konnte tun, was er wollte, nichts vermochte sie aus ihrem mißmutigen Schweigen zu reißen.

Schließlich begann er, in Schränken und Schubladen herumzuwühlen. Nach einigen Minuten konnte Großmutter es nicht mehr aushalten. »Was um Himmels willen suchst du denn?« fragte sie ärgerlich.

»Gelobt sei Gott, ich habe es gefunden«, sagte der Großvater mit verschmitztem Lächeln: »Deine Stimme.«

Solltet Ihr Gott suchen, dann sucht anderswo.

GOTT UND ASPIRIN

Es ist typisch für die Hebräer der Bibel, Gottes Handeln in allen Dingen zu sehen. Wir halten uns fast ausschließlich mit sekundären Ursachen auf, während die Hebräer meist auf die Erste Ursache blickten. Sind ihre Armeen im Kampf geschlagen worden? Nein, Gott hat sie geschlagen; das Unvermögen der Generäle hat nichts damit zu tun! Wurde ihre Ernte von Heuschrecken zerstört? Gott hat sie geschickt.

Zugegeben, ihr Wirklichkeitssinn war einseitig. Sie haben anscheinend sekundäre Ursachen ganz ignoriert. Unser moderner Wirklichkeitssinn ist auf noch extremere Weise einseitig, denn wir ignorieren anscheinend vollständig die Erste Ursache. Sind deine Kopfschmerzen verschwunden? Die Hebräer würden gesagt haben: »Gott hat dich gesund gemacht!« Und wir: »Laß Gott aus dem Spiel. Die Aspirintablette hat dich gesund gemacht.«

Uns hingegen ist ganz der Sinn für das Werk des Unendlichen in unserem Leben verlorengegangen. Wir spüren nicht mehr, daß Gott uns gesund macht durch unsere Ärzte, daß Gott jedes Ereignis unseres Lebens formt, daß Gott jeden Menschen, dem wir begegnen, schickt, daß er uns im leichten Wind umspielt und uns bei jeder Empfindung berührt. Er erschafft alle Laute um uns, damit wir sie hören und uns Gottes Gegenwart bewußt werden.

WUNDER EN GROS

Man erzählte von dem Haji, der am Rande der Stadt lebte, er vollbringe Wunder. Daher pilgerten viele kranke Menschen zu seinem Haus.

Von dem Meister wußte man, daß Wunderbares ihn nicht im geringsten interessierte, und er auch Fragen über den Haji nie zu beantworten pflegte.

Als er rundheraus gefragt wurde, was er gegen Wunder habe, antwortete er: »Wie kann man gegen etwas sein, das täglich und stündlich vor den eigenen Augen stattfindet?«

Ein Mann reiste über Land und Meer, um selbst des Meisters ungewöhnlichen Ruhm zu überprüfen.

»Welche Wundertaten hat euer Meister vollbracht?« fragte er einen Schüler.

»Nun, es gibt solche und solche Wunder. In Eurem Land nennt man es ein Wunder, wenn Gott jemandes Willen erfüllt. In unserem Land gilt es als Wunder, wenn jemand den Willen Gottes erfüllt.«

DER UMHANG

Eine Frau kam einmal zu Rabbi Israel und erzählte ihm ihren geheimen Kummer. Sie war nun zwanzig Jahre verheiratet und hatte noch keinen Sohn geboren. »Welch ein Zufall!« sagte der Rabbi. »Genauso ging es meiner Mutter.« Und er erzählte die folgende Geschichte:

In zwanzig Jahren hatte seine Mutter kein Kind geboren. Eines Tages hörte sie, der heilige Baal Shem Tov sei in der Stadt. Sie eilte in das Haus, in dem er sich aufhielt, und bat ihn, er möge für sie beten, daß sie einen Sohn bekäme.

»Was willst du dafür tun?« fragte der heilige Mann.

»Was kann ich tun?« erwiderte sie. »Mein Mann ist ein armer Bibliothekar, aber ich besitze doch etwas, was ich dem Rabbi geben kann.«

Sie stürzte nach Hause, zog eine Katinka aus der Truhe, in der diese sorgfältig weggepackt worden war, und lief zurück, um sie dem Rabbi zu übergeben.

Nun ist die Katinka, wie man weiß, ein Cape, das die Braut an ihrem Hochzeitstag trägt, ein kostbares Erbstück, das von einer Generation zur anderen weitergereicht wird. Als die Frau zurückkam, war der Rabbi schon zur nächsten Stadt weitergegangen, also ging sie ihm nach. Da sie arm war, mußte sie die ganze Strecke zu Fuß gehen, und als sie dort ankam, war der Rabbi schon weitergezogen. Sechs Wochen lang folgte sie ihm von Stadt zu Stadt, bis sie ihn endlich einholte. Der Rabbi nahm die Katinka und gab sie weiter an die Synagoge.

Rabbi Israel schloß seine Geschichte:

»Meine Mutter ging den ganzen Weg nach Hause zurück. Ein Jahr später wurde ich geboren.«

»Welch ein Zufall«, rief die Frau. »Ich habe auch eine Katinka zu Hause. Ich werde sie Euch sofort bringen, und wenn Ihr sie weitergebt an die Synagoge, wird Gott mir einen Sohn schenken.«

»O nein, meine Liebe«, sagte der Rabbi traurig, »so geht das nicht. Da ist ein großer Unterschied zwischen meiner Mutter und dir. Du hast jetzt ihre Geschichte gehört; sie hatte keine Geschichte, an die sie sich halten konnte.«

CHANCENLOS

Ein frommer und religiöser Mann hatte schwere Zeiten durchzumachen. Er versuchte es nun mit folgendem Gebet:

»Herr, erinnere dich an all die Jahre, in denen ich dir diente, so gut ich konnte und nichts dafür verlangte. Nun, da ich alt und bankrott bin, möchte ich dich zum ersten Mal in meinem Leben um eine Gunst bitten, und ich bin sicher, du wirst sie nicht abschlagen: laß mich in der Lotterie gewinnen.«

Tage vergingen, dann Wochen und Monate. Nichts geschah. Schließlich rief er eines Nachts voller Verzweiflung: »Warum gibst du mir keine Chance, Gott?«

Plötzlich hörte er die Stimme Gottes: »Gib mir auch eine Chance! Warum kaufst du dir kein Los?«

DER SCHATZ IN DER KÜCHE

Eine chassidische Geschichte: Eines Nachts wurde dem Rabbi Isaak im Traum gesagt, er solle in das weit entfernte Prag reisen und dort unter der Brücke, die zum Königspalast führt, nach einem verborgenen Schatz graben. Er nahm den Traum nicht ernst, aber als er ihn fünf bis sechsmal hintereinander träumte, entschloß er sich, die Suche nach dem Schatz aufzunehmen.

Als er zu der Brücke kam, fand er sie zu seinem Entsetzen Tag und Nacht schwer bewacht von Soldaten. Er konnte lediglich aus der Entfernung auf die Brücke starren. Aber da er sich jeden Morgen dort einstellte, trat der Hauptmann der Wache eines Tages zu ihm und fragte nach dem Grund. Rabbi Isaak war zwar verlegen, daß er einer fremden Seele seinen Traum erzählen sollte, aber da ihm der gutmütige Christ sympathisch war, offenbarte er sich ihm. Der Hauptmann brüllte vor Lachen und sagte:

»Großer Gott! Ihr seid ein Rabbi und Ihr nehmt Träume ernst? Wenn ich so dumm wäre, um mich nach meinen Träumen zu richten, würde ich heute in Polen herumwandern. Ich will Euch einen erzählen, den ich letzte Nacht hatte und der häufig wiederkehrt: eine Stimme sagte mir, ich solle nach Krakau gehen und in der Küchenecke eines gewissen Isaak, Sohn des Ezechiel, nach einem Schatz graben! Wäre es nicht die dümmste Sache der Welt, in Krakau nach einem Mann namens Isaak zu suchen, und nach einem anderen, der Ezechiel heißt, wenn dort die Hälfte der männlichen Bevölkerung den einen Namen trägt und die andere Hälfte den anderen?«

Der Rabbi war starr vor Staunen. Er dankte dem Hauptmann für seinen Rat, eilte nach Hause, grub ein Loch in seiner Küche und fand dort einen so großen Schatz, daß er bis zu seinem Tode ein sorgenfreies Leben führen konnte.

DAS GEFÄHRLICHE MANTRA

Ein Guru gab einer Gruppe junger Schüler Unterricht. Sie baten den heiligen Mann, ihnen das heilige Mantra zu enthüllen, durch das Tote wieder lebendig werden.

»Was würdet ihr mit einer solch gefährlichen Sache anfangen?« fragte der Guru.

»Nichts. Es würde nur unseren Glauben stärken«, erwiderten sie.

»Vorzeitiges Wissen ist gefährlich, meine Kinder«, sagte der alte Mann.

»Wann ist Wissen verfrüht?« fragten sie.

»Wenn es jemandem Macht verleiht, der noch nicht die Weisheit hat, sie zu gebrauchen.«

Die Schüler blieben jedoch hartnäckig, bis ihnen der heilige Mann wider besseres Wissen das heilige Mantra flüsternd preisgab, sie aber inständig und wiederholt bat, es nur mit äußerster Vorsicht zu gebrauchen.

Nicht lange danach gingen die jungen Männer an einem verlassenen Platz vorbei und sahen dort einen Haufen gebleichter Knochen liegen. Aus einer mutwilligen Laune heraus, wie sie sich oft in einer Gruppe entwickelt, beschlossen sie, das Mantra auszuprobieren, obwohl es eigentlich nur nach längerer Meditation gebraucht werden sollte.

Kaum hatten sie die magischen Worte gesprochen, setzten die Knochen Fleisch an und verwandelten sich in hungrige Wölfe, die sie in wilder Jagd verfolgten und in Stücke rissen.

DREI BOOTE

Ein Priester saß an seinem Schreibtisch am Fenster und bereite-te eine Predigt über die Vorsehung vor, als er plötzlich eine Explosion zu hören glaubte. Bald sah er auch Menschen in Panik hin und her laufen und erfuhr, daß ein Damm gebrochen war, der Fluß Hochwasser führte, und die Bevölkerung evakuiert wurde.

Der Priester sah, wie das Wasser auf der Straße stieg. Es fiel ihm schwer, aufsteigende Panik zu unterdrücken, aber er sagte sich: »Ausgerechnet jetzt arbeite ich an einer Predigt über die Vorsehung, da erhalte ich Gelegenheit zu praktizieren, was ich predige. Ich werde nicht fliehen. Ich werde hier bleiben und auf Gottes Vorsehung, mich zu retten, vertrauen.«

Als das Wasser bis zu seinem Fenster stand, fuhr ein Boot vorbei, und die Menschen darin riefen ihm zu: »Steigen Sie ein, Herr Pfarrer.«

»Oh, nein, Kinder«, sagte der Priester zuversichtlich, »ich vertraue auf die Vorsehung. Gott wird mich retten.«

Er kletterte jedoch auf das Dach, und als das Wasser auch bis dorthin stieg, kam ein weiteres Boot voller Menschen vorbei, und sie drängten den Pfarrer, einzusteigen. Wiederum lehnte er ab.

Dieses Mal stieg er bis in die Glockenstube. Als ihm das Wasser bis zu den Knien reichte, schickte man einen Polizeioffizier mit einem Motorboot, um ihn zu retten. »Nein, danke, Herr Offizier«, sagte der Priester ruhig lächelnd. »Sehen Sie, ich vertraue auf Gott. Er wird mich nicht im Stich lassen.«

Als der Pfarrer ertrunken und zum Himmel aufgestiegen war, beklagte er sich sofort bei Gott. »Ich habe dir vertraut! Warum tatest du nichts, um mich zu retten?«

»Nun ja«, erwiderte Gott, »immerhin habe ich drei Boote geschickt.«

DER GETAUCHTE

Gott kann einem Menschen, der brennend nach ihm verlangt, nicht widerstehen. Mich beeindruckt immer die Hindu-Erzählung von einem Dorfbewohner, der einen Sannyasi (einen heiligen Mann), während dieser meditierend unter einem Baum saß, aufsuchte und mit den Worten anredete: »Ich möchte Gott sehen. Zeig mir, wie ich Gott erfahren kann!« Der Sannyasi sagte nichts und meditierte weiter.

Der gute Mann aus dem Dorfe kam mit seiner Bitte am nächsten Tag und an den Tagen darauf wieder, obgleich er keine Antwort erhielt. Schließlich sagte der Sannyasi angesichts seiner Beharrlichkeit zu ihm: »Du scheinst wirklich ein Gottsucher zu sein. Heute nachmittag gehe ich zum Fluß hinunter, um mein Bad zu nehmen. Komm auch dahin.«

Als die beiden im Wasser waren, packte der Sannyasi den Kopf des Mannes mit festem Griff und drückte ihn eine Zeitlang unter Wasser, bis der arme Mann strampelte, um nach Luft zu schnappen. Nach einer Weile ließ der Sannyasi ihn los und sagte: »Komm morgen wieder zu dem Banyan-Baum.«

Als er am nächsten Tag kam, war es der Sannyasi, der das Gespräch begann. »Sag mir doch«, sagte er, »warum hast Du so gestrampelt, als ich Deinen Kopf unter Wasser hielt?«

»Weil ich nach Luft schnappen wollte«, erwiderte der Mann, »ohne Luft wäre ich doch gestorben.«

Da lächelte der Sannyasi und sagte: »An dem Tag, an dem Du so verzweifelt nach Gott verlangst, wie Du nach Luft verlangt hast, wirst Du ihn sicher finden.«

GOLDBERGS GARTEN

Goldberg hatte den schönsten Garten in der Stadt, und jedesmal, wenn der Rabbi vorbeiging, rief er Goldberg zu:»Dein Garten ist ein Schmuckstück. Der Herr und du, ihr beide seid Partner!«

»Danke, Rabbi«, pflegte Goldberg mit einer Verbeugung zu antworten.

So ging das Tage und Wochen und Monate. Mindestens zweimal täglich pflegte der Rabbi auf dem Hin- und Rückweg zur Synagoge hinüberzurufen:»Der Herr und du, ihr beide seid Partner«, bis Goldberg sich über die als Kompliment gemeinten Worte des Rabbi zu ärgern begann.

Als dieser also wieder einmal sagte:»Der Herr und du, ihr beide seid Partner«, erwiderte Goldberg:»Das mag schon stimmen, aber Ihr hättet den Garten sehen sollen, als ihn der Herr ganz allein besaß.«

UDDALAKAS SALZWASSER-LEKTION

Eine Geschichte aus den Upanischaden: Der Weise Uddalaka lehrte seinen Sohn Svetaketu, das Eine hinter der Erscheinung des Vielen zu sehen. Er tat das mittels verschiedener Parabeln wie dieser:

Eines Tages sagte er zu seinem Sohn:»Tu dieses Salz in Wasser und komm morgen wieder zu mir zurück.«

Der Junge tat wie ihm geheißen. Am nächsten Tag sagte der Vater:»Bitte bring mir das Salz, das du gestern ins Wasser getan hast.«

»Ich kann es nicht finden«, sagte der Junge. »Es hat sich aufgelöst.«

»Koste das Wasser von dieser Seite des Tellers«, sagte Uddalaka.

»Wie schmeckt es?«

»Salzig.«

»Nimm einen Schluck aus der Mitte. Wie schmeckt es?«

»Salzig.«

»Koste es von der anderen Seite des Tellers. Wie schmeckt es?«

»Salzig.«

»Gieß das Wasser aus«, sagte der Vater.

Der Junge tat es und sah, daß das Salz wieder zum Vorschein kam, als das Wasser verdunstet war. Dann sagte Uddalaka: »Du kannst Gott hier nicht erkennen, mein Sohn, aber in Wirklichkeit ist er hier.«

KNOTEN IN GOTTES SCHNUR

Eine der beunruhigenden und wunderbaren Lehren des Meisters lautete: Gott ist Sündern näher als Heiligen.

Und so erklärt er es:

Gott im Himmel hält jeden Menschen an einer Schnur. Wenn man sündigt, zerschneidet man die Schnur. Dann knüpft Gott sie mit einem Knoten wieder zusammen und zieht einen dadurch etwas näher an sich heran. Immer wieder schneiden deine Sünden die Schnur durch und mit jedem weiteren Knoten zieht dich Gott näher und näher.

ES STEHT NICHT GESCHRIEBEN

Ein Schüler, der sich mit religiösen Fragestellungen beschäftigte, kam auf die Bemerkungen des Meisters über das Studium der Schriften zurück:

»Willst du sagen, daß die Schriften uns überhaupt keinen Begriff von Gott geben können?«

»Ein Gott, der in einen Begriff gefaßt ist, ist überhaupt kein Gott. Deshalb ist Gott ein Geheimnis, etwas, von dem es keinen Begriff gibt«, erwiderte der Meister.

»Was können uns dann noch die Schriften bieten?«

Darauf erzählte der Meister, wie er einmal in einem chinesischen Restaurant beim Essen war, als einer der Musiker eine ihm bekannt vorkommende Melodie zu spielen begann, deren Titel niemandem in der Gruppe einfiel. Der Meister rief einen smart gekleideten Kellner herbei und fragte ihn, ob er herausfinden könnte, was der Mann spiele. Der Kellner eilte durch den Saal und kam strahlend mit der Nachricht zurück: »Violine«.

PERLE OHNE AUSTER

Eine Auster sah eine Perle, die in einen Felsspalt auf den Meeresgrund gefallen war. Mit großer Anstrengung gelang es ihr, die Perle aufzufischen und sie neben sich auf ein Blatt zu legen.

Sie wußte, daß Menschen nach Perlen suchen und dachte: »Diese Perle wird ihnen auffallen, sie werden sie nehmen und mich in Ruhe lassen.«

Als ein Perlentaucher in die Nähe kam, waren seine Augen jedoch darauf trainiert, nach Austern zu suchen und nicht nach Perlen, die auf Blättern lagen.

Also griff er nach der Auster, die nun zufällig keine Perle enthielt, und die echte Perle konnte in den Felsspalt zurückrollen.
Man weiß genau, wo man zu suchen hat, deswegen gelingt es
nicht, Gott zu finden.

DER SUCHENDE UND DER TEUFEL

Als der Teufel einen Suchenden in das Haus eines Meisters treten sah, beschloß er, alles in seiner Macht zu tun, um ihn von
seiner Suche nach Wahrheit abzubringen. Also unterwarf er den
armen Mann jeder nur möglichen Anfechtung: Reichtum, Sin-
neslust, Ruhm, Macht, Prestige. Aber der Suchende war in geistlichen Dingen viel zu erfahren und konnte die Versuchung leicht
abwehren, so groß war sein Verlangen nach geistlichem Leben.

Als er dann in die Gegenwart des Meisters gelangte, war er
einigermaßen überrascht, ihn auf einem Polstersessel sitzen zu
sehen und die Schüler zu seinen Füßen. »Diesem Mann fehlt
gewiß die Haupttugend der Heiligen, Demut«, dachte er bei sich.

Er stellte dann noch andere Dinge an dem Meister fest, die ihm
nicht gefielen: erstens schenkte ihm dieser kaum Beachtung.
(›Wahrscheinlich, weil ich nicht wie die anderen vor ihm katze-
buckele‹, sagte er sich.) Ihm mißfiel auch die Art der Kleidung des
Meisters und die etwas gewählte Redeweise. All das brachte ihn
zu der Überzeugung, er sei am falschen Ort und müßte seine
Suche anderswo fortsetzen.

Als er den Raum verließ, sagte der Meister, der den Teufel in
der Ecke hatte sitzen sehen: »Du hättest dir keine Sorgen zu
machen brauchen, Versucher. Er war dein von Anfang an.«

So geht es jenen, die in ihrer Suche nach Gott gewillt sind, alles
aufzugeben, außer ihren eigenen Vorstellungen von Gott.

JESUS BEIM FUSSBALL

Jesus Christus sagte, er sei noch nie bei einem Fußballmatch gewesen. Also nahmen meine Freunde und ich ihn zu einem Spiel mit. Es war eine wilde Schlacht zwischen den protestantischen Boxern und den katholischen Kreuzfahrern.

Die Kreuzritter erzielten das erste Tor. Jesus schrie laut Beifall und warf seinen Hut in die Luft. Dann waren die Boxer vorne. Und Jesus spendete wild Beifall und warf seinen Hut in die Luft.

Das schien den Mann hinter uns zu verwirren. Er klopfte Jesus auf die Schulter und fragte: »Für welche Partei brüllen Sie, guter Mann?«

»Ich«, erwiderte Jesus, den mittlerweile das Spiel sichtlich aufregte, »oh, ich schreie für keine Partei. Ich bin bloß hier, um das Spiel zu genießen.«

Der Frager wandte sich seinem Nachbarn zu und feixte: »Hm, ein Atheist!«

Auf dem Rückweg klärten wir Jesus über die Lage der Religionen in der heutigen Welt auf. »Fromme Leute sind ein komisches Volk, Herr«, sagten wir, »sie scheinen immer zu denken, Gott sei auf ihrer Seite und gegen die Leute von der anderen Partei.«

Jesus stimmte zu. »Deswegen setze ich nie auf Religionen, ich setze auf Menschen«, sagte er. »Menschen sind wichtiger als Religionen. Der Mensch ist wichtiger als der Sabbat.«

»Du solltest deine Worte wägen«, sagte einer von uns etwas besorgt.

»Du bist schon einmal wegen einer solchen Sache gekreuzigt worden.«

»Ja – und von religiösen Leuten«, sagte Jesus mit gequältem Lächeln.

HEMDENSCHNEIDERS AUSREDE

Zur großen Freude der Schüler wünschte sich der Meister ein neues Hemd zum Geburtstag. Der beste Stoff wurde gekauft. Der Dorfschneider kam, um dem Meister Maß zu nehmen und versprach, so Gott wolle, das Hemd innerhalb einer Woche anzufertigen.

Eine Woche verging, und ein Schüler wurde zum Schneider geschickt, während der Meister aufgeregt auf sein Hemd wartete. Der Schneider sagte: »Es ist eine kleine Verzögerung eingetreten, aber so Gott will, wird es morgen fertig sein.«

Am nächsten Tag sagte der Schneider: »Es tut mir leid, es ist nicht fertig. Versucht es morgen noch einmal, und so Gott will, wird es bestimmt fertig sein.«

Am folgenden Tag sagte der Meister: »Fragt ihn, wie lange es dauern wird, wenn er Gott aus dem Spiel läßt.«

DIE GESCHICHTE VOM KOMISCHEN EHEMANN

Ein Grund, sich einer religiösen Organisation anzuschließen, liegt darin, die Chance zu haben, der Religion ohne Schuldgefühle aus dem Wege zu gehen«, sagte der Meister und erzählte, wie er sich einmal mit einer Frau, die mit einem Reisevertreter frisch verlobt war, unterhalten hatte:

»Sieht er gut aus?« fragte der Meister.

»Ach ja, er sticht nicht gerade unter anderen hervor.«

»Hat er Geld?«

»Wenn er welches hätte, würde er es nicht ausgeben.«

»Hat er schlechte Angewohnheiten?«

»Er raucht jedenfalls und trinkt mehr, als ihm guttut.«

»Ich verstehe dich nicht. Wenn du nichts Gutes über ihn zu sagen weißt, warum heiratest du ihn dann?«

»Ach, er ist meistens auf der Reise und von zu Hause fort. So habe ich die Beruhigung, verheiratet zu sein, ohne die Last, einen Ehemann zu haben.«

EINE ALTE HIMMELSSTÜRMERIN

Eine religiöse alte Dame hatte an allen Religionen etwas auszusetzen, also gründete sie eine eigene. Eines Tages sagte ein Reporter zu ihr, der sich bemühte, ihre Ansicht zu verstehen: »Glauben Sie wirklich, wie man behauptet, daß niemand in den Himmel kommen wird außer Ihnen und Ihrem Hausmädchen?« Die alte Dame dachte über die Frage nach und erwiderte: »Bei Mary bin ich nicht sicher.«

DER GOTTESBELÄSTIGER

Ein Schüler kam auf seinem Kamel zu dem Zelt seines Sufi-Meisters geritten. Er stieg ab und ging direkt in das Zelt hinein, verneigte sich tief und sagte: »Mein Vertrauen in Gott ist so groß, daß ich mein Kamel draußen nicht angebunden habe, weil ich überzeugt bin, Gott wird die Interessen derer, die ihn lieben, schützen.«

»Geh und binde dein Kamel an, du Narr«, sagte der Meister. »Man soll Gott nicht mit Dingen belästigen, die man selbst erledigen kann.«

VOM GLAUBEN EIN BISSCHEN AN ALLES

Der Meister hörte einer Schauspielerin zu, die sich bei Tisch über Horoskope unterhielt.

Er beugte sich zu ihr hinüber und sagte: »Sie glauben nicht an Astrologie, nicht wahr?«

»O doch«, antwortete sie, »ich glaube an alles ein bißchen.«

GOTT IM JET

Pilot an die Passagiere während des Fluges: »Ich muß Ihnen leider mitteilen, daß wir große Schwierigkeiten haben. Nur Gott kann uns noch retten.«

Ein Passagier fragte einen Priester, was der Pilot gesagt habe. Er bekam folgende Antwort: »Er sagt, keine Hoffnung mehr.«

DAS LEERE STROH DES GELEHRTEN

Es wird erzählt, daß Thomas von Aquin, einer der gelehrtesten Theologen, die es je gab, gegen Ende seines Lebens plötzlich aufhörte zu schreiben. Als sein Sekretär beklagte, daß sein Werk unvollendet sei, erwiderte Thomas: »Bruder Reginald, als ich vor einigen Monaten die Messe feierte, erfuhr ich etwas von dem Göttlichen. An jenem Tag verlor ich alle Lust zu schreiben, und alles, was ich je über Gott geschrieben habe, erscheint mir jetzt wie leeres Stroh.«

Wie könnte es auch anders sein, wenn der Gelehrte zum Mystiker wird?

WEIHRAUCH DURCH DEN TRICHTER

Eine Nonne, auf der Suche nach Erleuchtung, machte sich eine hölzerne Buddhafigur und bekleidete sie mit feinem Blattgold. Es war eine sehr schöne Statue, die sie stets bei sich trug.

Jahre vergingen, und die Nonne, die immer noch ihre Statue bei sich hatte, ließ sich in der Nähe eines kleinen Tempels nieder, in dem viele Buddha-Statuen standen, von denen jede einen eigenen Altar hatte.

Sie begann, vor ihrem goldenen Buddha täglich Weihrauch zu verbrennen, entdeckte aber zu ihrer Bestürzung, daß etwas Rauch zu den benachbarten Altären abwanderte.

Also machte sie sich einen Trichter aus Papier, durch den der Rauch nur zu ihrem Buddha emporstieg. Dadurch wurde die Nase der goldenen Statue schwarz – und die Figur sehr häßlich.

DER BIBELDIEB

Ein schlecht verpacktes Paket mit Bibeln platzte auf dem Postamt auseinander. Bibeln in wertvollem Ledereinband und mit Goldschnitt übersäten den Boden. Ein Postangestellter konnte der Versuchung nicht widerstehen und nahm ein Exemplar an sich.

Als er das später beichtete, sagte der Meister: »Aber was in aller Welt ließ Sie eine Bibel stehlen?«

»Meine religiöse Veranlagung«, erwiderte der Mann zerknirscht.

DER VERBRANNTE BUDDHA

In einer kalten Winternacht bat ein Asket um Unterkunft in einem Tempel. Der arme Mann stand zitternd im Schnee, so daß der Tempelpriester, wenn auch ungern, sagte: »Gut, du kannst hierbleiben, aber nur eine Nacht. Das ist ein Gotteshaus und kein Hospiz. Morgen mußt du weiterziehen.«

Mitten in der Nacht hörte der Priester ein seltsames knisterndes Geräusch. Er stürzte in den Tempel, und was er sah, war unglaublich. Der Fremde wärmte sich an einem Feuer, das er in der Kirche entfacht hatte. Eine hölzerne Buddha-Statue fehlte. Der Priester fragte: »Wo ist die Statue?«

Der Wanderer zeigte auf das Feuer und sagte: »Ich dachte, ich würde erfrieren.«

Der Priester schrie: »Bist du verrückt? Weißt du, was du getan hast? Das war eine Buddha-Statue. Du hast den Buddha verbrannt!«

Das Feuer verlöschte langsam. Der Pilger starrte hinein und stocherte in der Glut.

»Was machst du jetzt?« schrie der Priester.

»Ich suche die Knochen des Buddha, den ich verbrannt haben soll.«

Der Priester erzählte den Vorfall später einem Zen Meister, der sagte: »Du mußt ein schlechter Priester sein, wenn dir ein toter Buddha mehr gilt als ein lebendiger Mensch.«

BEIFALL FÜR DEN SCHÖPFER

Eine alte Legende besagt, daß Gott bei der Erschaffung der Welt von vier Engeln angesprochen wurde. Der erste fragte: »Wie machst du das?« Der zweite: »Warum machst du es?« Der dritte: »Kann ich helfen?« Der vierte: »Was ist es wert?«

Der erste war Wissenschaftler; der zweite Philosoph; der dritte Altruist; der vierte Immobilienhändler.

Ein fünfter Engel sah voller Staunen zu und klatschte aus reinem Entzücken Beifall. Das war der Mystiker.

EINE UNBEKANNTE KRANKHEIT

Als jemand bekannt gab, daß er zum Doktor der Theologie promoviert wurde, sagte der Meister, dem der Schalk im Nacken saß, mit einer Unschuldsmiene: »Ein Doktor der *Theologie*? Was für eine Art von Krankheit ist das?«

VON DEN SPRÜCHEKLOPFERN DES KÖNIGS

Mein religiöses Leben wird ganz und gar von Fachleuten gemanagt. Wenn ich beten lernen will, gehe ich zu einem geistlichen Führer; um den Willen Gottes für mein Leben herauszufinden, wende ich mich an einen Exerzitienmeister; um meine Bibel zu verstehen, gehe ich zu einem Schriftgelehrten; um zu erfahren, ob ich gesündigt habe oder nicht, wende ich mich an einen Moraltheologen, und um mir meine Sünden vergeben zu lassen, gehe ich zu einem Prediger.

76

Ein Eingeborenenkönig im Südpazifik gab einst ein Bankett zu Ehren eines vornehmen Gastes aus dem Westen.

Als es darum ging, den Gast zu würdigen, blieb Seine Majestät am Boden hocken, während ein zu diesem Zweck bestellter, berufsmäßiger Redner sich ins Zeug legte.

Nach der überschwenglichen Lobpreisung erhob sich der Gast, um dem König einige Dankesworte zu sagen. Seine Majestät hielt ihn freundlich zurück. »Bleib sitzen«, sagte er, »ich habe für Euch einen Redner engagiert. Auf unserer Insel sind wir der Meinung, öffentliche Reden sollten nicht Amateuren überlassen werden.«

VOLLES PAPIER UND DICKE LUFT

Er war ein religiöser Schriftsteller und an des Meisters Ansichten interessiert. »Wie entdeckt man Gott?«

Sagte der Meistere scharf: »Indem man das Herz durch stille Meditation weiß macht, anstatt Papier mit religiösen Abhandlungen zu schwärzen.«

Und indem er sich an seine gelehrten Schüler wandte, fügte er neckend hinzu: »Oder indem man durch hochgeistige Konversation dicke Luft macht.«

KÖNIGE UND PRIESTER

Ein König träumte, er sähe einen König im Paradies und einen Priester in der Hölle. Er fragte sich, wie das möglich sei, als er eine Stimme hörte: »Der König ist im Paradies, weil er die Priester respektierte; der Priester ist in der Hölle, weil er sich mit Königen arrangierte.«

NACHSCHUB FÜR DIE HÖLLE

Eine alte christliche Legende: Als der Sohn Gottes ans Kreuz genagelt wurde und seinen Geist aufgab, fuhr er vom Kreuz direkt hinunter zur Hölle und befreite alle Sünder, die dort Qualen litten.

Und der Teufel weinte und klagte, denn er dachte, er würde keine Sünder mehr für die Hölle bekommen.

Dann sagte Gott zu ihm: »Weine nicht, denn ich werde dir all die heiligen Leute schicken, die im Bewußtsein ihrer Frömmigkeit so selbstzufrieden geworden sind und selbstgerecht die Sünder verdammen. Und damit wird die Hölle wieder voll besetzt sein, und zwar für Generationen, bis ich wiederkomme.«

TEE FÜR DEN BISCHOF

Einem Hindu-Weisen wurde das Leben Jesu vorgelesen. Als er erfuhr, wie Jesus von seinem Volk in Nazaret abgelehnt wurde, rief er: »Ein Rabbi, dessen Gemeinde ihn nicht aus der Stadt jagen will, ist kein Rabbi.«

Und als er erfuhr, daß es Priester waren, die Jesus zum Tode verurteilten, sagte er seufzend: »Es ist schwierig für Satan, die ganze Welt irrezuführen, also beauftragt er damit prominente Geistliche überall in der Welt.«

Die Klage eines Bischofs: »Überall, wohin Jesus kam, gab es Revolution; überall, wohin ich komme, bietet man mir Tee an.«

SCHULDIG

Angeklagter«, sagte der Großinquisitor, »Ihnen wird vorge-
worfen, Menschen ermutigt zu haben, Gesetze, Traditionen
und Regeln unserer heiligen Religion zu brechen. Was haben Sie
dazu zu sagen?«

»Ich bekenne mich schuldig, Euer Ehren.«

»Sie werden beschuldigt, des öfteren in Gesellschaft von Ket-
zern, Prostituierten, gemeinen Sündern, wucherischen Steuer-
einnehmern, den kolonialen Eroberern unseres Volkes, kurz dem
Abschaum der Gesellschaft gesehen worden zu sein. Was sagen
Sie dazu?«

»Ich bekenne mich schuldig, Euer Ehren.«

»Man wirft Ihnen vor, öffentlich jene kritisiert und gebrand-
markt zu haben, die in der Kirche Gottes an oberste Stelle gesetzt
wurden. Was sagen Sie dazu?«

»Schuldig, Euer Ehren.«

»Schließlich sind Sie angeklagt, die heiligen Lehrsätze unseres
Glaubens revidieren, korrigieren und in Frage stellen zu wollen.
Was sagen Sie dazu?«

»Ich bekenne mich schuldig, Euer Ehren.«

»Wie heißen Sie, Gefangener?«

»Jesus Christus, Euer Ehren.«

DUMME FRAGE

Auf der Straße traf ich ein kleines Mädchen, zitternd in einem
dünnen Kleid, ohne Hoffnung, etwas Warmes zu essen zu
bekommen. Ich wurde zornig und sagte zu Gott: »Wie kannst du
das zulassen? Warum tust du nichts dagegen?«

Eine Zeitlang sagte Gott nichts. Aber in der Nacht antwortete er ganz plötzlich: »Ich habe wohl etwas dagegen getan. Ich habe dich geschaffen.«

AUF DER PARTY DER TUGENDEN

Vor langer Zeit gab Gott einmal eine Party, zu der er alle Tugenden, die großen und die kleinen, die bescheidenen und die mächtigen, einlud. Sie versammelten sich in einer wunderbar geschmückten Halle im Himmel und begannen sich alsbald himmlisch zu amüsieren, weil sie sich untereinander kannten, und einige sogar eng miteinander verwandt waren.

Plötzlich fielen Gott zwei liebreizende Tugenden auf, die sich nicht zu kennen schienen und offenbar nicht viel miteinander anzufangen wußten. Also nahm er eine von ihnen bei der Hand und stellte sie der anderen förmlich vor.

»Dankbarkeit«, sagte er, »das ist Barmherzigkeit«.

Aber kaum hatte Gott den Rücken gedreht, als die beiden wieder auseinandergingen. Und deswegen wird erzählt, daß selbst Gott die Dankbarkeit nicht dorthin bringen konnte, wo die Barmherzigkeit ist.

WELTMESSE DER RELIGIONEN

Mein Freund und ich gingen auf die Weltmesse der Religionen. Keine Handelsmesse, eine religiöse Messe. Aber der Wettbewerb war genauso verbissen, die Reklame genauso laut.

Am jüdischen Stand erhielten wir Prospekte, die besagten, Gott sei allbarmherzig und die Juden sein auserwähltes Volk.

Am islamischen Stand erfuhren wir, Gott sei voller Gnade und Mohammed sein einziger Prophet. Das Heil erlange man, wenn man auf den einzigen Propheten Gottes höre.

Am christlichen Stand entdeckten wir, daß Gott die Liebe sei und es außerhalb der Kirche keine Rettung gäbe. Nur ein Mitglied der Kirche läuft nicht die Gefahr ewiger Verdammnis.

Beim Hinausgehen fragte ich meinen Freund: »Was hältst du von Gott?«

Er erwiderte: »Er ist engstirnig, fanatisch und grausam.«

Wieder zu Hause fragte ich Gott: »Was hältst du von einer solchen Sache, Herr? Merkst du nicht, daß man dich jahrhundertelang in Mißkredit gebracht hat?«

Gott sagte: »Ich habe die Messe nicht organisiert. Ich hätte mich geniert, auch nur hinzugehen.«

MIT WENN UND ABER

Ich möchte Ihnen die gute Nachricht meiner Religion verkünden«, sagte der Prediger.

Der Meister war ganz Ohr.

»Gott ist die Liebe. Er liebt uns und belohnt uns auf ewig, wenn wir seine Gebote befolgen.

»Wenn?« sagte der Meister. »Dann ist die Nachricht doch nicht ganz gut, oder?«

LEERE SEITEN

D er Meister behauptete, er habe ein Buch, das alles enthielte, was man überhaupt von Gott wissen könnte. Keiner hatte je das Buch gesehen, bis ein zu Besuch weilender Gelehrter mit seinen Bitten nicht nachließ und es dem Meister abrang. Er nahm es mit nach Hause und schlug es ungeduldig auf, um festzustellen, daß alle Seiten leer waren.

»Aber das Buch sagt ja gar nichts«, jammerte der Gelehrte.

»Ich weiß«, sagte der Meister befriedigt, »aber bedenkt, wieviel es andeutet!«

»Existiert Gott?« fragte der Meister eines Tages.

»Ja«, sagten die Schüler im Chor.

»Falsch«, sagte der Meister.

»Nein«, sagten die Schüler.

»Wieder falsch«, sagte der Meister.

»Wie lautet die Antwort?« fragten die Schüler.

»Es gibt keine Antwort.«

»Warum denn nicht?«

»Weil es keine Frage gibt«, sagte der Meister.

Später erklärte er: »Wenn man nichts über Ihn *sagen* kann, über Ihn, der über Gedanken und Worte hinausgeht, wie kann man dann etwas *fragen* wollen?«

DER WEITE WEG INS GÖTTLICHE LAND

Der Meister war in mitteilsamer Stimmung, also versuchten seine Schüler von ihm zu erfahren, welche Entwicklungsstufen er auf seiner Suche nach dem Göttlichen durchgemacht hatte.

»Zuerst nahm mich Gott an der Hand und führte mich in das Land der Tat, und dort blieb ich mehrere Jahre. Dann kehrte Er zu mir zurück und führte mich in das Land des Leidens; dort lebte ich, bis mein Herz von jeder übermäßigen Bindung gereinigt war. Darauf fand ich mich wieder im Land der Liebe, dessen Flamme alles verzehrte, was von meinem Selbst übriggeblieben war. Und das brachte mich in das Land der Stille, wo die Geheimnisse von Leben und Tod vor meinen staunenden Augen enthüllt wurden.«

»War das die letzte Stufe Eurer Suche?« fragten sie.

»Nein«, sagte der Meister, »eines Tages sagte Gott, ›heute werde ich dich in das innerste Heiligtum des Tempels mitnehmen, in das Herz von Gott selbst.‹ Und ich wurde in das Land des Lachens geführt.«

III
Der Mensch,
das unbekannte Schriftzeichen

» Wenn du denkst, du seist der,
für den dich Freunde und Feinde halten,
kennst du dich offensichtlich selbst nicht.«

DER MENSCH, DAS UNBEKANNTE SCHRIFTZEICHEN

In der Ecke einer Bibliothek in Japan saß jeden Tag ein alter Mönch in friedlicher Meditation.

»Ich sehe Euch nie die Sutren lesen«, sagte der Bibliothekar.

»Ich habe nie lesen gelernt«, erwiderte der Mönch.

»Das ist eine Schande. Ein Mönch wie Ihr sollte lesen können. Soll ich es Euch lehren?«

»Ja. Sagt mir, was bedeutet dieses Schriftzeichen?« sagte der Mönch und zeigte auf sich.

EINER SIND ZWEI

Es gibt eine aufschlußreiche Geschichte von einem Mönch, der in der ägyptischen Wüste lebte und so von Versuchungen gequält wurde, daß er es nicht mehr aushalten konnte. Er beschloß, seine Zelle zu verlassen und an einen anderen Ort zu gehen.

Als er seine Sandalen anlegte, um seinen Entschluß auszuführen, sah er nicht weit entfernt einen anderen Mönch, der sich auch die Sandalen anzog.

»Wer bist du?« fragte er den Fremden.

»Ich bin dein eigenes Ich«, lautete die Antwort, »solltest du etwa meinetwegen diesen Ort verlassen, dann wisse, wohin du auch immer gehst, ich stets mit dir gehen werde«.

Ein verzweifelter Patient sagte zu seinem Psychiater: »Wohin ich auch gehe, immer muß ich mich mitnehmen, und das verdirbt mir jeden Spaß.«

....

EINE TOLLE ERFINDUNG

Eine Lehrerin behandelte in einer Schulstunde moderne Erfindungen.

»Kann einer von euch eine wichtige Sache nennen, die es vor fünfzig Jahren noch nicht gab?« fragte sie.

Ein heller Kopf in der ersten Reihe hob eifrig die Hand und sagte: »Mich!«

DIE KONFRONTATION ALS KONFESSION

Die großen Lehrmeister sagen uns, daß die wichtigste Frage der Welt sei: »Wer bin ich?« Was ist das überhaupt, was man das »Ich« oder das »Selbst« nennt? Meinen Sie etwa, Sie hätten sonst alles verstanden, nur das nicht? Meinen Sie, Sie haben die Astronomie samt ihren schwarzen Löchern und Quasaren verstanden, kennen sich mit Computern aus und wissen nicht, wer Sie sind? Meinen Sie, Sie haben verstanden, wer Jesus Christus ist, und wissen nicht, wer Sie selbst sind? Woher wollen Sie denn wissen, daß Sie Jesus Christus verstanden haben? Wer ist derjenige, der etwas versteht?

Finden Sie das erst einmal heraus. Das ist die Grundlage von allem. Weil wir uns darüber nicht im klaren sind, gibt es immer noch all diese engstirnigen religiösen Leute, die ihre sinnlosen religiösen Kriege führen – Moslems gegen Juden, Protestanten gegen Katholiken, und so weiter. Sie wissen nicht, wer sie sind, denn wüßten sie es, gäbe es keine Kriege. So wie ein kleines Mädchen einen kleinen Jungen fragte: »Seid ihr Presbyterianer?« Darauf antwortete der Junge: »Nein, wir haben eine andere Konfrontation.«

TAUSEND UND EINE ROSENBLÜTE

Der Gouverneur kündigte seinen Besuch an, um im Klostergarten eine Rosenhecke zu besichtigen, die über und über in den exotischsten Farben blühte. Als er vor der Hecke stand, fand er daranzu seiner Überraschung nur noch eine einzige Rosenblüte. Er hörte, daß der Meister alle anderen Blüten abgeschnitten hatte, und fragte ihn nach dem Grund.

»Hätte ich sie daran gelassen, hättest du nicht eine von ihnen gesehen«, erklärte der Meister.

Und nach einer kurzen Pause fügte er hinzu: »Du hast dich immer mehr an die große Menge gewöhnt, mein Freund. Wann hast du das letzte Mal eine einzelne Person gesehen?«

TEURE WARE LEBEN

Als junger Mann kam der Meister viel in der Welt herum. So hörte er einmal im Hafen von Shanghai lautes Schreien nicht weit von seinem Schiff entfernt. Er schaute sich um und sah einen Mann, der sich über die Bordwand einer in der Nähe liegenden Dschunke beugte und dabei einen anderen Mann am Zopf im Wasser hin und her zog.

Der Mann in der Dschunke tauchte immer wieder den anderen Mann ins Wasser, um ihn sogleich wieder herauszuziehen. Daraufhin stritten die beiden eine Weile miteinander, bis der eine den anderen aufs neue untertauchte.

Der Meister läutete dem Schiffsjungen und fragte ihn, was denn der Streit bedeute. Der Junge lauschte einen Augenblick, lachte und sagte:

»Nichts, Herr. Mann im Boot will sechzig Yen, dann anderen Mann nicht ertränken. Mann im Wasser sagt nein, nur vierzig Yen.«

Die Schüler lachten über die Geschichte.

Darauf sagte der Meister:

»Gibt es einen unter euch, der nicht um das einzige Leben, das er hat, handeln und feilschen würde?«

Und alle schwiegen.

ICH WEISS ES NICHT

Der Suchende näherte sich ehrerbietig dem Schüler und fragte: »Was ist der Sinn des menschlichen Lebens?«

Der Schüler zog die Werke seines Meisters zu Rate und erwiderte getrost mit des Meisters eigenen Worten: »Menschliches Leben ist nichts weiter als der Ausdruck von Gottes Überfluß.«

Als der Suchende den Meister selbst traf und ihm die gleiche Frage stellte, sagte der Meister: »Ich weiß es nicht.«

Der Suchende sagt: »Ich weiß es nicht.« Das zu sagen erfordert Ehrlichkeit.

Der Meister sagt: »Ich weiß es nicht.« Das erfordert ein mystisches Denken, das alle Dinge durch Nicht-Wissen erkennt.

Der Schüler sagt: »Ich weiß es.« Das bedeutet Unwissenheit in der Form geborgten Wissens.

SELTSAMER ALS EIN SCHRUMPFKOPF

Ein älterer Herr betrieb in einer größeren Stadt ein Antiquitätengeschäft. Eines Tages betrat ein Tourist den Laden und unterhielt sich mit dem alten Mann über die vielen Dinge, die hier aufgestapelt waren.

Sagte der Tourist: »Welches ist für Sie der seltsamste und geheimnisvollste Gegenstand, den Sie hier haben?«

Der alte Mann warf einen Blick auf die unzähligen Kuriositäten, Antiquitäten, ausgestopften Tiere, Schrumpfköpfe, präparierten Fische und Vögel, archäologischen Fundstücke, Hirschschädel...... wandte sich dann dem Touristen zu und sagte: »Das seltsamste Ding in diesem Laden bin zweifellos ich selbst.«

SETZ DICH AUF DEN STACHELDRAHTZAUN!

Ein junger Wissenschaftler prahlte vor einem Guru mit den Errungenschaften moderner Wissenschaft.

»Wir können fliegen genau wie die Vögel«, sagte er. »Wir können das tun, was Vögel tun.«

»Außer auf einem Stacheldrahtzaun sitzen«, sagte der Guru.

VÖGEL BRAUCHEN KEINE REFERENZEN

Der Meister ließ sich nie von Diplomen und Examen beeindrucken. Er prüfte den Menschen, nicht das Zeugnis.

Man hörte ihn einmal sagen: »Wenn ihr Ohren habt, einen Vogel singen zu hören, braucht ihr seine Referenzen nicht anzusehen.«

NAGEL ODER SCHRAUBE

Der Meister bestand stets darauf, daß wir aus eigenem Antrieb lernen und uns weiterbilden sollten und uns nicht so sehr auf Weisungen anderer verlassen. Das habe natürlich seine Grenzen, so zum Beispiel wenn ein gescheiter junger Bursche überzeugt ist, Drogen seien ein Weg zur Mystik und man müsse eben »das Risiko eingehen, denn lernen könne man nur durch Ausprobieren«.

Das veranlaßte den Meister, die alte Geschichte vom Nagel und von der Schraube zu erzählen.

»Es gibt eine Möglichkeit, herauszufinden, ob man für ein Brett einen Nagel oder eine Schraube braucht: man schlage den Nagel ein, wenn das Brett zersplittert, weiß man, daß eine Schraube am Platze gewesen wäre.«

ALTE KNOCHEN

Als ein Schüler anmahnte, die geistliche Lehre des Meisters müsse auf den heutigen Stand gebracht werden, lachte der Meister laut auf. Dann erzählte er die Geschichte von einem Studenten, der sich in einer Buchhandlung beschwerte:

»Haben Sie keine neueren Bücher über Anatomie? Diese hier sind doch mindestens zehn Jahre alt.«

Sagte der Buchhändler:

»In den letzten zehn Jahren kamen zum menschlichen Skelett keine neuen Knochen hinzu, mein Lieber.«

Und der Meister ergänzte:

»Ebensowenig gab es irgendeinen Zusatz zu der Natur des Menschen in den letzten zehntausend Jahren.«

DER VOLLKOMMENE BUCKEL

Erleuchtet ist, sagte der Meister, wer erkennt, daß alles in der Welt, so wie es ist, vollkommen ist.

»Wie verhält es sich mit dem Gärtner?« fragte jemand. »Ist er auch vollkommen?«

Der Klostergärtner war ein buckeliger Mann.

»Für das, was ihm im Leben bestimmt ist«, erwiderte der Meister, »ist der Gärtner ein vollkommener buckeliger Mann.«

NICHT VERLOREN UND DOCH NICHT GEFUNDEN

Es war einmal ein Mann, der war sehr dumm. Jeden Morgen, wenn er aufwachte, fiel es ihm so schwer, seine Kleidung wiederzufinden, daß er beinahe Angst hatte, ins Bett zu gehen, bei dem Gedanken, welche Mühe er beim Aufwachen haben würde.

Eines Nachts ergriff er Bleistift und Schreibblock und schrieb genau die Bezeichnung jedes Kleidungsstückes auf, das er auszog, und die Stelle, wohin er es legte. Am nächsten Morgen zog er seinen Block heraus und las: »Hosen« – da waren sie, er zog sie an. »Hemd«, da war es, er zog es sich über den Kopf. »Hut«, da war er, er stülpte ihn sich auf den Kopf.

Darüber war er sehr erfreut, bis ihm ein schrecklicher Gedanke kam. »Und ich – wo bin ich?« Das hatte er vergessen, aufzuschreiben. Also suchte und suchte er, aber vergebens. Er konnte sich selbst nicht finden.

NACHAHMUNG NICHT EMPFOHLEN

Als der junge Rabbi seinem Vater nachfolgte, fing jeder davon an, wie ganz anders er sei.

»Im Gegenteil«, antwortete der junge Mann, »ich bin genau wie mein alter Herr. Er ahmte niemanden nach. Ich ahme niemanden nach.«

DU UND DER TIGER

Als der Meister gefragt wurde, was er an seinen Schülern tue, sagte er: »Dasselbe, was ein Bildhauer an einer Tigerstatue tut: Er nimmt einen Marmorblock und schlägt alles ab, was nicht wie ein Tiger aussieht.«

Als seine Schüler später wissen wollten, was er damit genau meinte, sagte der Meister: »Meine Aufgabe ist, alles wegzumeißeln, was nicht du bist: jedes Denken, Empfinden, jedes Verhalten, jeden Zwang, der dir aus deiner Bildung und Vergangenheit anhaftet.«

WOHNUNGSPROBLEME EINES FLOHS

Ein Floh beschloß, mit seiner Familie in ein Elefantenohr umzuziehen. Also rief er: »Mr. Elefant, Sir, meine Familie und ich haben vor, in Ihr Ohr zu ziehen. Ich finde es fair, Ihnen eine Woche Bedenkzeit zu geben, und es mich wissen zu lassen, wenn Sie etwas dagegen haben.«

Der Elefant, der von der Existenz des Flohs noch nicht einmal etwas gemerkt hatte, trottete gemächlich weiter, so daß der Floh nach einer Woche gewissenhaften Wartens die Einwilligung des Elefanten voraussetzte und einzog.

Einen Monat später fand Frau Floh, daß das Elefantenohr kein gesunder Wohnort war und drängte ihren Mann, wieder auszuziehen. Herr Floh bat sie, doch wenigstens noch einen Monat länger zu bleiben, um nicht die Gefühle des Elefanten zu verletzen.

Schließlich formulierte er es so taktvoll wie möglich: »Mr.Elefant, Sir, wir haben vor, ein anderers Quartier zu beziehen. Das hat natürlich mit Ihnen überhaupt nichts zu tun, denn Ihr Ohr ist geräumig und warm. Es geht nur darum, daß meine Frau lieber in der Nähe ihrer Freunde im Büffelfluß wohnen möchte. Sollten Sie etwas gegen unseren Umzug einzuwenden haben, so lassen Sie mich doch das bitte im Verlauf der nächsten Woche wissen.«

Der Elefant sagte nichts, und so zogen Flohs mit reinem Gewissen um.

Das Universum weiß nichts von deiner Existenz! Also bitte keine Aufregung!

SALZPUPPENGESCHICHTE

Eine Puppe aus Salz reiste Tausende von Meilen über Land, bis sie schließlich ans Meer kam.

Sie war fasziniert von dieser seltsamen, sich bewegenden Wassermasse, die ganz anders war als alles, was sie bisher gesehen hatte.

»Wer bist du?« fragte die Salzpuppe das Meer.

Lächelnd erwiderte dieses: »Komm herein und sieh selbst.«

Also watete die Puppe in die See. Je weiter sie hineinging, desto mehr löste sie sich auf, bis nur noch sehr wenig von ihr übrig war. Ehe der letzte Rest verging, rief die Puppe verwundert: »Nun weiß ich, wer ich bin!«

....

SÜßE BUßE

Eine fromme Frau erzählte dem Meister, daß sie am Morgen beim Beichten gewesen sei.

»Ich kann mir nicht vorstellen, daß Sie eine schwere Sünde begehen können«, sagte der Meister. »Was haben Sie denn gebeichtet?«

»Nun, daß ich zu faul war, am Sonntag zur Messe zu gehen, daß ich einmal dem Gärtner geschworen habe und daß ich einmal meine Schwiegermutter für eine ganze Woche aus dem Haus gejagt habe.«

»Aber das ist doch schon fünf Jahre her, nicht wahr? Seitdem haben Sie doch sicherlich schon gebeichtet?«

»Ja, das habe ich. Aber ich beichte es jedes Mal. Ich erinnere mich halt so gern daran.«

VERGISS UND LACH!

Als der Meister ein Schuljunge war, quälte ihn andauernd ein Klassenkamerad.

Älter geworden und reumütig, besuchte dieser das Kloster und wurde mit offenen Armen empfangen.

Eines Tages kam er auf das Thema seiner früheren Quälsucht zu sprechen, doch der Meister schien nichts mehr davon zu wissen.

Sagte der Besucher: »Erinnerst du dich nicht?«

Sagte der Meister: »Ich erinnere mich genau, daß ich es vergessen habe.«

Und beide schüttelten sich vor Lachen.

EINBRECHERS GLAUBE AN DIE MENSCHLICHKEIT

Hier ist die Geschichte von dem Einbrecher, der an der Tür des Geldschranks, den er knacken wollte, folgenden Hinweis fand: »Bitte verwenden Sie kein Dynamit! Dieser Safe ist nicht verschlossen, Sie brauchen nur den Griff zu drücken!«

In dem Augenblick, da er den Griff betätigte, fiel ein Sandsack von der Decke auf ihn herunter, Scheinwerfer leuchteten draußen auf, und eine Sirene alarmierte die ganze Nachbarschaft.

Als der Meister den Einbrecher später im Gefängnis besuchte, traf er dort einen verbitterten Mann: »Wie konnte ich bloß wieder einem anderen menschlichen Wesen trauen?«

WO IST DIE EINSAMKEIT?

Sagte der Meister zu dem Geschäftsmann: »Wie der Fisch zugrunde geht auf dem Trockenen, so geht Ihr zugrunde, wenn Ihr Euch verstrickt in den Dingen der Welt. Der Fisch muß zurück in das Wasser – Ihr müßt zurück in die Einsamkeit.«

Der Geschäftsmann war entsetzt. »Muß ich mein Geschäft aufgeben und in ein Kloster gehen?«

»Nein, nein, behaltet Euer Geschäft und geht in Euer Herz.«

DER VERSCHMÄHTE KÖDER

Eines Tages erschien der Teufel als Engel verkleidet einem der heiligen Wüstenväter und sagte: »Ich bin der Engel Gabriel und vom Allmächtigen zu dir gesandt worden.«

97

Der Mönch erwiderte: »Überleg noch einmal. Du bist sicher zu jemand anders geschickt worden. Ich habe nichts getan, um den Besuch eines Engels zu verdienen.«

Bei diesen Worten verschwand der Teufel und wagte sich niemals mehr in die Nähe des Mönches.

CHING UND SEIN BEGNADETER GLOCKENSTUHL

Ein Holzschnitzer namens Ching hatte gerade die Arbeit an einem Glockenstuhl beendet. Alle, die ihn sahen, staunten, denn es war ein begnadetes Werk. Als der Herzog von Lu es erblickte, sagte er: »Was ist das für eine Begabung, die Euch ein solches Meisterwerk vollbringen läßt?«

Der Holzschnitzer erwiderte: »Sir, ich bin nur ein einfacher Handwerker, ich bin kein Genie. Wenn ich einen Glockenstuhl machen will, meditiere ich drei Tage, um meine Gedanken zu beruhigen. Wenn ich drei Tage meditiert habe, denke ich nicht mehr an Belohnung oder Vergütung. Wenn ich fünf Tage meditiert habe, denke ich nicht mehr an Lob oder Tadel, an Geschicklichkeit oder Unbeholfenheit. Wenn ich sieben Tage meditiert habe, vergesse ich plötzlich meine Glieder, meinen Körper, ja, mein ganzes Selbst. Ich weiß nichts mehr von meinem Arbeitsplatz und meiner Umgebung. Nur mein Können bleibt. In diesem Zustand gehe ich in den Wald und prüfe jeden Baum, bis ich einen finde, in dem ich den Glockenstuhl in seiner ganzen Vollkommenheit sehe. Dann machen sich meine Hände an die Arbeit. Da ich mein Selbst beiseite geschoben habe, trifft Natur auf Natur in der Arbeit, die durch mich getan wird. Das ist zweifellos der Grund, warum jeder sagt, das fertige Produkt sei ein begnadetes Werk.«

DAS EGO IST EIN ALLESFRESSER

Er dachte, das Wesentliche sei, arm und enthaltsam zu leben. Es war ihm nie klargeworden, wie entscheidend wichtig es war, sein Ego aufzugeben. Denn das Ego wächst und gedeiht, ob man nun der Heiligkeit dient oder Frau Welt, nährt sich von Armut und von Reichtum, von Enthaltsamkeit und Luxus. Es gibt nichts, das das Ego nicht ergreift, um sich aufzublasen.

Schüler: »Ich bin zu Euch gekommen mit nichts in den Händen.«

Meister: »Dann laß es sofort fallen.«

Schüler: »Aber wie kann ich es fallen lassen? Es ist nichts.«

Meister: »Dann mußt du es eben mit dir herumtragen!«

Du kannst dein Nichts zu einem Besitz machen und deinen Verzicht wie eine Trophäe herumzeigen. Deinen Besitz brauchst du nicht aufzugeben. Gib dein Ego auf.

SPRING NICHT VON DER BRÜCKE!

Immer, wenn du jemand anders zu verändern suchst«, sagte der Meister, »stell dir diese Frage: ›Wem wird diese Veränderung nützen: meinem Stolz, meinem Vergnügen oder meinem Vorteil?‹«

Dann erzählte er die folgende Geschichte:

Ein Mann wollte gerade von einer Brücke in einen Fluß springen, als ein Polizist auf ihn zustürmte und rief: »Nein, nein! Bitte, machen Sie das nicht! Warum sollte ein junger Mann wie Sie, der noch kaum gelebt hat, ins Wasser springen?«

»Weil ich das Leben satt habe.«

»Hören Sie doch, *bitte*! Wenn Sie in den Fluß springen, werde ich Ihnen nachspringen müssen, um Sie zu retten. Klar? Sehen Sie's doch ein, das Wasser ist eiskalt, und ich habe mich gerade erst von einer doppelseitigen Lungenentzündung erholt. Wissen Sie, was das heißt? Ich habe eine Frau und vier Kinder. Möchten Sie das auf Ihrem Gewissen haben? Nein, natürlich nicht. So hören Sie auf mich! Seien Sie vernünftig! Bereuen Sie, und Gott wird Ihnen verzeihen. Gehen Sie wieder heim, zu Hause sind Sie allein und ungestört, da können Sie sich aufhängen.«

ICH HAB' NUR MEINE PFLICHT GETAN

Der Meister richtete ein scharfes Protestschreiben an den Gouverneur wegen seines brutalen Vorgehens gegen eine antirassistische Demonstration.

Der Gouverneur schrieb zurück, daß er nur seine Pflicht getan hätte.

Sagte der Meister: »Immer, wenn ein sturer Mensch etwas macht, worüber er sich schämen sollte, erklärt er es zu seiner Pflicht.«

RÄUBER UNTER SICH

Als der Meister hörte, wie ein Schüler geringschätzig über die Gier und die Gewalt bei »Menschen draußen in der Welt« sprach, sagte er: »Du erinnerst mich an den Wolf, der seine tugendhafte Phase hatte. Als er beobachtete, wie eine Katze einer Maus nachjagte, wendete er sich entrüstet an einen anderen Wolf: ›Es ist höchste Zeit, daß diesem Rowdytum ein Ende gemacht wird‹.«

HUND UND FUCHS ALS BRÜDER

Ein Jäger schickte seinen Hund hinter ein Gebüsch, wo sich etwas bewegte. Er stöberte einen Fuchs auf und trieb ihn dem Jäger vors Gewehr.

Der sterbende Fuchs sagte zu dem Hund: »Hat man dir nie gesagt, daß der Fuchs ein Bruder des Hundes ist?«

»Doch, man hat es mir gesagt«, erwiderte der Hund. »Aber das ist etwas für Idealisten und Narren. Für praktisch Denkende erwächst Brüderlichkeit aus der Gleichheit der Interessen.«

DAS KROKODIL UND DAS GESETZ DES LEBENS

Ein kleiner Junge spaziert am Ufer eines Flusses entlang. Er sieht ein Krokodil, das sich in einem Netz verfangen hat. Das Krokodil sagt: »Hab Mitleid mit mir und befreie mich! Ich sehe vielleicht häßlich aus, aber dafür kann ich nichts, ich bin so auf die Welt gekommen. Aber wie häßlich ich auch aussehen mag, so habe ich doch ein liebendes Mutterherz. Als ich heute früh Futter für meine Kleinen suchte, ging ich in diese Falle!«

Der Junge erwidert: »Wenn ich dich befreie, fängst du mich und tötest mich.« Das Krokodil fragt: »Glaubst du, daß ich so etwas meinem Wohltäter und Befreier antun könnte?«

Der Junge ist überzeugt und öffnet das Netz. Sofort schnappt das Krokodil nach ihm. Im Rachen des Krokodils sagt der Junge: »Das also ist dein Lohn für mein gutes Werk.« Das Krokodil entgegnet: »Nimm's nicht persönlich, Kleiner, so ist die Welt nun einmal, das ist das Gesetz des Lebens.«

Der Junge widerspricht, bis das Krokodil den Vorschlag macht: »Willst du einen anderen fragen, ob das stimmt?« Der Junge sieht einen Vogel, der auf einem Ast sitzt, und fragt ihn: »Vogel, stimmt das, was das Krokodil sagt?« – »Ja«, antwortet der Vogel, »das Krokodil hat recht. Sieh mich an: Ich kam einmal mit Futter für meine Jungen nach Hause, und stell dir diesen Schreck vor: ich sah eine Schlange, die den Baumstamm hinaufkroch, genau auf mein Nest zu. Ich konnte gar nichts dagegen tun. Sie verschlang meine Jungen, eines nach dem anderen. Ich kreischte und schrie, alles war zwecklos. Das Krokodil hat recht, das ist das Gesetz des Lebens, so ist die Welt nun einmal.«

»Siehst du«, sagt das Krokodil. Doch der Junge bittet: »Laßt mich noch jemanden fragen.« Das Krokodil sagt: »Von mir aus.«

Da kommt ein alter Esel am Ufer dahergetrottet. »Esel«, sagt der Junge, »stimmt das, was das Krokodil sagt?« Der Esel antwortet: »Das Krokodil hat schon recht. Sieh mich an. Mein Leben lang habe ich für meinen Herrn geschuftet und gerackert und dafür kaum genug Futter bekommen. Jetzt, da ich alt und nutzlos bin, ließ er mich laufen. So streife ich durch den Dschungel und warte darauf, daß mich ein wildes Tier anspringt und meinem Leben ein Ende macht. Das Krokodil hat recht, das ist das Gesetz des Lebens, so ist die Welt nun einmal.«

»Siehst du«, sagt das Krokodil, »also los!« Doch der Junge bittet es: »Gib mir noch eine Chance, eine letzte Chance. Laß mich noch ein anderes Wesen fragen. Denk daran, wie gut ich zu dir war.« Das Krokodil gibt nach: »Gut, du sollst deine letzte Chance haben.«

Der Junge sieht einen Hasen vorbeilaufen und fragt ihn: »Hase, hat das Krokodil recht?« Der Hase richtet sich auf seinen Hinterläufen auf und fragt das Krokodil: »Das hast du gesagt?« – »Ja, das habe ich.« – »Einen Augenblick mal«, sagt der Hase, »darüber müssen wir diskutieren.« »Von mir aus«, sagt das Krokodil. Doch der Hase fährt fort: »Wie können wir darüber sprechen, wenn du einen Jungen im Maul hast? Laß ihn raus; auch er muß an unserer Diskussion teilnehmen.«

Das Krokodil erwidert: »Du bist schön schlau. Sobald ich ihn herauslasse, läuft er davon.« Der Hase aber gibt zurück: »Ich dachte, du hättest mehr Verstand als er. Sobald er wegzulaufen versucht, kannst du ihn mit einem Schlag deines Schwanzes töten.« – »Also gut«, sagt das Krokodil und läßt den Jungen los. Im selben Moment ruft der Hase: »Lauf!« Der Junge läuft und ist gerettet.

Nach kurzer Zeit fragt der Hase den Jungen: »Magst du denn kein Krokodilfleisch? Möchten die Leute aus deinem Dorf nicht einmal ein gutes Essen? Du hast das Krokodil nicht vollständig befreit; sein ganzes Hinterteil steckt noch im Netz. Warum gehst du nicht ins Dorf und bringst alle her? Dann macht ihr ein Festessen.«

Gesagt, getan. Der Junge geht ins Dorf und ruft alle Männer zusammen. Sie kommen mit Äxten, Knüppeln und Speeren und töten das Krokodil. Der Hund des Jungen läuft hinter der Menge her. Sofort sieht er den Hasen, jagt ihm nach, packt ihn und beißt ihn in die Kehle. Der Junge eilt herbei, doch zu spät. Während er den Hasen in den letzten Zügen sieht, sagt er: »Das Krokodil hatte doch recht, so ist die Welt nun einmal, das ist das Gesetz des Lebens.«

Es gibt keine Erklärung für all das Leid, das Böse, die Qualen, die Zerstörung und den Hunger in der Welt. Es ist nicht zu ergründen, sosehr wir uns mit unseren religiösen oder sonst welchen Theorien darum bemühen, es bleibt uns verschlossen. Denn das Leben ist ein Rätsel,und das bedeutet, daß Ihr denkender Kopf darin keinen Sinn sehen kann. Darum müssen Sie erwachen, und Sie werden plötzlich verstehen, daß nicht die Wirklichkeit das Problem ist, sondern Sie.

GRANATEN FÜR DIE ZIVILISATION

Als einmal das Gespräch auf den modernen Fortschritt kam, erzählte der Meister von zwei Gästen aus einem Entwicklungsland, die er nach dem Stand der Wirtschaft in ihrem Land gefragt hatte. Einer der Besucher nahm daran Anstoß: »Was denken Sie«, sagte er, »wir sind ein zivilisiertes Land; wir haben sogar mehrere Munitionsfabriken!«

GENIE MIT SCHWACHPUNKT

Es war einmal ein Wissenschaftler, der die Kunst, sich selbst zu reproduzieren, so perfekt beherrschte, daß es unmöglich war, die Nachbildung vom Original zu unterscheiden. Eines Tages erfuhr er, daß der Engel des Todes ihn suche, also fertigte er ein Dutzend Kopien von sich an. Der Engel war ratlos, wie er herausfinden sollte, welches der dreizehn Exemplare, die er vor sich hatte, nun der Wissenschaftler war. Also ließ er es dabei bewenden und kehrte in den Himmel zurück.

Aber nicht lange, denn als Fachmann für Menschliches, Allzumenschliches kam er auf einen Kunstgriff. Er sagte: »Sir, Sie müssen ein Genie sein, weil Sie so perfekte Nachbildungen Ihrer selbst herstellen können. Ich habe jedoch einen schwachen Punkt in Ihrer Arbeit entdeckt, nicht schwerwiegend, nur einen winzigen Fehler.«

Sofort sprang der Wissenschaftler vor und rief: »Unmöglich. Wo sollte da ein Fehler sein?«

»Genau hier«, sagte der Engel, als er den Mann aus der Reihe der Nachbildungen herausholte und ihn fortführte.

GOLF FÜR ANGEBER

Als ein Tourist in Japan einen Golfplatz besuchte, fiel ihm auf, daß fast alle guten Caddies Frauen waren.

Eines Tages kam er zu spät auf den Platz und mußte einen zehnjährigen Jungen als Caddie nehmen. Es war ein winziger Bursche, der wenig Ahnung vom Platz und vom Spiel hatte und nur drei Worte Englisch sprach.

Dank dieser drei Worte jedoch behielt ihn der Tourist für den Rest seines Aufenthaltes als Caddie. Nach jedem Schlag, wie immer der auch ausgegangen war, stampfte das Bürschlein mit dem Fuß auf und rief voller Begeisterung: »Verdammt guter Schlag!«

MORD AUS GEWOHNHEIT

Mr. Smith hatte seine Frau umgebracht, und er rechtfertigte sich mit vorübergehender Unzurechungsfähigkeit. Er war im Zeugenstand und sein Anwalt ersuchte ihn, das Verbrechen mit seinen Worten zu schildern.

»Euer Ehren«, sagte er, »ich bin ein ruhiger Mann mit festen Gewohnheiten, der mit der ganzen Welt in Frieden lebt. Jeden Tag wache ich um 7 Uhr auf, frühstücke um 7.30, beginne um 9 Uhr mit der Arbeit, höre um 17 Uhr auf, komme um 18 Uhr nach Hause, finde das Abendessen auf dem Tisch, esse, lese die Zeitung, sehe fern und gehe dann zu Bett. Bis zu jenem bewußten Tage . . .«

Hier begann er schneller zu atmen, und sein Gesicht zeigte Wut.

»Fahren Sie fort«, sagte der Rechtsanwalt ruhig. »Sagen Sie dem Gericht, was passierte.«

»An dem fraglichen Tag erwachte ich um 7 Uhr wie gewöhnlich, frühstückte um 7.30, begann um 9 Uhr mit der Arbeit, hörte um 17 Uhr auf, kam um 18 Uhr nach Hause und entdeckte empört, daß das Essen nicht auf dem Tisch stand. Von meiner Frau auch keine Spur. Ich durchsuchte das Haus und fand sie mit einem fremden Mann im Bett. Da erschoß ich sie.«

»Beschreiben Sie Ihre Gefühle, als Sie sie töteten«, sagte der Anwalt, bestrebt, seine Ansicht durchzusetzen.

»Ich befand mich in einem Zustand hemmungsloser Wut. Ich schnappte einfach über. Euer Ehren, Damen und Herren der Jury«, schrie er und schlug mit der Faust auf seine Stuhllehne. »Wenn ich um 18 Uhr nach Hause komme, verlange ich unbedingt, daß mein Essen fertig auf dem Tisch steht!«

DER ZU ENGE HEILIGENSCHEIN

Ein Mann kam zu einem Arzt und sagte: »Doktor, ich habe wahnsinnige Kopfschmerzen, die ich nie loswerde. Könnten Sie mir nicht etwas dagegen geben?«

»Durchaus«, sagte der Arzt, »aber zunächst möchte ich einige Dinge abklären. Sagen Sie, trinken Sie viel Alkohol?«

»Alkohol?« erwiderte der Mann empört. »Dieses widerliche Zeug rühre ich nicht an.«

»Wie steht's mit dem Rauchen?«

»Ich finde Rauchen ekelhaft. Nie in meinem Leben habe ich Tabak auch nur angefaßt.«

»Es ist mir etwas peinlich, diese Frage zu stellen, aber Sie kennen ja die Männer ... treiben Sie sich nachts herum?«

»Natürlich nicht. Für wen halten Sie mich? Ich bin jeden Abend spätestens um zehn Uhr im Bett.«

»Sagen Sie«, fragte der Arzt, »ist dieses Kopfweh von dem Sie sprechen, ein scharfer, stechender Schmerz?«

»Ja«, sagte der Mann. »Das ist es – ein scharfer, stechender Schmerz.«

»Ganz einfach, mein Lieber! Ihr Problem liegt darin, daß Ihr Heiligenschein zu stramm sitzt. Wir brauchen ihn nur etwas zu lockern.«

SÜNDER ERSTER KLASSE

Eines Tages kniete ein Bischof vor dem Altar nieder und begann, sich in einem Ausbruch religiöser Leidenschaft an die Brust zu schlagen und zu rufen: »Ich bin ein Sünder, hab Erbarmen mit mir! Ich bin ein Sünder, hab Erbarmen mit mir!«

Der Ortspriester, der von diesem Beispiel an Demut inspiriert wurde, fiel neben dem Bischof auf die Knie, begann sich an die Brust zu schlagen und zu rufen: »Ich bin ein Sünder, hab Erbarmen mit mir! Ich bin ein Sünder, hab Erbarmen mit mir!«

Der Küster, der zufällig in der Kirche war, war so bewegt, daß er sich nicht zurückhalten konnte. Auch er fiel auf die Knie, schlug sich an die Brust und rief: »Ich bin ein Sünder, hab Erbarmen mit mir!«

Worauf der Bischof den Priester anstieß, auf den Küster zeigte und lächelnd sagte: »Sehen Sie mal, wer da denkt, er sei ein Sünder.«

FETTSCHICHTEN DER SEELE

Sie brauchen sich nur einmal umzuschauen und werden bald feststellen, daß der Verstand vieler Menschen träge, müde, mit Fettschichten bedeckt ist. Dabei möchte er nicht gestört oder gefragt werden, um nicht vielleicht doch wach zu werden.

Was sind diese Fettschichten? Jede festgelegte Meinung, jedes Urteil über Menschen und Dinge, zu dem Sie gekommen sind, jede Gewohnheit und jede Abhängigkeit...

Nehmen wir eine Schicht nach der anderen etwas näher unter die Lupe; zuerst Ihre Überzeugungen. Führen Sie ein Leben als Sozialist oder Kapitalist, als Atheist oder Theist – um nur diese zu nennen –, so leben Sie einseitig und voreingenommen; zwischen Ihnen und der Wirklichkeit ist eine Barriere, eine Fettschicht, weil Sie sie nicht mehr direkt sehen und mit ihr in Berührung kommen.

Zweite Schicht: Ihre Vorstellungen. Wenn Sie an Ihrer Vorstellung von einem Menschen festhalten, lieben Sie nicht mehr diese Person, sondern nur Ihr eigenes Bild von ihr. Sie sehen diese Person etwas tun oder sagen, sich in einer bestimmten Weise verhalten und stecken sie dabei in eine Schublade: »Sie ist dumm, oder, er ist langweilig, er ist scheußlich oder, sie ist sehr nett« usw. Damit haben Sie einen Schirm, eine Fettschicht zwischen sich und diesem Menschen errichtet, dann treffen Sie ihn das nächste Mal und nehmen ihn nur in den Begriffen Ihrer Vorstellung von ihm wahr, auch wenn er sich noch so verändert hat. Prüfen Sie einmal, ob das nicht für die meisten Menschen, die Sie kennen, zutrifft.

SPINNWEBEN IM KOPF

Es war einmal ein alter arabischer Richter, dessen Weisheit gerühmt wurde. Eines Tages kam ein Geschäftsmann zu ihm und klagte, daß aus seinem Laden Waren gestohlen würden, er aber des Diebes nie habhaftig werden könnte. Der Richter ordnete an, die Ladentür aus den Angeln zu heben, auf den Marktplatz zu bringen und ihr dort fünfzig Peitschenhiebe zu verabreichen, weil sie ihrer Pflicht nicht nachgekommen war, den Dieb aus dem Laden fernzuhalten.

Eine große Menschenmenge versammelte sich, um zuzusehen, wie dieser seltsame Urteilsspruch ausgeführt wurde. Als die Hiebe ausgeteilt worden waren, beugte sich der Richter zu der Tür hinunter und fragte, wer der Dieb sei. Er legte sein Ohr an die Tür, um besser hören zu können, was sie zu sagen hatte.

Als er sich aufrichtete, verkündete er: »Die Tür erklärt, die Diebereien seien von einem Mann begangen worden, der auf seinem Turban eine Spinnwebe hat.«

In dem Augenblick hob ein Mann aus der Menge die Hand und faßte an seinen Turban. Sein Haus wurde durchsucht und die gestohlenen Waren gefunden.

Es bedarf nur eines schmeichelnden oder kritischen Wortes, um das Wahre Ich aufzudecken.

BUDDHA UND BUDDHIST

In der Meiji Ära lebten in Tokio zwei sehr bekannte Lehrer, wie man sie sich unterschiedlicher nicht vorstellen könnte. Der eine, Unsho, ein Shingon Lehrer, war ein Mann, der peinlich genau alle Vorschriften Buddhas beachtete. Er erhob sich lange vor Morgengrauen, zog sich zurück bei Anbruch der Nacht, aß nichts mehr, wenn die Sonne den Zenit überschritten hatte und trank keine berauschenden Getränke. Der andere, Tanzan, war ein Philosophie-Professor an der kaiserlichen Todai Universität. Er beachtete keine Vorschriften, denn er aß, wenn ihm der Sinn danach stand und schlief sogar bei Tage.

Eines Tages besuchte Unsho Tanzan und fand ihn beim Bechern. Das war ein Skandal, denn auch nicht ein einziger Tropfen sollte über die Lippen eines Buddhisten kommen.

»Hallo, mein Freund«, rief Tanzan, »wollt Ihr nicht eintreten und ein Glas mit mir trinken?«

Unsho war empört, sagte aber nur mit beherrschter Stimme: »Ich trinke nie.«

»Einer, der nicht trinkt, ist nicht menschlich«, sagte Tanzan.

Dieses Mal verlor Unsho die Beherrschung. »Wollt Ihr sagen, ich sei unmenschlich, weil ich nicht anrühre, was Buddha ausdrücklich verboten hat? Wenn ich nicht menschlich bin, was bin ich dann?«

»Ein Buddha«, sagte Tanzan vergnügt.

Tanzan starb genau so unspektakulär wie er gelebt hatte. Am letzten Tag seines Lebens schrieb er sechzig Postkarten, die alle gleich lauteten: »Ich scheide aus dieser Welt. Das ist meine letzte Verlautbarung. Tanzan, 27. Juli 1892.« Er bat einen Freund, die Karten für ihn zur Post zu bringen, und verschied dann ruhig.

DIE PERFEKTE EINSTELLUNGSEINSTELLUNG

Der erste Bewerber tritt ein.»Sie verstehen, es handelt sich um einen einfachen Test, dem wir Sie unterziehen, ehe wir Ihnen die Stelle anbieten, um die Sie sich beworben haben?«

»Ja.«

»Also, was ist zwei plus zwei?«

»Vier.«

Der zweite Bewerber tritt ein.

»Sind Sie einverstanden mit einem Test?«

»Ja.«

»Also, was ist zwei plus zwei?«

»Alles, was der Boß sagt.«

Der zweite Bewerber bekam die Stelle.

DIE ZWANZIG-DOLLAR-WIEGE

Der Meister erzählte gern diese Geschichte aus seiner Familie: Nach der Geburt seines ersten Sohnes betrat der Meister einmal das Kinderzimmer und sah seine Frau über die Wiege mit dem Baby gebeugt. Ohne sich zu rühren, schaute er zu, wie sie das Neugeborene in seinem Schlaf betrachtete. Aus ihrem Gesicht sprach ungläubiges Staunen, Freude und Entzücken. Auf Zehenspitzen näherte er sich gerührt der Mutter, legte einen Arm um ihre Taille und flüsterte ihr zu:»Meine Liebe, ich kann mir genau vorstellen, was du jetzt fühlst.«

Erschrocken in die Wirklichkeit zurückversetzt, platzte seine Frau heraus:

»Ja. Ich wüßte für mein Leben gern, wie man solch eine Wiege für nur zwanzig Dollar herstellen kann.«

111

DER VERKAPPTE HERZANFALL

Onkel Tom hatte ein schwaches Herz, und der Arzt hatte ihn ermahnt, sehr vorsichtig zu sein. Als also die Familie erfuhr, er habe von einem verstorbenen Verwandten eine Milliarde Dollar geerbt, zögerte man, ihm die Nachricht zu überbringen, aus Furcht, er könnte dadurch einen Herzanfall bekommen.

Sie wandten sich um Hilfe an den Gemeindepastor, der ihnen versicherte, er würde einen Weg finden. »Sagen Sie, Tom«, wandte sich Father Murphy an den Mann mit dem schwachen Herzen, »wenn Gott Ihnen in seiner Gnade eine Milliarde Dollar zukommen ließe, was würden Sie damit anfangen?«

Tom dachte einen Augenblick nach und sagte dann, ohne zu zögern: »Ich würde Ihnen die Hälfte für Ihre Kirche geben, Father.«

Als Father Murphy das hörte, bekam er einen Herzanfall.

Als der Industrielle einen Herzanfall bekam, weil er seinen Großkonzern immer mehr ausweitete, war es leicht, ihm seine Habgier und Selbstsucht vor Augen zu führen. Als der Pastor einen Herzanfall bekam, weil er das Reich Gottes ausdehnte, war es unmöglich, ihm vor Augen zu führen, daß es sich auch hier um Habgier und Selbstsucht in anderen, annehmbareren Formen handelte. Wollte er wirklich das Reich Gottes fördern oder sich selbst?

VON WUNDERHEILERN

Der Arzt befand, die Zeit sei gekommen, seinem Patienten die Wahrheit zu sagen. »Ich glaube, ich muß Ihnen mitteilen, daß Sie sehr krank sind und wahrscheinlich nur noch zwei Tage leben werden. Vielleicht wollen Sie Ihre Angelegenheiten ordnen. Möchten Sie irgend jemanden sprechen?«

»Ja«, kam mit schwacher Stimme die Antwort.

»Und wen?« fragte der Arzt.

»Einen anderen Arzt.«

»Könnten Sie mir einen guten Arzt empfehlen?«

»Ich würde Dr. Chung vorschlagen. Er rettete mir das Leben.«

»Wie ging das zu?«

»Ich war sehr krank und ging zu Dr. Ching. Ich nahm seine Medizin, und es ging mir noch schlechter. Dann ging ich zu Dr. Chang. Ich nahm seine Medizin und meinte, sterben zu müssen. Schließlich ging ich zu Dr. Chung – und der war nicht da.«

Ein großer Maler lud seinen Arztfreund ein, damit dieser sich sein, wie der Maler meinte, schönstes Bild ansehe. Der Arzt unterzog das Gemälde einer strengen Prüfung und betrachtete jede Einzelheit genau. Zehn Minuten vergingen, und der Künstler wurde etwas ängstlich. »Also, was hältst du davon?« fragte er.

Der Arzt sagte: »Es scheint eine Lungenentzündung zu sein.«

Der Arzt untersuchte den Patienten sorgfältig: »Sie haben Lungenentzündung gehabt. Sind Sie nicht eine Art Musiker?«

»Ja«, sagte der Mann erstaunt.

»Und Sie spielen ein Blasinstrument?«

»Das ist richtig. Woher wußten Sie das?«

»Elementarwissen, mein Lieber. Sie haben eine deutliche Überbeanspruchung der Lungen, und die Luftröhre ist entzündet, zweifellos wegen des starken Drucks. Sagen Sie, welches Instrument spielen Sie?«

»Akkordeon.«

DAS DENKMAL DES KRITIKERS

Einem fortschrittlichen Geist, den häufige Kritik entmutigte, sagte der Meister:

»Hör auf die Worte des Kritikers. Er verrät, was deine Freunde vor dir verbergen.«

Aber er sagte auch: »Laß dich nicht von dem, was der Kritiker sagt, niederdrücken. Noch nie wurde zu Ehren eines Kritikers ein Denkmal errichtet, wohl aber für Kritisierte.«

SPASS AUF DER COCKTAIL-PARTY

Einsamkeit heißt, Menschen zu vermissen; Alleinsein heißt, sich selbst zu genügen. So wird vom scharfzüngigen George Bernard Shaw ein schöner Ausspruch berichtet: Auf einer jener langweiligen Cocktail-Parties, auf denen viel geredet, aber nichts gesagt wird, fragte man ihn: »Amüsieren Sie sich gut?« Worauf er erwiderte: »Das ist das einzige, was mich hier amüsiert.«

BIS AN DIE GRENZE GEGANGEN

Eine religiös eingestellte Frau beklagte das Verhalten der jungen Generation. »Die Autos sind daran schuld. Denken Sie nur, wie weit die jungen Leute heute zum Tanz oder zu einer Verabredung gehen können. Zu unserer Zeit war das anders, nicht wahr, Großmutter?«

Siebenundachtzigjährige Dame: »Ach, wir gingen sicherlich so weit, wie wir konnten.«

114

DIE GUTE TAT AM ARMEN HUND

Eine Lehrerin fragte in einer unteren Klasse, was die Kinder Tieren schon an Freundlichkeiten erwiesen hätten.

Es gab einige herzzerreißende Geschichten.

Als Tommy an der Reihe war, sagte er stolz: »Einmal habe ich einem Jungen einen Fußtritt gegeben, weil er einen Hund getreten hat.«

DIE FRIEDFERTIGE SCHLANGE

Eine Schlange hatte in einem Dorf so viele Leute gebissen, daß sich kaum noch jemand auf die Felder wagte. Die Heiligkeit des Meisters war so groß, daß man von ihm erzählte, er habe die Schlange gezähmt und sie überredet, die Disziplin der Gewaltlosigkeit zu üben.

Die Dorfbewohner merkten bald, daß die Schlange harmlos geworden war. Sie begannen, Steine nach ihr zu werfen und sie am Schwanz hinter sich herzuziehen.

Die übel zugerichtete Schlange kroch eines Nachts in des Meisters Haus, um sich zu beschweren. Sagte der Meister: »Mein Freund, du jagst den Menschen keine Angst mehr ein, das ist schlecht.«

»Aber Ihr habt mich doch gelehrt, Gewaltlosigkeit zu üben!«

»Ich habe dir gesagt, du solltest aufhören zu beißen, nicht aber zu züngeln und zu zischen!«

MUTTER TAUSENDSCHÖN

Eine Frau fühlte sich tief verletzt durch das Benehmen ihres fünfzehn Jahre alten Sohnes. Immer wenn sie zusammen ausgingen, lief er vor ihr her. Schämte er sich ihrer? Eines Tages sprach sie ihn darauf an.

»Aber nein, Mama, bestimmt nicht«, lautete seine verlegene Antwort. »Du siehst jedoch so jung aus, daß ich fürchte, meine Freunde könnten denken, ich hätte eine neue Freundin.«

Ihr Kummer war verflogen wie durch Zauberhand.

DER TOD IN BAGDAD

Ein Kaufmann in Bagdad schickte seinen Diener mit einem Auftrag zum Basar. Der Mann kam blaß und zitternd vor Angst zurück.

»Herr«, sagte er, »auf dem Markt traf ich einen Fremden. Als ich ihm ins Gesicht blickte, sah ich, daß es der Tod war. Er wies mit einer drohenden Gebärde auf mich und ging davon. Nun habe ich Angst. Bitte gebt mir ein Pferd, daß ich sofort nach Samarra reiten kann, um mich möglichst weit vom Tod zu entfernen.«

Der Kaufmann war besorgt um den Mann und gab ihm sein schnellstes Roß. Der Diener saß auf und war im Handumdrehen verschwunden.

Später ging der Kaufmann selbst auf den Basar und sah den Tod in der Menge herumlungern. Er ging zu ihm hin und sagte: »Du hast heute morgen vor meinem armen Diener eine drohende Gebärde gemacht. Was sollte das bedeuten?«

»Das war keine drohende Gebärde, Sir«, sagte der Tod. »Es war nur ein erstauntes Zusammenfahren, weil ich ihn in Bagdad traf?«

116

»Warum sollte er nicht in Bagdad sein? Hier wohnt er doch.«

»Nun, mir hatte man zu verstehen gegeben, daß ich ihn heute abend in Samarra treffen würde.«

DER FECHTER UND DER TOD

Tajima no Kami war der Fechtmeister des Schogun. Eines Tages kam einer der Leibwächter des Schogun zu ihm und bat, ihn in der Kunst des Fechtens zu unterweisen.

»Ich habe dich sehr genau beobachtet«, sagte Tajima no Kami, »du scheinst mir selbst ein Meister dieser Kunst zu sein. Ehe ich dich als Schüler annehme, möchte ich wissen, bei welchem Meister du gelernt hast.«

Der Leibwächter erwiderte: »Niemand hat mich je diese Kunst gelehrt.«

»Mich kannst du nicht täuschen«, sagte der Lehrer, »ich habe ein kritisches Auge, das mich nicht trügt.«

»Ich möchte Euer Exzellenz nicht widersprechen«, sagte der Leibwächter, »aber ich verstehe wirklich nichts vom Fechten.«

Der Lehrer focht einige Minuten mit dem Mann, hielt dann inne und sagte: »Da du gesagt hast, du hättest die Kunst nie gelernt, glaube ich dir. Aber du bist so etwas wie ein Meister. Erzähl mir von dir.«

»Da ist eine Sache«, erwiderte der Leibwächter. »Als Kind sagte mir ein Samurai, ein Mann dürfe nie den Tod fürchten. Ich rang also mit dem Problem des Todes, bis es mir keine Angst mehr verursachte.«

»Genau das ist es«, rief Tajimo no Kami. »Das letzte Geheimnis der Fechtkunst besteht darin, frei von Todesangst zu sein. Du brauchst keinen Unterricht. Du bist selbst ein Meister.«

WENN DAS ICH STIRBT

Ich suche den Frieden, den das Absterben des Selbst gibt.«
Sagte der Meister: »Wer ist das, der diesen Frieden sucht?«

»Ich.«

»Wie will denn dein ›Ich‹ einen Frieden erlangen, der nur ins Leben tritt, wenn dein ›Ich‹ gestorben ist?«

Danach erzählte er die folgende Geschichte:

»Als der alte Hausdiener starb, hinterließ er zur Überraschung aller ein großes Vermögen, das in Wertpapieren angelegt war. Das konnte jedoch die Witwe nicht trösten: ›Mein armer, armer Mann! Das ganze Leben kannte er nur bittere Armut und harte Arbeit Tag für Tag. Und jetzt, da uns Gott dieses Vermögen geschickt hat, ist er nicht da, um sich daran zu erfreuen‹.«

WIE MAN LEICHTER STIRBT

Ein Schüler mußte rasch wieder heim, als ihn die Nachricht erreichte, daß sein Haus abgebrannt war.

Er war ein alter Mann, und alle bedauerten ihn. Alles, was der Meister ihm sagte, war: »Es wird das Sterben leichter machen.«

ZELLE ÖFFNE DICH!

Der Schüler bat um ein Wort der Weisheit. Sagte der Meister: »Geh, setz dich in deine Zelle und deine Zelle wird dich Weisheit lehren.«

»Aber ich habe keine Zelle. Ich bin kein Mönch.«

»Natürlich hast du eine Zelle. Blick in dich.«

DIE WUNDER IM IRDENEN GEFÄSS

D er Meister besaß das, was unter den Begriff »Ehrfurcht vor dem menschlichen Leib« fällt. Als ein Schüler den Leib als ein »irdenes Gefäß« einstufte, zitierte der Meister begeistert den Dichter Kabir:

»Im Innern dieses irdenen Gefäßes
sind tiefe Schluchten und Himalaya-Berge,
die sieben Meere sind da
und tausend Millionen Milchstraßen,
die Musik der Sphären
und die Quelle von Wasserfällen
und Flüssen.«

ALLER HEILIGER

E in Schüler kam zu Maruf Karkhi, dem Moslem-Meister und sagte: »Ich habe mit Leuten über dich gesprochen. Die Juden sagen, du seist einer der ihren. Die Christen halten dich für einen ihrer Heiligen. Und die Muslime sehen in dir eine Zierde des Islam.«

Maruf erwiderte: »So reden sie hier in Bagdad. Als ich in Jerusalem lebte, nannten mich die Juden einen Christen; die Christen einen Muslim und die Muslime einen Juden.«

»Was sollen wir also von dir halten?«

»Haltet mich für einen Mann, der folgendes von sich sagt: ›Die, die mich nicht verstehen, verehren mich. Die, die mich schmähen, verstehen mich auch nicht‹.«

Wenn du denkst, du seist der,
für den dich Freunde und Feinde halten,
kennst du dich offensichtlich selbst nicht.

119

FAKTOREN DER MACHT

Ein andermal erklärte der Meister:»Wenn du imstande bist, dem Leben ins Gesicht zu lachen, erhältst du Macht über die Welt – genau wie derjenige, der darauf vorbereitet ist zu sterben.«

SCHWEIGEN IST DEIN TIEFSTES WESEN

Sagte der Meister:
»Als du noch im Mutterleib warst,
hast du geschwiegen.
Dann wurdest du geboren
und fingst an zu sprechen, sprechen, sprechen
– bis der Tag kommt, da man dich ins Grab legt.
Dann wirst du wieder still sein.
Fange dieses Schweigen ein,
das im Mutterleib war
und im Grab sein wird
und selbst jetzt dieses Intervall von Lärm
unterläuft, das Leben heißt.
Dieses Schweigen ist dein tiefstes Wesen.«

IV
Auf großer Reise hinterm Haus

»Es gibt zu selten Bewußtheit.
An diesem Mangel leidet die Welt.«

AUF GROSSER REISE HINTERM HAUS

Jemand fragte den Meister nach dem Sinn eines Satzes, den er gehört hatte: »Der erleuchtete Mensch reist, ohne sich fortzubewegen.«

Sagte der Meister: »Setz dich jeden Tag an dein Fenster und beobachte, wie die Szene im Garten hinter deinem Haus ständig wechselt, während die Erde dich auf ihrer Jahresreise rund um die Sonne trägt.«

BESCHRÄNKTHEIT MIT ERWEITERTEM HORIZONT
ODER REISEN BILDET

Der Prediger war in verschiedene fremde Länder unterwegs. Sagten die Schüler: »Glaubst du, daß Reisen den Geist weiter werden läßt?«

»Nein«, gab der Meister zur Antwort, »es weitet nur seine Beschränktheit auf ein größeres Gebiet aus.«

GUTE AUSSICHTEN

Ein ängstlicher Tourist fürchtete, zu nahe an den Klippenrand zu kommen. »Was soll ich machen, wenn ich hinunterfalle?« fragte er den Führer.

Der sagte voller Begeisterung: »In diesem Falle, Sir, sollten sie unbedingt nach rechts blicken. Die Aussicht wird Ihnen gefallen.«

Natürlich nur, wenn Sie erleuchtet sind!

....

WOLKENKRATZERTHEORIEN

Drei weise Männer brachen zu einer Reise auf. In ihrem eigenen Land galten sie als Weise, doch waren sie bescheiden genug, sich von einer Reise weitere Einsicht zu erhoffen.

Gleich jenseits der Grenze zu ihrem Nachbarland sahen sie in der Ferne einen Wolkenkratzer. Sie fragten sich, was dieses riesige Gebilde wohl sein könnte? Die naheliegende Antwort wäre gewesen: hinaufsteigen und herausfinden. Aber nein, das könnte zu gefährlich sein. Angenommen, es wäre etwas, das beim Näherkommen explodierte. Es war weitaus klüger, sich zunächst zu einigen, was es war, ehe man es untersuchte. Verschiedene Theorien wurden erörtert und auf Grund früherer Erfahrungen verworfen. Schließlich wurde bestimmt, ebenfalls auf Grund früherer Erfahrungen, über die sie reichlich verfügten, daß das fragliche Objekt, was immer es sei, nur von Riesen aufgestellt worden sein konnte.

Das führte zu der Folgerung, es wäre besser, dieses Land ganz und gar zu meiden. Also kehrten sie nach Hause zurück und hatten ihren Erfahrungsschatz durchaus bereichert.

DER HÜHNERADLER

Ein Mann fand ein Adlerei und legte es in das Nest einer gewöhnlichen Henne. Der kleine Adler schlüpfte mit den Küken aus und wuchs zusammen mit ihnen auf.

Sein ganzes Leben lang benahm sich der Adler wie die Küken, weil er dachte, er sei ein Küken aus dem Hinterhof. Er kratzte in der Erde nach Würmern und Insekten. Er gluckte und gackerte. Und ab und zu hob er seine Flügel und flog ein Stück, genau wie die Küken. Schließlich hat ein Küken so zu fliegen, stimmt's?

Jahre vergingen, und der Adler wurde sehr alt. Eines Tages sah er einen herrlichen Vogel hoch über sich im wolkenlosen Himmel. Hoheitsvoll schwebte er durch die heftigen Windströmungen, fast ohne mit seinen kräftigen goldenen Flügeln zu schlagen. Der alte Adler blickte ehrfürchtig empor. »Wer ist das?« fragte er seinen Nachbarn.

»Das ist der Adler, der König der Vögel«, sagte der Nachbar. »Aber reg dich nicht auf. Du und ich sind von anderer Art.«

Also dachte der Adler nicht weiter an diesen Vogel. Er starb in dem Glauben, ein Küken im Hinterhof zu sein.

JIM, WACH AUF!

Vor einiger Zeit hörte ich im Radio die Geschichte von einem Mann, der an die Zimmertür seines Sohnes klopft und ruft: »Jim, wach auf!«

Jim ruft zurück: »Ich mag nicht aufstehen, Papa.« Darauf der Vater noch lauter: »Steh auf, du mußt in die Schule!«

»Ich will nicht zur Schule gehen.«

»Warum denn nicht?« fragt der Vater.

»Aus drei Gründen«, sagt Jim. »Erstens ist es so langweilig, zweitens ärgern mich die Kinder, und drittens kann ich die Schule nicht ausstehen.«

Der Vater erwidert: »So, dann sag' ich dir drei Gründe, wieso du in die Schule mußt: Erstens ist es deine Pflicht, zweitens bist du 45 Jahre alt, und drittens bist du der Klassenlehrer.«

DIE GUTE FEE VON DER THEMSE

Jemand fragte mich einmal: »Wie ist denn Erleuchtetsein? Wie ist es denn, wach geworden zu sein?«

Es ist wie mit dem Landstreicher in London, der sich für die Nacht einrichtete. Kaum eine Brotkruste hatte er zu essen bekommen. Er erreichte das Ufer der Themse. Im leichten Nieselregen zog er seinen zerschlissenen Mantel fester um sich.

Er wollte gerade einschlafen, als auf einmal ein Rolls-Royce mit Chauffeur anhielt. Eine schöne junge Dame stieg aus und sagte zu ihm: »Sie armer Mann, wollen Sie etwa die Nacht hier am Ufer verbringen?«

Darauf erwiderte der Landstreicher: »Ja.«

Die Frau entgegnete: »Das werde ich nicht zulassen. Sie kommen mit in mein Haus und werden dort bequem übernachten, nachdem Sie gut zu Abend gegessen haben.« Sie bestand darauf, daß er einstieg.

Also fuhren sie aus London hinaus und kamen zu einer großen Villa in einem weiten Park. Dem Butler, der sie ins Haus führte, sagte die Dame: »James, sorgen Sie bitte dafür, daß er ein Dienstbotenzimmer bekommt und es ihm an nichts fehlt.« James tat, wie ihm geheißen.

Die junge Dame hatte bereits die Kleider abgelegt, um ins Bett zu gehen, als ihr plötzlich wieder ihr Übernachtungsgast einfiel. Also zog sie sich etwas über und ging den Gang entlang zu den Dienstbotenzimmern. Unter der Tür des Landstreichers fiel ein Lichtstreifen hindurch. Sie klopfte behutsam an die Tür, öffnete sie und sah, daß der Mann noch wach war. Sie sagte zu ihm: »Was ist, guter Mann, haben Sie kein rechtes Essen bekommen?« Darauf erwiderte er: »In meinem ganzen Leben habe ich noch kein besseres Essen gehabt, meine Dame.« – »Haben Sie es warm genug?« – »Ja, ein schönes, warmes Bett.« – »Vielleicht brauchen Sie ein bißchen Gesellschaft. Wollen Sie nicht ein Viertelstündchen zu mir herüberkommen?«

Dann rückte sie näher zu ihm, und er rutschte näher zu ihr und fiel genau in die Themse.

DIE WIRKLICHKEIT ERKENNT MAN WIE MUSIK

Der Meister trat entschieden für »Gedanken-freie«, »Erkenntnis-lose« Kontemplation ein als einen Weg, die Wirklichkeit zu erkennen.

»Wie kann man die Wirklichkeit erkennen im Nicht-Erkennen?« fragte ein Schüler.

»In der Weise, in der man Musik erkennt«, sagte der Meister.

DIESES UNHEIMLICHE, SCHÖNE GEFÜHL

Auf die Frage, mit welchem Gefühl Erleuchtung zu vergleichen sei, sagte der Meister: »Es ist, wie in eine Wildnis einzudringen und plötzlich zu fühlen, daß du beobachtet wirst.«

»Von wem?«

»Von Felsen, Bäumen und Bergen.«

»Ein unheimliches Gefühl!«

»Nein, ein durchaus wohltuendes. Weil es aber ein ungewohntes Gefühl ist, sieht man sich getrieben, Hals über Kopf in die Alltagswelt der Menschen zurückzukehren – in ihren Lärm, ihren Wortschwall, ihr Gelächter –, in eine Welt, die uns von der Natur und Wirklichkeit abgeschnitten hat.«

WERDEN WIE DAS WASSER

Wasser wird dem Fluß entnommen, um Felder zu bewässern. Das Wasser selbst kümmert es nicht, ob es im Fluß oder auf den Feldern ist. So handeln und leben die Erleuchteten, sanft und mächtig im Einklang mit ihrem Schicksal.

WAS MACHT'S SCHON AUS?

Ein Schüler sagte zu seinem Guru, daß er einen fernen Ort aufsuchen wolle, um zu meditieren und, wie er hoffte, Erleuchtung zu erlangen. Alle sechs Monate schickte er dem Guru eine Nachricht, um ihn über seine Fortschritte zu unterrichten. So schrieb er im ersten Brief: »Nun verstehe ich, was es heißt, das Selbst aufzugeben.« Der Guru zerriß den Brief und warf ihn in den Papierkorb.

Nach sechs Monaten erhielt er die nächste Nachricht, in der es hieß: »Nun besitze ich das Empfinden für alles Lebendige.« Auch diesen Brief zerriß er.

Die dritte Nachricht lautete: »Jetzt kenne ich das Geheimnis des Einen und des Vielen.« Der Brief wurde zerrissen. So ging es mehrere Jahre, bis schließlich keine Nachricht mehr kam.

Nach einiger Zeit regte sich beim Guru die Neugier. Als eines Tages ein Reisender auf dem Weg zu dem fernen Ort war, an dem sich sein Schüler aufhielt, bat der Guru ihn: »Könntest du nicht herausfinden, was aus diesem Mann geworden ist?« Endlich erhielt er einen Brief von seinem Schüler, darin stand: *»Was macht das schon aus?«* Als der Guru das las, rief er laut: »Er hat es geschafft! Er hat es geschafft! Endlich hat er verstanden! Er hat es verstanden!«

DAS SELBST

Eines Tages bat ein Journalist den Meister, etwas zu nennen, was die moderne Welt charakterisiere. Ohne Zögern antwortete der Meister: »Die Menschen wissen jeden Tag mehr und mehr über den Kosmos und immer weniger über sich selbst.«

Und zu einem Astronomen, der ihn mit den Wundern der modernen Astronomie faszinierte, sagte der Meister plötzlich: »Das seltsamste aller der Millionen seltsamer Objekte im Universum – den schwarzen Löchern und Quasaren und Pulsaren – ist fraglos das Selbst.«

Im Land brach eine große religiöse Verfolgung aus, und die drei Säulen der Religion: die Heilige Schrift, der Gottesdienst und die Nächstenliebe traten vor Gott, um ihrer Sorge Ausdruck zu geben, daß sie nicht länger bestehen würden, wenn die Religion vernichtet wäre.

»Keine Sorge«, sagte der Herr, »ich plane, Einen auf die Erde zu schicken, der größer ist als ihr alle.«

»Wie heißt dieses Große Wesen?«

»Selbsterkenntnis«, sagte Gott. »Sie wird größere Dinge vollbringen, als je einer von euch vollbracht hat.«

BEI LEBENDIGEM LEIBE

Manche Leute behaupten, es gäbe kein Leben nach dem Tod«, sagte ein Schüler.

»Tun sie das?« fragte der Meister unverbindlich.

»Wäre es nicht furchtbar zu sterben, ohne jemals wieder zu sehen, zu hören, zu lieben oder sich zu bewegen?«

»Findest du das furchtbar?« erwiderte der Meister. »Das ist doch bei den meisten Menschen so, noch bevor sie gestorben sind.«

PAPIERLEBEN UND PAPIERTOD

Wann werde ich erleuchtet?« Wenn du *siehst*«, sagte der Meister.

»Was sehen?«

»Bäume und Blumen, Mond und Sterne.«

»Aber die sehe ich jeden Tag.«

»Nein, was du siehst sind Papierbäume, Papierblumen, Papiermonde und Papiersterne. Denn du lebst nicht in der Wirklichkeit, sondern in deinen Worten und Gedanken.«

Und um ganz genau zu sein, fügte er noch sanft hinzu: »Du lebst leider ein Papierleben und wirst einen Papiertod sterben.«

DER 180-GRAD-PREDIGER

Eines Tages stand der Meister dem Prediger gegenüber, der von keinen Zweifeln in seinen Überzeugungen geplagt war und sich selbstgerecht in seinen guten Werken sonnte.

Er sagte ihm: »Mein Freund, ich habe manchmal das Gefühl: wenn du einmal sterben wirst, stirbst du, ohne jemals gelebt zu haben – es wird so sein, als wäre das Leben an dir vorbeigegangen.«

Und nach einer kurzen Pause fügte der Meister hinzu: »Nein, schlimmer als das: Das Leben und du verliefen in gegensätzlichen Richtungen.«

WER DEN ADLER IM EI ERKENNT

Ein Schriftsteller kam ins Kloster, um ein Buch über den Meister zu schreiben.

»Die Leute sagen, Ihr seid ein Genie. Stimmt das?« fragte er.

»Das könnte man wohl sagen«, antwortete der Meister nicht gerade bescheiden.

»Und was macht einen zum Genie?«

»Die Fähigkeit zu erkennen.«

»Was erkennen?«

»Den Schmetterling in einer Raupe, den Adler in einem Ei, den Heiligen in einem selbstsüchtigen Menschenwesen.«

KATASTROPHEN NICHT IM PROGRAMM

Der Meister hielt den Menschen immer wieder ihre roboter-hafte Lebensweise vor Augen: »Wie kannst du dich Mensch nennen, wenn jedes Denken, jedes Fühlen und Han-deln mechanisch vor sich geht und nicht aus dir selbst kommt, sondern deiner Beeinflussung oder deinem Programmiert-Sein entspringt?«

»Kann etwas dieses Programmiert-Sein durchbrechen und uns davon loslösen?« fragte ein Schüler.

»Ja, Bewußtheit.«

Und nach kurzem Nachdenken fügte er hinzu: »Und eine Katastrophe.«

»Eine Katastrophe?«

»Ja. Ein sehr englischer Engländer erzählte mir einmal, daß er nach einem Schiffbruch mitten im Ozean mit einem anderen Engländer eine ganze Stunde lang im Meer geschwommen war, bis es ihm endlich gelang, sich von seinem Programmiert-Sein zu befreien und ihn anzusprechen, ohne vorgestellt zu sein!«

»Was sagte er?«

»Er sagte: ›Entschuldigen Sie, daß ich Sie so anspreche, aber ist das die Richtung nach Southampton?‹«

IM LAND DER ERLEUCHTUNG

Im Land der Erleuchtung ist dein erlerntes Können sowenig gefragt wie ein Unterhaltungsclub bei einer modernen Kriegsführung«, sagte der Meister.

Und zur Erklärung dieser Feststellung schloß der Meister die Geschichte von einer Schülerin an, die eine aus Lettland geflohene junge Frau als Hausgehilfin angestellt hatte und bald zu ihrem Schrecken feststellen mußte, daß das Mädchen weder mit dem Staubsauger noch mit der Küchenmaschine noch mit der Waschmaschine umgehen konnte.

»Was kannst du denn?« fragte sie verzweifelt.

Die junge Frau strahlte voller Stolz und sagte: »Ich kann ein Rentier melken.«

DER MENSCH AUS DER SCHUBLADE

Kennen Sie die Geschichte vom Rechtsanwalt, dem der Klempner eine Rechnung ausstellte? Er sagte zum Klempner: »Also hören Sie mal, Sie verlangen zweihundert Mark für die Stunde. Soviel verdiene ich ja als Rechtsanwalt nicht.« Darauf antwortete der Klempner: »Als ich noch Rechtsanwalt war, habe ich das auch nicht verdient!«

Ob man Klempner, Rechtsanwalt, Geschäftsmann oder Priester ist, berührt das eigentliche »Ich« nicht. Wenn ich morgen meinen Beruf wechseln würde, wäre das so, als wechselte ich meinen Anzug. Ich selbst bleibe derselbe. *Sind* Sie Ihre Kleider? *Sind* Sie Ihr Name? *Sind* Sie Ihr Beruf? Hören Sie auf, sich mit alldem zu identifizieren. Das alles kann von heute auf morgen anders sein.

Wenn Sie das wirklich begriffen haben, kann Sie keine Kritik mehr treffen. Keine Schmeichelei, kein Lob wird Sie mehr rühren. Wenn Ihnen jemand sagt: «Sie sind ein toller Kerl«, von was spricht er dann? Es ist eine dieser Schubladen, in die man nach Belieben gesteckt wird. Sie verändern sich schnell und hängen von den Maßstäben ab, die die Gesellschaft setzt. Diese Dinge hängen von Ihrer Beeinflußbarkeit ab. Schubladen werden von der Laune dessen bestimmt, der zufälligerweise gerade mit Ihnen spricht. Schubladen haben nichts mit Ihrem »Ich« zu tun. Das »Ich« paßt in keine dieser Schubladen.

DIE GESCHAFFTEN

Gewöhnlich drehen sich Ihre Sorgen um die Karriere: Ein Geschäftsmann um die fünfzig, der kaum Zeit hat, trinkt in einer Bar ein Bier und sagt: »Schau dir doch mal meine alten Klassenkameraden an, die haben es wirklich geschafft.«

Dieser Narr! Was meint er damit: »Sie haben es geschafft?«Vielleicht stehen ihre Namen in der Zeitung. Heißt das wohl, es zu »schaffen«? Einer ist Fabrikdirektor, ein anderer wurde Richter; einer wurde dies, ein anderer das. Narren, alle miteinander!

Wer bestimmt, was »Erfolg haben« bedeutet? Die törichte Gesellschaft! Deren Hauptsorge besteht darin, die Gesellschaft krank zu machen. Je eher Sie das merken, desto besser für Sie ...

Direktor einer Frima zu sein, hat nichts damit zu tun, erfolgreich zu leben. Einen Haufen Geld zu haben, hat nichts damit zu tun, ob man ein gelungenes Leben führt. Ihr Leben gelingt, wenn Sie wach werden! Dann müssen Sie sich bei niemand mehr entschuldigen, brauchen niemand mehr etwas zu erklären, es ist für Sie nicht wichtig, was jemand von Ihnen denkt oder über Sie erzählt. Nichts kann Sie mehr quälen; Sie sind glücklich. *Das* heißt für mich, erfolgreich zu sein. Ein guter Posten und Berühmtheit haben absolut nichts mit Glück oder Erfolg zu tun. Das ist völlig unwichtig. In Wirklichkeit plagt unseren Mann in der Bar die Frage, was seine Kinder, seine Nachbarn, seine Frau von ihm halten. Er hätte berühmt werden sollen. Unsere Gesellschaft und Kultur hämmern es ihm Tag und Nacht ein. Leute, die es geschafft haben! Was geschafft? Er hat seine ganze Energie auf etwas Wertloses gerichtet. Er ist ständig ängstlich und unruhig. Nennen Sie das menschlich?

TEURE TÜREN

Warum erlangen die meisten Menschen keine Erleuchtung?« fragte jemand den Meister.

»Weil sie als Verlust ansehen, was tatsächlich ein Gewinn ist.«

Dann erzählte er von einem Bekannten, der ein Geschäft eröffnete, das bald florierte. Die Kundschaft strömte den ganzen Tag.

Als der Meister dem Kaufmann zu dem Erfolg gratulierte, erwiderte dieser besorgt: »Sehen Sie die Dinge doch ganz realistisch und schauen Sie sich nur einmal die Ladentüren an. Wenn sie so viele Leute ständig auf- und zumachen, muß ich die Türangeln bald erneuern lassen.«

WENN DIE BERGE WIEDER BERGE WERDEN

Es gibt drei Stufen in der geistigen Entwicklung eines Menschen«, sagte der Meister. »Die sinnliche, die geistige und die göttliche.«

»Was versteht man unter sinnlicher Stufe?« fragten die interessierten Schüler.

»Das ist die Stufe, auf der Bäume als Bäume und Berge als Berge angesehen werden.«

»Und die geistige?«

»Auf ihr sieht man tiefer in die Dinge hinein, dann sind Bäume nicht mehr Bäume und Berge nicht länger Berge.«

»Und die göttliche?«

»Nun, das ist die Erleuchtung«, sagte der Meister mit leisem Lachen, »wenn Bäume wieder zu Bäumen und Berge wieder zu Bergen werden.«

WIE DER RAUHE TEPPICH WEICH WURDE

Warum sind viele Leute nicht erleuchtet?« »Weil sie nicht die Wahrheit suchen, sondern das, was ihnen paßt«, sagte der Meister.

Und er machte das an einer Sufi-Geschichte deutlich:

Ein Mann, der in Geldnot war, versuchte einen rauhen Teppich auf der Straße zu verkaufen. Der erste Passant, dem er ihn anbot, sagte: »Das ist ein grober Teppich und sehr abgenutzt.« Und er kaufte ihn zu einem billigen Preis.

Eine Minute später sagte dieser Käufer zu einem anderen Mann, der gerade vorbeikam: »Hier ist ein Teppich, weich wie Seide, Herr; keiner kommt ihm gleich.«

Sagte ein Sufi, der alles beobachtet hatte: »Bitte, lieber Teppichverkäufer, stecke mich in deinen Zauberkasten, der einen rauhen Teppich in einen glatten verwandeln kann und einen Kiesel in einen Edelstein.«

»Der Zauberkasten«, fügte der Meister hinzu, »heißt natürlich Eigennutz: das wirksamste Instrument der Welt, um die Wahrheit in einen Betrug umzukehren«.

DIE ERSTEN SCHUHE

Ein großer und törichter König beklagte sich, daß der unebene Boden seinen Füßen Schmerz bereite, also befahl er, das ganze Land mit Kuhhäuten auszulegen.

Der Hofnarr lachte, als der König ihm von seinem Befehl erzählte. »Was für eine total verrückte Idee, Euer Majestät!« rief er. »Warum diese unnütze Ausgabe? Laßt Euch einfach zwei kleine Flecken Kuhhaut zurechtschneiden, um Eure Füße zu schützen!«

Das tat der König, und damit waren die Schuhe erfunden.

EIN STARKES GETRÄNK

Auf einer Party in Japan wurde einem Besucher ein beliebtes japanisches Getränk angeboten. Nach dem ersten Glas merkte er, wie die Möbel im Zimmer schwankten.

»Das ist aber ein starkes Getränk«, sagte er zu seinem Gastgeber.

»Gar nicht so besonders«, erwiderte dieser, »wir haben bloß gerade ein Erdbeben.«

WENN WÖLFE AN DER KEHLE SCHNUPPERN

Im Dorf wurden in der Nähe von Meister Shojus Tempel Wölfe gesichtet. Daher ging Shoju eine Woche lang jede Nacht auf den Dorffriedhof und ließ sich dort zur Meditation nieder. Damit wurden die nächtlichen Angriffe der Wölfe beendet.

Die Dorfbewohner waren begeistert. Sie baten, ihnen die geheimen Riten zu offenbaren, die er vorgenommen hatte, damit sie in Zukunft das gleiche tun könnten.

Sagte Shoju: »Es bedurfte keiner geheimen Riten. Während ich in Meditation saß, versammelte sich eine Anzahl Wölfe um mich. Sie leckten meine Nasenspitze und schnupperten an meiner Kehle. Aber weil ich in rechter innerer Ruhe verharrte, wurde ich nicht gebissen.«

SEHR GUT, SEHR GUT

In einem Fischerdorf bekam ein Mädchen ein uneheliches Kind, und nach vielen Schlägen gab sie endlich den Namen des Kindsvaters preis: der Zen-Meister, der den ganzen Tag im Tempel außerhalb des Dorfes meditierte.

Die Eltern des Mädchens, begleitet von vielen Dorfbewohnern, begaben sich zu dem Tempel, unterbrachen rücksichtslos des Meisters Meditation, beschimpften ihn wegen seiner Heuchelei und erklärten, da er der Vater des Kindes war, sollte er nun auch die Last der Erziehung tragen. Der Meister antwortete nur: »Sehr gut, sehr gut.«

Als die Menge abgezogen war, hob er das Baby vom Boden auf und vereinbarte mit einer Frau aus dem Dorf, das Kind auf seine Kosten zu nähren und zu kleiden.

Der Ruf des Meisters war ruiniert. Niemand kam mehr zu ihm, um sich unterweisen zu lassen.

Als schließlich ein ganzes Jahr vergangen war, konnte es das Mädchen, das das Kind geboren hatte, nicht mehr länger aushalten und bekannte, daß es gelogen hatte. Der Vater des Kindes war der Nachbarjunge.

Die Eltern und Dorfbewohner waren sehr zerknirscht. Sie warfen sich dem Meister zu Füßen, um seine Vergebung zu erhalten, und baten, ihnen das Kind zurückzugeben. Und er sagte nichts weiter als: »Sehr gut, sehr gut.«

BLÄTTER FALLEN IMMER

Der zu Besuch weilende Gelehrte war bereit zu kritischer Auseinandersetzung.

»Verändern unsere Bemühungen nicht den Lauf der menschlichen Geschichte?« fragte er.

»O ja, das tun sie«, sagte der Meister.

»Und hat nicht menschliche Arbeit die Erde verändert?«

»Ganz sicher hat sie das«, sagte der Meister.

»Warum lehrt Ihr dann, daß menschliches Mühen nur wenig bewirkt?«

Sagte der Meister: »Weil die Blätter doch fallen, auch wenn der Wind nachläßt.«

DER SPRUNG ÜBER DEN ABGRUND

Vollziehe einen klaren Bruch mit deiner Vergangenheit und du wirst erleuchtet werden«, sagte der Meister.

»Ich werde es nach und nach tun.«

»Größe erreicht man allmählich. Erleuchtung vollzieht sich im Augenblick.«

Später sagte er noch: »Spring! Man kann einen Abgrund nicht mit kleinen Hüpfern überwinden.«

RAUCHERWAHRHEIT

Ein Freund von mir, der ein sehr starker Raucher war, sagte einmal: »Über das Rauchen gibt es doch alle möglichen Witze. Man erzählt uns, daß Rauchen uns umbringt, aber sieh dir doch die alten Ägypter an; sie sind samt und sonders tot, und kein einziger hat geraucht.«

Eines Tages bekam er Probleme mit seiner Lunge und mußte sich im Krebsforschungszentrum in Bombay untersuchen lassen. Der Arzt sagte: »Pater, Sie haben zwei Schatten auf der Lunge, das könnte Krebs sein. In vier Wochen möchte ich Sie wiedersehen.«

Seitdem hat er keine einzige Zigarette mehr angerührt. Vorher *wußte* er, daß Rauchen tödlich sein kann, nachher war er sich dessen *bewußt*. Das ist der Unterschied.

Der Gründer des Jesuitenordens, der heilige Ignatius von Loyola, verwendet einen schönen Ausdruck dafür. Er nennt es, die Wahrheit schmecken und fühlen – nicht sie wissen, sondern schmecken und fühlen, ein Gefühl für sie bekommen. Wenn Sie ein Gefühl für sie bekommen haben, ändern Sie sich. Wenn Sie sie in Ihrem Kopf wissen, nicht.

KLEINER FISCH SUCHT DEN OZEAN

Entschuldigung«, sagte ein Fisch aus dem Ozean zu einem anderen. »Du bist älter und erfahrener als ich und kannst mir wahrscheinlich helfen. Sag mir, wo kann ich die Sache finden, die man Ozean nennt? Ich habe vergeblich überall danach gesucht.«

»Der Ozean«, sagte der ältere Fisch, »ist das, worin du jetzt schwimmst.«

»Das? Aber das ist ja nur Wasser. Ich suche den Ozean«, sagte der jüngere Fisch sehr enttäuscht und schwamm davon, um anderswo zu suchen.

Der Schüler kam zu dem Meister im Sannyasi-Gewand. Und er sprach in der Sprache der Sannyasi:

»Jahrelang habe ich nun nach Gott gesucht. Ich bin von zu Hause weggegangen und habe überall nach ihm Ausschau gehalten, wo er angeblich sein soll: auf Bergesgipfeln, im Herzen der Wüste, in der Stille der Klöster und in den Behausungen der Armen.«

»Hast du ihn gefunden?« fragte der Meister.

»Ich wäre ein eitler Lügner, sagte ich ja. Nein, ich habe ihn nicht gefunden. Und Ihr?«

Was konnte ihm der Meister antworten? Die Abendsonne sandte goldene Strahlen in den Raum. Hunderte von Sperlingen tschilpten vergnügt auf einem nahen Feigenbaum. In der Ferne konnte man Straßenlärm hören. Ein Moskito summte warnend am Ohr, daß er gleich zustechen würde . . . und doch konnte dieser gute Mann dasitzen und sagen, er hätte Gott nicht gefunden, er würde immer noch nach ihm suchen.

Nach einer Weile verließ er enttäuscht das Zimmer des Meisters, um anderswo weiterzusuchen.

Hör auf zu suchen, es gibt nichts zu suchen. Sei einfach still, öffne die Augen und sieh dich um. Du kannst es nicht übersehen.

WAS DER FLUSS UNS SAGT

Sagte der Fluß zu dem Suchenden: »Muß man sich wirklich wegen Erleuchtung ereifern?

Gleichgültig, wohin ich mich wende, bin ich unterwegs nach Hause.«

KALTER TAG – WAS TUN?

An einem bitterkalten Tag drängten sich ein Rabbi und seine Schüler um ein Feuer. Einer der Schüler, Sprachrohr seines Meisters, sagte: »Ich weiß genau, was an einem so eiskalten Tag wie heute zu tun ist.«

»Was?« fragten die anderen.

»Warm halten. Und wenn das nicht möglich ist, weiß ich immer noch, was zu tun ist.«

»Was?«

»Frieren.«

EIN VOLLKOMMENER NARR

Ein Guru versprach einem Gelehrten eine Offenbarung von größerer Bedeutung als alles, was in den Schriften stand.

Als der Gelehrte ungeduldig darum bat, sie ihm mitzuteilen, sagte der Guru: »Geh hinaus in den Regen und recke Kopf und Arme himmelwärts. Das wird dir die erste Offenbarung bescheren.«

Am nächsten Tag kam der Gelehrte und berichtete. »Ich folgte deinem Rat, und das Wasser floß mir den Nacken hinab. Und ich fühlte mich wie ein vollkommener Narr.«

»Findest du nicht«, sagte der Guru, »daß das für den ersten Tag schon eine ganz schöne Offenbarung ist?«

DIE WAHRE LEERE

Buddhas Schüler Subhuti entdeckte plötzlich den Reichtum und die Fruchtbarkeit der Leere: die Erkenntnis, daß alles vergänglich, unbefriedigend und nichtig ist. In diesem Zustand göttlicher Leere saß er glückselig unter einem Baum, als plötzlich Blumen auf ihn herabfielen.

Und die Götter flüsterten: »Wir sind bezaubert von deiner erhabenen Lehre von der Leere.«

Subhuti erwiderte: »Aber ich habe kein Wort über Leere geäußert.«

»Das stimmt«, erwiderten die Götter, »du hast nicht über Leere gesprochen, wir haben nichts von Leere gehört. Das ist die wahre Leere.« Und der Blütenregen dauerte an.

HUI-NENGS BESONDERE EIGNUNG

Der fünfte Zen-Patriarch, Hung-jun, wählte Hui-neng unter fünfhundert Mönchen zum Nachfolger aus. Als man ihn nach dem Grund fragte, antwortete er:

»Die übrigen vierhundertneunundneunzig zeigten vollkommenes Verständnis des Buddhismus. Nur Hui-neng verstand überhaupt nichts davon. Er ist ein Mensch, der nicht mit gewöhnlichem Maß gemessen werden kann. So fiel das Los auf ihn, damit er die Lehre unverfälscht weitergibt.«

DER MANN, DER DIE NACHBARN FRAGTE

Ein Möbelfabrikant schickte einem seiner Kunden folgenden Brief:

»Lieber Mr. Jones,

was würden Ihre Nachbarn denken, wenn wir einen Möbelwagen zu Ihrem Haus schickten, um die Möbel, die Sie noch nicht bezahlt haben, wieder abzuholen?«

Er bekam folgende Antwort:

»Dear Sir,

ich habe die Angelegenheit mit meinen Nachbarn besprochen, um zu erfahren, was sie denken würden. Alle hielten es für einen ganz gemeinen Trick einer schäbigen, fiesen Gesellschaft.«

Ein untrügliches Zeichen der Erleuchtung:

Was Mitmenschen denken oder sagen, ist einem völlig gleichgültig.

BAMBUS

Unser Hund Brownie saß in perfekter Habachtstellung mit gespitzten Ohren, nervös mit dem Schwanz wedelnd, und blickte aufmerksam hinauf in einen Baum. Er hatte es auf einen Affen abgesehen. Nur eine Sache beschäftigte ihn: der Affe. Und da er nicht denken kann, störte kein einziger Gedanke seine völlige Versenkung: kein Gedanke daran etwa, was er abends fressen würde, ob es überhaupt etwas zum Fressen geben oder wo er schlafen würde. Ich habe noch kein Wesen gesehen, das dem Inbegriff von Kontemplation so nahe kam wie Brownie.

Vielleicht hast du selbst schon einmal Ähnliches erfahren, z. B. bei der Beobachtung eines spielenden Kätzchens, das dich völlig in Anspruch nahm. Das ist ein Weg, um einen Zustand der Versenkung zu erreichen, der auch nicht schlechter ist als andere, die ich kenne: sich völlig der Gegenwart hingeben.

Ein bißchen viel verlangt, in der Tat: jeden Gedanken an die Zukunft fallen lassen, desgleichen jeden Gedanken an die Vergangenheit – im Grunde jeden Gedanken überhaupt –, auch jede Zeitrechnung und völlig in der Gegenwart leben. Dann wird man Versenkung erleben!

Nach Jahren der Schulung bat der Schüler seinen Lehrer, ihm Erleuchtung zu geben. Der Meister führte ihn zu einem Bambushain und sagte: »Betrachte diesen Bambus hier, wie hoch er ist, und sieh den anderen dort, wie niedrig er ist.«

Und in diesem Augenblick wurde der Schüler erleuchtet.

Es wird erzählt, Buddha versuchte jede Art der Geistigkeit, jede Form der Askese, jede Schulung, die in dem Indien seiner Zeit möglich war, in seinem Bemühen, Erleuchtung zu erlangen.

Alles vergeblich. Schließlich saß er eines Tages unter einem Feigenbaum und wurde erleuchtet. Er gab das Geheimnis der Erleuchtung an seine Schüler mit Worten weiter, die dem Nichteingeweihten rätselhaft erscheinen mußten, besonders dem, der auf Gedanken schwört.

»Wenn ihr tief einatmet, o Mönche, seid euch bewußt, daß ihr tief einatmet. Und wenn ihr nur flach atmet, o Mönche, seid euch bewußt, daß ihr einen flachen Atemzug tut. Und wenn ihr einen mittleren Atemzug tut, o Mönche, seid euch bewußt, daß ihr einen mittleren Atemzug tut.« Bewußtmachen, Aufmerksamkeit, Versenkung. Weiter nichts.

Diese Art der Versenkung beobachtet man bei kleinen Kindern. Sie finden leicht Zugang zum himmlischen Königreich.

DIE VERSCHWUNDENE TREPPE

Ein Mann kam an einen hohen Turm, trat ein und befand sich in tiefer Dunkelheit. Als er sich vortastete, kam er an eine Wendeltreppe. Neugierig zu erfahren, wohin sie führte, begann er hinaufzusteigen und spürte dabei wachsendes Unbehagen in seinem Herzen. Er blickte sich um und sah entsetzt, daß jedesmal, wenn er eine Stufe erklommen hatte, die vorhergehende abbrach und verschwand. Vor ihm wand sich die Treppe empor, und er hatte keine Ahnung, wohin sie führte, hinter ihm gähnte eine riesige schwarze Leere.

Bedenkt man, was geistliche Suche bedeutet . . . so sind echte Suchende selten.

BLÖDSINN DER MEISTER

Der Meister hinterläßt seine Weisheit in den Herzen seiner Schüler, nicht in den Seiten eines Buches. Der Schüler bewahrt diese Weisheit vielleicht dreißig oder vierzig Jahre tief in seinem Herzen, bis er auf jemanden stößt, der bereit ist, sie zu empfangen. Das war Zen-Tradition.

Der Zen-Meister Mu-nan wußte, daß er nur einen Nachfolger hatte, seinen Schüler Shoju. Eines Tages ließ er ihn holen und sagte: »Ich bin nun ein alter Mann, Shoju, und du wirst diese Lehre weitergeben. Hier ist ein Buch, das seit sieben Generationen von Meister zu Meister weitergereicht wurde. Ich habe auch einige Anmerkungen hinzugefügt, und du wirst dieses Buch nützlich finden. Hier, nimm es als Zeichen, daß du mein Nachfolger bist.«

»Besser, das Buch bleibt bei Euch«, sagte Shoju, »ich habe Eure Zen-Lehre ohne ein geschriebenes Wort erhalten und will es auch weiter so halten.«

»Ich weiß, ich weiß«, sagte Mu-nan geduldig, »aber immerhin hat dieses Buch sieben Generationen gedient und kann auch dir hilfreich sein. Hier, behalte es bei dir.«

Während dieses Gesprächs standen die beiden zufällig neben dem Feuerplatz. Im gleichen Augenblick, als das Buch Shojus Hand berührte, warf er es ins Feuer. Er war nicht versessen auf geschriebene Worte. Mu-nan, der nie zuvor wütend gewesen sein soll, schrie: »Was machst du da für Blödsinn?«

Shoju schrie zurück: »Was redet Ihr da für Blödsinn?«

PUDDINGPHILOSOPHIE

Ehe der Besucher eventuelle Schülerschaft diskutierte, verlangte er von dem Meister Zusicherungen.

»Könnt Ihr mich lehren, was das Ziel eines Menschenlebens ist?«

»Das kann ich nicht.«

»Oder wenigstens seinen Sinn?«

»Das kann ich nicht.«

»Könnt Ihr mir das Wesen des Todes erklären und eines Lebens jenseits des Grabes?«

»Das kann ich nicht.«

Der Besucher ging zornig davon. Die Schüler waren betreten, daß ihr Meister eine so schlechte Figur gemacht hatte.

Sagte der Meister tröstend: »Was nützt es, die Essenz des Lebens zu verstehen und seinen Sinn zu begreifen, wenn ihr es nie gekostet habt? Mir ist es lieber, ihr eßt euren Pudding, als daß ihr darüber spekuliert.«

VOM ÜBERFLÜSSIGEN MEISTER

Darf ich Euer Schüler werden? «

»Du bist nur ein Schüler, weil deine Augen geschlossen sind. An dem Tag, an dem du sie öffnest, wirst du feststellen, daß du nichts von mir oder von jemand anderem lernen kannst.«

» Wozu ist dann ein Meister da?«

»Dir zu der Erkenntnis zu verhelfen, daß es zwecklos ist, einen zu haben.«

WASSER DER EINSAMKEIT

Gott warnte einst das Volk vor einem Erdbeben, das alle Gewässer des Landes verschlingen würde. Das Wasser, das es dann gäbe, würde alle Leute wahnsinnig machen.

Nur der Prophet nahm Gott ernst. Er trug große Krüge voll Wasser in seine Berghöhle, so daß er bis zu seinem Lebensende genug hatte.

Das Erdbeben trat tatsächlich ein, alle Gewässer verschwanden, und neues Wasser füllte die Ströme, Seen, Flüsse und Teiche.

Einige Monate später kam der Prophet herab, um zu sehen, was passiert war. Tatsächlich waren alle Menschen wahnsinnig geworden. Sie griffen ihn an und wollten nichts mit ihm zu tun haben, überzeugt, daß *er* verrückt geworden war.

Also ging der Prophet zurück in seine Berghöhle, froh über das gerettete Wasser. Aber mit der Zeit fand er seine Einsamkeit unerträglich. Er sehnte sich nach menschlicher Gesellschaft und ging also wieder hinab in die Ebene. Wieder wurde er von den Menschen zurückgewiesen, weil er sich so grundlegend von ihnen unterschied.

Also faßte der Prophet einen Entschluß. Er goß das gerettete Wasser weg, trank das neue und gesellte sich zu seinen verrückten Mitmenschen.

WANN IST DIE ERDBEERE AM SÜSSESTEN?

Dieses Gleichnis erzählte Buddha seinen Schülern: Ein Mann traf auf einem Feld einen Tiger. Dieser griff ihn an, und der Mann lief davon. Auf der Flucht kam er an einen Abgrund, stolperte und begann hinunterzurutschen. Er streckte die Hand aus und bekam einen kleinen Erdbeerbaum zu fassen, der an dem Steilhang wuchs.

Dort hing er einige Minuten zwischen dem hungrigen Tiger und dem gähnenden Abgrund, in dem er wohl bald den Tod finden würde.

Plötzlich erspähte er eine saftige Beere an dem Erdbeerbaum. Er hielt sich mit einer Hand an dem Strauch fest, pflückte mit der anderen die Erdbeere und steckte sie in den Mund. Noch nie im Leben hatte ihm eine Erdbeere so süß geschmeckt.

Das Wissen um den Tod gibt dem Leben des Erleuchteten Süße.

V
Papst durch die Brille

»Das Schwierigste auf der Welt
ist Hören und Sehen.«

PAPST DURCH DIE BRILLE

Als der Meister gefragt wurde, warum Sehen so schwierig sei, erzählte er diese Begebenheit:

»Nach Rückkehr von einer Reise nach Europa wurde Sam, der in einem Geschäft für Herrenunterwäsche arbeitete, von seinem Kollegen wißbegierig gefragt:

›Konntest du einen Abstecher nach Rom machen?‹

›Ja, selbstverständlich.‹

›Und hast du den Papst gesehen?‹

›Den Papst gesehen? Ich hatte eine Privataudienz bei ihm!‹

›Was du nicht sagst‹, rief sein Kollege aus.

›Wie sieht er aus?‹

›Ach, ich würde sagen, er hat Größe sechsunddreißigeinhalb‹«, sagte Sam.

DIE GESTREIFTEN FENSTERSCHEIBEN

Eine Frau beschwerte sich bei einer Freundin, die sie besuchte, daß ihre Nachbarin keine gute Hausfrau sei.

»Du solltest sehen, wie schmutzig ihre Kinder sind – und ihr Haus. Es ist beinahe eine Schande, in der Nachbarschaft zu wohnen. Sieh dir bloß einmal die Wäsche an, die sie draußen auf die Leine gehängt hat. Man erkennt deutlich die schwarzen Streifen auf den Laken und den Handtüchern.«

Die Freundin ging zum Fenster und sagte: »Ich glaube, die Wäsche ist ganz sauber, meine Liebe. Die Streifen sind auf deinen Fensterscheiben.«

DIE LATERNE DES BLINDEN

In alten Zeiten war es in Japan üblich, Papierlaternen zu benutzen. Das Papier schirmte eine brennende Kerze und wurde von Bambusstöcken zusammengehalten.

Ein blinder Mann besuchte zufällig seinen Freund, und da es schon spät war, wurde ihm für den Heimweg eine Laterne angeboten.

Er lachte über den Vorschlag. »Tag und Nacht sind für mich gleich«, sagte er. »Was sollte ich wohl mit einer Laterne anfangen?«

Sein Freund sagte: »Richtig, du brauchst sie nicht, um deinen Weg nach Hause zu finden. Aber sie könnte verhindern, daß jemand im Dunkeln in dich hineinläuft.«

Also ging der Blinde mit seiner Laterne weg. Es dauerte nicht lange, bis jemand in ihn hineinrannte und ihn umwarf.

»He, du unvorsichtiger Kerl!« schrie der Blinde. »Siehst du nicht die Laterne?«

»Bruder«, entgegnete der Fremde, »deine Laterne ist ausgegangen.«

DIE CHARTA DER KNOCHEN

Plutarch erzählt die Geschichte von Alexander dem Großen, der zu Diogenes kommt, als dieser gerade aufmerksam einen Haufen menschlicher Knochen betrachtet.

»Was sucht Ihr?« fragte Alexander.

»Etwas, das ich nicht finden kann«, sagte der Philosoph.

»Und was ist das?«

»Den Unterschied zwischen den Knochen Eures Vaters und denen seiner Sklaven.«

154

Auch diese Knochen sind nicht zu unterscheiden:
Katholische von protestantischen,
Hinduknochen von muslimischen,
arabische von israelischen,
russische von amerikanischen Knochen.
Erleuchtete sehen keinen Unterschied,
selbst bei Knochen, die noch prall mit Fleisch bedeckt sind!

LÜGNER UND BETRÜGER EHRENHALBER

Ein Reporter fragte mehrere Leute in einer kleinen Stadt, ob sie den Bürgermeister kennen würden.

»Er ist ein Lügner und Betrüger«, sagte der Tankstellenwärter.

»Er ist ein aufgeblasener Kerl«, sagte der Lehrer.

»Ich habe ihn noch nie gewählt, ich mag ihn nicht«, sagte der Drogist.

»Der korrupteste Politiker, den ich kenne«, sagte der Friseur.

Als der Reporter schließlich den Bürgermeister traf, fragte er ihn, wie er bezahlt würde.

»Um Himmels willen, ich bekomme kein Gehalt«, sagte der Bürgermeister.

»Warum haben Sie denn den Job übernommen?«

»Ehrenhalber.«

DAS HEILIGKEITSSPIEL

Bayazid, der Moslem-Heilige, pflegte manchmal absichtlich gegen die äußeren Formen und Riten des Islam zu verstoßen. Einmal geschah es, daß er auf dem Rückweg von Mekka in der iranischen Stadt Rey haltmachte. Die Einwohner, die ihn verehrten, eilten herbei, um ihn willkommen zu heißen, und verursachten in der Stadt ein großes Aufsehen. Bayazid, der dieser Art von Verehrung überdrüssig war, wartete, bis er den Marktplatz erreicht hatte. Dort kaufte er einen Laib Brot und begann, im Angesicht seiner Gefolgsleute schmatzend zu kauen. Es war ein Fastentag im Monat Ramadan, aber Bayazid fand, daß seine Reise durchaus rechtfertigte, dieses religiöse Gebot zu brechen.

Anders seine Gefolgsleute. Sie waren über sein Verhalten so entsetzt, daß sie ihn auf der Stelle verließen und nach Hause gingen. Zufrieden bemerkte Bayazid zu einem Schüler: »Siehst du, ich brauchte bloß etwas für sie Unerwartetes zu tun, und schon schwand ihre Verehrung für mich dahin.«

Jesus entsetzte seine Gefolgsleute auf ähnliche Weise.

Die Massen brauchen einen Heiligen, den sie verehren können, einen Guru, den sie um Rat fragen. Ein stillschweigendes Abkommen: du mußt unseren Erwartungen gerecht werden, als Gegenleistung bieten wir dir Verehrung. Das Heiligkeitsspiel!

MEISTER UND MENSCH

Auch das schärfste Auge würde an dem Meister nichts entdecken, was über den Rahmen des Gewöhnlichen hinausging. Er konnte ängstlich und niedergeschlagen sein, wenn die Umstände danach waren. Er konnte lachen und weinen und wütend werden. Er liebte ein anständiges Essen, war auch einem oder zwei Gläschen nicht abgeneigt, und man wußte sogar, daß er einer wohlgestalteten Frau gerne nachblickte.

Als ein Reisender bemängelte, daß der Meister kein »heiliger Mann« sei, wies ihn ein Schüler zurecht.

»Es ist eine Sache, ob ein Mann heilig ist. Auf einem ganz anderen Blatt steht, ob er Euch heilig vorkommt.«

DER KURZSPRUNG

Um seinen oft wiederholten Lehrsatz »Du siehst die Dinge, wie *du* bist, nicht wie sie sind« deutlich zu machen, erzählte der Meister die Geschichte von seinem einundachtzigjährigen Freund, der eines Tages durchnäßt und schlammbedeckt ins Kloster kam.

»Es ist dieser Bach eine Viertelstunde von hier«, sagte er. »Ich habe ihn früher immer mit einem Sprung geschafft. Aber jetzt lande ich immer in der Mitte. Ich habe nicht gemerkt, daß der Bach breiter geworden ist.«

Worauf der Meister nur sagte: »Heute sehe ich immer, wenn ich mich bücke, daß der Boden weiter entfernt ist als in meiner Jugend.«

DER INNERE UND ÄUSSERE SANDWICH

Ein Junge entwickelte eine wahre Sandwich-Phobie. Jedesmal, wenn er einen Sandwich sah, begann er vor Angst zu zittern und zu schreien. Seine Mutter war davon so geschockt, daß sie mit ihm zu einem Therapeuten ging. Der sagte: »Diese Phobie kann leicht beseitigt werden. Nehmen Sie den Jungen nach Hause, und lassen sie ihn zusehen, wie Sie einen Sandwich machen. Dadurch werden seine albernen Vorstellungen, die er von einem Sandwich hat, aus dem Wege geräumt, und er wird nicht mehr zittern und schreien.«

Genau das tat die Mutter. Sie nahm zwei Scheiben Brot in die Hand und sagte: »Hast du davor Angst?« Der Junge sagte: »Nein.« Sie zeigte ihm die Butter. Hatte er davor Angst? Nein, keine Angst. Sie ließ ihn zusehen, wie sie die Butter auf das Brot strich. Danach kam das Salatblatt. Hatte er davor Angst? Nein. Der Salat wurde auf das Brot gelegt. Und Tomatenscheiben? Hatte er vor irgend etwas Angst? Nein. Also wurden die Tomaten auf das Salatblatt gelegt. Wie stand es mit Speckstreifen? In Ordnung, also wurden sie obenauf gelegt.

Nun hielt sie die beiden belegten Brotscheiben in den Händen und zeigte sie dem Jungen. Immer noch keine Angst. Aber in dem Augenblick, als sie die Scheiben aufeinanderlegte, um einen Sandwich zu machen, schrie er: »Sandwich! Sandwich!« und begann vor Angst zu zittern.

Sie lieben oder hassen nicht
das Wesentliche der Dinge oder der Menschen,
sondern nur ihre äußere Form . . .

WAS DER KLEINE TOMMY SCHON ALLES SEHEN KANN

Tommy war gerade vom Strand zurückgekommen. »Waren da noch andere Kinder?« fragte seine Mutter. »Ja«, sagte Tommy. »Jungen oder Mädchen?«
»Woher soll ich das wissen? Sie hatten nichts an.«

Sie sehen nicht, was da ist, sondern das, was ihnen beigebracht wurde zu sehen.

BLINDE TYPEN

Ein junger Mann, blind von Geburt, verliebte sich in ein Mädchen. Alles ging gut, bis ihm ein Freund sagte, daß das Mädchen nicht sehr hübsch war. Von da an verlor er jedes Interesse an ihr.

Schlimm genug! Er hatte sie richtig »gesehen«, der Freund war blind gewesen.

Zwei Herren warteten spät nachts ungeduldig an der Bushaltestelle, lange nachdem die Busse den Verkehr eingestellt hatten.

Mehrere Stunden vergingen, ehe sie, sinnlos betrunken, wie sie waren, merkten, daß der letzte Bus schon lange weg war. Aber sie sahen mehrere Wagen im Depot geparkt und beschlossen, einen auszuleihen und selbst nach Hause zu fahren.

Enttäuscht stellten sie fest, daß sie den richtigen Bus nicht finden konnten. »Ist das zu glauben«, sagte einer, »da stehen Hunderte von Bussen und nicht ein 36er ist darunter!«

»Das ist jetzt egal«, sagte der andere. »Laß uns den 22er bis zur Endhaltestelle nehmen, und die letzten paar Kilometer nach Hause laufen.«

DIE HAND DES MEISTERS

Ein Erdbeben erschütterte die Stadt, und der Meister stellte erfreut fest, wie sehr seine Schüler von seiner zur Schau getragenen Furchtlosigkeit beeindruckt waren.

Als er einige Tage später gefragt wurde, was es heiße, die Angst zu besiegen, erinnerte er sich an sein eigenes Beispiel: »Habt ihr bemerkt, daß ich still dasaß und ruhig Wasser trank, während alle Welt in Panik hin und her lief? Hat einer von euch gesehen, daß meine Hand, die das Glas hielt, zitterte?«

»Nein«, sagte ein Schüler, »aber ihr trankt nicht Wasser, sondern Sojabohnensoße.«

GROSSVATERS ANZÜGE

Ich meine, du solltest dich etwas mehr danach kleiden, wie es deiner Stellung entspricht. Es ist mir peinlich, daß du dich so gehen läßt und so schäbig aussiehst.«

»Aber ich sehe doch nicht schäbig aus.«

»Doch, das tust du. Nimm deinen Großvater. Er war immer elegant angezogen. Seine Anzüge waren teuer und von einem guten Schneider.«

»Jetzt verstehe ich dich wirklich nicht mehr! Ich trage doch Großvaters Anzüge.«

SCHUH UND SCHUH IST ZWEIERLEI

Ein Mann stieg in einen Bus und kam neben einem jungen Mann zu sitzen, der offensichtlich ein Hippie war. Er hatte nur einen Schuh an.

»Du hast wohl einen Schuh verloren, mein Junge?«

»Nein«, lautete die Antwort, »ich habe einen gefunden.«

DER SCHREI VOR DEN TOMATEN

In der Gemüseabteilung eines Supermarktes wollte eine Frau gerade ein paar Tomaten aussuchen, als ihr ein scharfer Schmerz in den Rücken schoß; sie konnte sich nicht mehr rühren und stieß einen Schrei aus.

Ein anderer Käufer neben ihr drehte sich verständnisvoll um und sagte: »Wenn Sie denken, die Tomaten sind teuer, dann sehen Sie sich mal die Fischpreise an.«

IN DEN MOND SCHAUEN

Der Dichter Awhadi aus Kerman saß eines Nachts über ein Gefäß gebeugt vor seiner Tür. Der Sufi Shams aus Täbris kam zufällig vorbei. »Was tust du?« fragte er den Dichter.

»Ich betrachte den Mond in einer Schale voll Wasser«,

»Warum blickst du nicht direkt auf den Mond am Himmel, oder hast du dir etwa den Hals gebrochen?«

»Haben Sie ein schönes Baby!«

»Das ist gar nichts. Sie sollten Fotos von ihm sehen!«

DER MOND IST NICHT FÜR ALLE DA

Der Zen-Meister Ryokan lebte sehr bescheiden in einer kleinen Hütte am Fuß der Berge. Eines Nachts, als der Meister fort war, brach ein Dieb in die Hütte ein, nur um festzustellen, daß nichts zu stehlen war.

Ryokan kam zurück und erwischte ihn. »Du hast dir viel Mühe gemacht, mich zu besuchen«, sagte er zu dem Einbrecher. »Du sollst nicht mit leeren Händen davongehen. Bitte nimm meine Kleider und die Decke als Geschenk.«

Der Dieb nahm höchst verwirrt die Kleider und trollte sich. Ryokan setzte sich hin, nackt wie er war, und beobachtete den Mond. »Armer Kerl«, dachte er bei sich, »ich wünschte, ich könnte ihm den wunderbaren Mondschein geben.«

PHARISÄERS MARKENZEICHEN

Es gibt tatsächlich zwei Arten von Menschen: die Pharisäer und die Zöllner«, sagte der Meister, nachdem er das Gleichnis Jesu gelesen hatte.

»Wie erkennt man die Pharisäer?«

»Einfach daran, daß sie klassifizieren«, antwortete der Meister.

DER SEGEN DER AUGENLIDER

Nachdem sich einer seiner Schüler eines ernsten Vergehens schuldig gemacht hatte, erwarteten alle, daß der Meister ihn exemplarisch bestrafen würde.

Als ein voller Monat vorübergegangen war, ohne daß er etwas getan hatte, machte man dem Meister Vorwürfe:

»Wir können nicht übersehen, was passiert ist. Schließlich hat uns Gott Augen gegeben.«

»Ja«, erwiderte der Meister, »und Augenlider.«

DIE WAHRHEIT AUF DER WAAGE

Was ist das größte Hindernis für die Wahrheit?«
»Die Abneigung, den Tatsachen ins Auge zu sehen«, sagte der Meister.

Zur Illustration dessen erzählte er von der übergewichtigen Frau, die von der Waage herunterstieg und sagte: »Nach dieser Gewichtstabelle hier sollte ich etwa fünfzehn Zentimeter größer sein.«

Danach erzählte der Meister von einer anderen Frau, die sich endlich dazu durchgerungen hatte, etwas wegen ihres Übergewichtes zu unternehmen: Sie stieg auf keine Waage mehr!

DER KLEINE HENRY

Wir haben alle unsere Standpunkte, oder? Von diesen Standpunkten aus hören wir den anderen zu:
»Hast du dich aber verändert, Henry! Du warst doch immer so groß, und jetzt kommst du mir so klein vor. Du warst doch immer so stattlich, und jetzt erscheinst du mir so schmal. Du warst doch immer so blaß, und jetzt bist du so braun. Was ist mit dir los, Henry?«

Und Henry sagte: »Ich heiße gar nicht Henry, ich heiße John.« –
»Ach, deinen Namen hast du auch geändert!« –
Wie will man solch einen Menschen zum Zuhören bekommen?

ARZNEI FÜR DEN NACHBARN

Stellen Sie sich einen Patienten vor, der zum Arzt geht und ihm sagt, woran er leidet. Der Arzt sagt: »Ja, Ihre Symptome kenne ich sehr gut. Wissen Sie, was ich jetzt tun werde? Ich verschreibe Ihnen eine Arznei für Ihren Nachbarn.« Der Patient erwidert: »Vielen Dank, Herr Doktor, das wird mir sehr helfen.«

Ist das nicht absurd? Aber so handeln wir alle. Derjenige, der schläft, denkt immer, es würde ihm besser gehen, wenn ein anderer sich ändert. Sie leiden, weil sie schlafen, aber sie denken sich: »Wie schön könnte das Leben sein, wenn die anderen sich ändern würden; wie schön könnte das Leben sein, wenn mein Nachbar sich änderte, oder meine Frau, oder mein Chef.«

DER DURCHSCHAUTE CHEF

Chef: »Sie sehen erschöpft aus. Was ist los?«
Sekretärin: »Also nein, Sie würden es nicht glauben, wenn ich es Ihnen sagte.«

»Natürlich würde ich es glauben.«

»Nein, das würden Sie nicht, das weiß ich.«

»Ich werde Ihnen bestimmt glauben, ich verspreche es.«

»Also gut, ich habe heute zuviel gearbeitet.«

»Das glaube ich nicht.«

DIE ALTE VOM STRAND

Eine fünfköpfige Familie war glücklich, einen Tag am Strand verbringen zu können. Die Kinder badeten im Meer und bauten Sandburgen, als eine kleine alte Dame auf sie zukam. Ihr graues Haar wehte im Wind und ihre Kleidung war schmutzig und zerlumpt. Sie murmelte vor sich hin, während sie Gegenstände vom Boden aufhob und in eine Tasche tat.

Die Eltern riefen die Kinder zu sich und sagten, sie sollten sich von der alten Dame fernhalten. Als sie vorbeiging und sich hin und wieder bückte, um etwas aufzuheben, lächelte sie der Familie zu: Aber ihr Gruß wurde nicht erwidert.

Viele Wochen später erfuhren sie, daß die kleine alte Dame es sich zur Lebensaufgabe gemacht hatte, Glasscherben am Strand aufzuheben, damit sich die Kinder nicht die Füße aufschnitten.

EIN BÜFFEL ZUVIEL IM FLUGZEUG

Einige Jäger charterten ein Flugzeug, das sie in ein Waldgebiet bringen sollte. Nach zwei Wochen kam der Pilot, um sie wieder abzuholen. Er warf einen Blick auf die erlegten Tiere und sagte: »Diese Maschine kann nicht mehr als einen Büffel transportieren. Die anderen müssen Sie zurücklassen.«

»Aber im letzten Jahr erlaubte uns der Pilot, zwei Tiere in einer Maschine von dieser Größe mitzunehmen«, protestierten die Jäger.

Der Pilot war skeptisch, sagte aber schließlich: »Wenn Sie es voriges Jahr so gemacht haben, können wir es vermutlich wieder tun.«

Also hob die Maschine ab mit den drei Männern und zwei Büffeln an Bord. Doch sie konnte keine Höhe gewinnen und prallte gegen einen nahegelegenen Berg. Die Männer kletterten heraus und blickten sich um.

Ein Jäger sagte zu dem anderen:

»Wo glaubt ihr, sind wir?«

Der andere sah prüfend in die Runde und erwiderte:

»Ich glaube, wir befinden uns ungefähr zwei Meilen links von der Stelle, an der wir im letzten Jahr abgestürzt sind.«

EIN GROSSER TAG

Ein junger Amerikaner kam als Büroangestellter ins Weiße Haus und nahm an einem Empfang teil, den der Präsident allen Angestellten des Weißen Hauses gegeben hatte. Er dachte, seine Mutter würde es aufregend finden, aus dem Weißen Haus angerufen zu werden, also ließ er durch die Vermittlung eine Verbindung herstellen.

»Mutter«, sagte er stolz, »heute ist ein großer Tag für mich. Weißt du, woher ich anrufe? Aus dem Weißen Haus.«

Die Antwort vom anderen Ende war nicht ganz so aufgeregt, wie er es erwartet hatte. Schließlich sagte seine Mutter:

»Es war auch ein großer Tag für mich, mein Junge.«

»Wirklich? Was ist passiert?«

»Ich habe es endlich geschafft, die Mansarde auszuräumen.«

EIN ANSTÄNDIGER VOGEL

Nasrudin wurde Premierminister des Königs. Als er einmal durch den Palast wanderte, sah er zum erstenmal in seinem Leben einen königlichen Falken.

Nasrudin hatte noch nie zuvor eine solche Vogelart gesehen. Also nahm er die Schere und beschnitt die Klauen, die Schwingen und den Schnabel des Falken.

»Nun siehst du aus wie ein anständiger Vogel«, sagte er, »Dein Wärter hat dich stiefmütterlich behandelt.«

Es ist ein Kreuz mit frommen Leuten, die keine andere Welt kennen als die, in der sie leben, und von den Menschen, mit denen sie doch reden, nichts lernen!

PROZESSORDNUNG FÜR ARME SEELEN

Der Dorfgeistliche besuchte das Haus eines älteren Pfarrkindes, und bei einer Tasse Kaffee beantwortete er einige Fragen der Großmutter.

»Warum schickt uns der Herr immer wieder Epidemien?« fragte die alte Dame.

»Nun ja«, sagte der Geistliche, »manchmal werden die Leute so böse, daß sie beseitigt werden müssen, und daher erlaubt der liebe Gott, daß Epidemien ausbrechen.«

»Aber«, widersprach Großmutter, »warum werden so viele gute Leute zusammen mit den bösen beseitigt?«

»Die guten werden als Zeugen abgerufen«, erklärte der Geistliche. »Der Herr will jeder Seele einen fairen Prozeß machen.«

DIE FRAU DES BLINDEN MANNES

Einen Menschen zu lehren, der noch nicht reif dafür ist, kann ausgesprochen schädlich sein:

Ein Mann, der eine sehr häßliche Tochter hatte, verheiratete sie an einen Blinden, denn kein anderer wollte sie haben.

Als sich ein Arzt erbot, des Blinden Augenlicht wiederherzustellen, wollte es der Vater des Mädchens nicht zulassen, denn er fürchtete, der Mann würde sich von seiner Tochter scheiden lassen.

Sa'di sagt von dieser Geschichte: »Der Ehemann einer häßlichen Frau sollte lieber blind bleiben.«

DIE SCHÖNE UND DER FENSTERPUTZER

Der Meister erzählte gern diese Geschichte, um zu zeigen, mit welchen Augen Leute auf andere Leute schauen:

In den ersten Jahren nach seiner Heirat wohnte der Meister in einem Appartement, das im 20. Stock eines Hochhauses lag. Seine junge Frau stand einmal unter der Dusche und wollte gerade nach dem Handtuch greifen, als sich ihr Blick mit dem eines Fensterputzers draußen vor ihrem Fenster traf. Wie angewurzelt stand sie eine Weile da, vor Verblüffung nicht imstande, sich zu bewegen.

Der junge Mann unterbrach die Arbeit: »Was ist los, junge Frau?« sagte er. »Haben Sie noch niemals einen Fensterputzer gesehen?«

WENN EIN MANN ZUSAMMENSACKT

In den Zeitungen stand, daß die Hitzewelle zu Ohnmachtsanfällen führte. Deswegen war die junge Dame nicht erstaunt, als der mittelalterliche Herr neben ihr auf der Kirchenbank zusammensackte. Schnell kniete sie sich neben ihn, legte die Hand fest auf seinen Kopf und drückte ihn hinunter zwischen seine Knie. »Lassen Sie den Kopf hängen«, flüsterte sie eindringlich, »Sie werden sich gleich besser fühlen, wenn Ihnen das Blut wieder in den Kopf steigt.«

Die Frau des Mannes sah das und lachte unterdrückt, tat aber nichts, ihrem Mann oder der jungen Dame zu helfen. ›Eine herzlose Person‹, dachte die junge Dame.

Fassungslos merkte sie, wie sich der Mann ihrem festen Griff entwand. Er zischte sie an: »Was geht Sie das an, Sie dumme Gans! Ich versuche, meinen Hut unter der Bank wieder aufzuheben.«

EIN SCHWACHES PUBLIKUM

Der englische Dramatiker Oscar Wilde kam spät nachts in seinen Club, nachdem er der Premiere eines seiner Stücke bei-
gewohnt hatte, das durchgefallen war. Hier fragte man ihn: »Wie
ging es mit deinem Stück heute abend, Oscar?«

Wilde antwortete: »Das Stück war ein großer Erfolg. Die
Zuschauer waren ein Mißerfolg.«

DER ZUG HÄLT NICHT IN FORDHAM

Ein Pendler sprang in New York auf einen Zug und sagte dem
Schaffner, er fahre nach Fordham. »Sonnabends halten wir
nicht in Fordham«, sagte der Schaffner, »aber hören Sie zu. Wenn
wir in Fordham die Fahrt verlangsamen, werde ich Ihnen die Tür
öffnen, und Sie können hinausspringen. Aber achten Sie darauf,
zunächst ein Stück in Fahrtrichtung mitzulaufen, oder Sie fallen
platt aufs Gesicht.«

In Fordham ging die Tür auf, und der Pendler, der absprang,
lief vorwärts. Ein anderer Schaffner, der ihn erblickte, machte die
Tür auf und zog ihn in den Zug, als dieser wieder schneller fuhr.
»Da haben Sie aber Glück gehabt, Kumpel«, sagte der Schaffner.
»Dieser Zug hält sonnabends nicht in Fordham.«

KLARE SACHE FÜR DEN COWBOY

Als Neu-Mexiko Teil der Vereinigten Staaten wurde, so wird erzählt, und der Gerichtshof des neuen Staates zum erstenmal zusammentrat, amtierte als Vorsitzender Richter ein hartgesottener ehemaliger Cowboy, der gegen die Indianer gekämpft hatte.

Er nahm seinen Platz ein, und das Verfahren wurde eröffnet. Ein Mann wurde des Pferdediebstahls bezichtigt. Die Anklagevertretung trug den Fall vor, der Kläger und seine Zeugen wurden gehört.

Darauf erhob sich der Anwalt des Angeklagten und sagte: »Und nun, Euer Ehren, möchte ich vortragen, wie mein Mandant den Fall sieht.«

Sagte der Richter: »Setzen Sie sich. Das ist nicht nötig. Es würde nur die Jury verwirren!«

DER MANN IST ZU JUNG

Irgendwann in den dreißiger Jahren exportierte eine Maschinenfabrik eine Maschine nach Japan.

Einen Monat später erhielt das Unternehmen ein Telegramm: MASCHINE FUNKTIONIERT NICHT. BITTE ZWECKS REGELUNG JEMANDEN SCHICKEN.

Die Firma schickte einen Mann nach Japan. Ehe er überhaupt Gelegenheit bekam, die Maschine zu überprüfen, erhielt das amerikanische Unternehmen ein zweites Telegramm: MANN ZU JUNG, BITTE ÄLTEREN SCHICKEN.

Die Antwort der Firma lautete: VORSCHLAGEN IHN EINZUSETZEN. ER IST ERFINDER DER MASCHINE.

WEG MIT DEN KINDERN

In den frühen fünfziger Jahren des 19. Jahrhunderts verbrachte der amerikanische Maler James McNeill Whistler eine kurze – und akademisch betrachtet erfolglose – Zeit in West Point, der amerikanischen Militärakademie. Es wird erzählt, er hätte eine Brücke zeichnen sollen und habe daraufhin eine romantische steinerne Brücke mit grasbewachsenen Böschungen und zwei kleinen Kindern, die von dort oben fischten, entworfen. Der Ausbilder sagte:

»Nehmen Sie die Kinder von der Brücke, es geht hier um eine Übung für Ingenieure.«

Whistler verbannte die Kinder von der Brücke und zeichnete sie auf der Böschung ein. Dann legte er die Skizze erneut vor. Der wütende Ausbilder schrie:

»Ich habe Ihnen doch gesagt, Sie sollen diese Kinder entfernen! Lassen Sie sie ganz aus dem Bild heraus!«

Aber der schöpferische Drang in Whistler war zu stark. Auf seiner nächsten Version waren die Kinder »ganz aus dem Bild heraus«, sie lagen begraben unter zwei kleinen Grabsteinen am Flußufer.

MEISTERWERK SEHR KURZ

Freunde des Komponisten George Gershwin versuchten, seinem Vater klarzumachen, daß die »Rhapsodie in Blue« ein Meisterwerk sei.

»Klar«, sagte der alte Mann. »Die Aufführung dauert nur fünfzehn Minuten, nicht wahr?«

IMMER BLAU

E rleuchtetsein«, erklärte der Meister, als er darauf angesprochen wurde, »ist ein Erwachen.«

»Du schläfst immer noch und weißt es nicht.«

Dann fuhr er fort und erzählte die Geschichte von der jungver-
mählten Frau, die sich über die Trinkgewohnheiten ihres Mannes
beklagte.

»Warum hast du ihn geheiratet, wenn du wußtest, daß er
trinkt«, wurde sie gefragt.

»Ich hatte keine Ahnung, daß er trinkt«, sagte die junge Frau,
»bis er eines Nachts nüchtern nach Hause kam.«

DER PFARRER UND DIE LEICHTEN MÄDCHEN

D er Meister legte seinen Schülern dar, daß Erleuchtung dann
eintritt, wenn sie das *nicht-deutende* Sehen erlangt hätten.

Die Schüler wollten nun wissen, was *deutendes* Sehen sei. Der
Meister erklärte es ihnen so:

»Mehrere katholische Straßenarbeiter waren an einer Bau-
stelle nicht weit von einem Bordell beschäftigt, als sie einen Rabbi
in dem nicht gerade angesehenen Haus verschwinden sahen.

›Na ja, was kann man schon erwarten?‹ tuschelten sie einander zu.

Nach einer Weile schlüpfte ein Pastor durch die Tür. Nichts
Überraschendes. ›Was kann man schon erwarten?‹

Daraufhin kam der katholische Pfarrer, der sein Gesicht mit
dem Mantel bedeckte, bevor er in dem Haus verschwand.

›Ist das nicht schrecklich? Eines dieser Mädchen muß ernsthaft
erkrankt sein‹, sagten die Arbeiter betroffen.«

AUS DEN FÄDEN UNSERES LEBENS

Der Gedanke, daß alles in der Welt vollkommen ist, überstieg das Maß dessen, womit die Schüler einverstanden sein konnten. So faßte es der Meister in Begriffe, die ihrem Verständnis besser entsprachen.

»Gott webt vollkommene Muster mit den Fäden unseres Lebens«, sagte er, »sogar mit unseren Sünden. Der Grund, warum wir dies nicht erkennen, liegt darin, daß wir die Rückseite des Teppichs betrachten.«

Und noch prägnanter: »Was manche Leute für einen glänzenden Stein halten, erkennt der Juwelier als einen Diamanten.«

BÄUME SIND NICHT INDIEN

Worte sind nicht nur begrenzt, es gibt auch einige Worte, denen nichts entspricht. Ich zeige es Ihnen an einem Beispiel.

Gehen wir davon aus, daß ich Inder bin, und nehmen wir einmal an, ich sei Kriegsgefangener in Pakistan, und man sagt mir: »Heute werden wir dich an die Grenze zu Indien bringen, wo du einen Blick in dein Heimatland werfen kannst.«

Ich werde also zur Grenze gebracht, schaue über die Grenze und denke: »O Indien! Meine wunderschöne Heimat. Ich sehe Dörfer, Bäume und Berge. Das Land, in dem ich zu Hause bin!« Nach einer Weile sagt einer der Wächter: »Entschuldigung, wir haben uns geirrt. Die richtige Stelle liegt zehn Kilometer weiter.«

Worauf habe ich also reagiert? Auf nichts. Ich habe meine Aufmerksamkeit auf ein Wort gerichtet: Indien. Doch Bäume sind nicht Indien, Bäume sind Bäume. In Wirklichkeit gibt es keine Grenzen, sie wurden lediglich vom menschlichen Verstand gezogen, im allgemeinen von engstirnigen, habgierigen Politikern . . . Nationalflaggen als Götzen sind mir zuwider. Vor was salutieren wir bei einer Flagge? Ich salutiere vor den Menschen, nicht vor einer Flagge mit einer Armee.

Flaggen gibt es auch in den Köpfen der Menschen. Jedenfalls sind Tausende von Worten im Gebrauch, die überhaupt nicht der Wirklichkeit entsprechen, aber unsere Gefühle in Wallung bringen und uns Dinge sehen lassen, die gar nicht vorhanden sind. Wir *sehen* tatsächlich indische Berge, auch wenn es sie gar nicht gibt.

DAS 11. GEBOT

Der Priester gab bekannt, daß Jesus Christus selbst am nächsten Sonntag in die Kirche kommen würde. Die Gemeinde kam in großer Zahl, um ihn zu sehen. Jedermann erwartete, daß er predigen würde, aber er lächelte nur und sagte: »Hallo«, als er vorgestellt wurde. Jeder bot ihm Gastfreundschaft für die Nacht an, besonders der Priester, aber er lehnte höflich ab. Er sagte, er wolle die Nacht in der Kirche verbringen.

Am nächsten Morgen schlich er sich früh davon, noch ehe die Kirchentore geöffnet wurden. Und zu ihrem Entsetzen entdeckten die Priester und die Gläubigen, daß ihre Kirche mutwillig beschädigt worden war. Überall an den Wänden stand geschrieben: *Gebt acht!* Kein Teil der Kirche war verschont geblieben, Türen und Fenster, die Säulen, die Kanzel, der Altar, nicht einmal die Bibel auf dem Pult. *Gebt acht!* In großen oder kleinen Buchstaben war es eingekratzt mit Bleistift, Feder, in jeder nur denkbaren Farbe hingemalt. Wohin das Auge blickte, sah man die Worte: *Gebt acht, gebt acht, gebt acht, gebt acht!*

Erschreckend, aufreizend, verwirrend, faszinierend, furchter-
regend. Worauf sollten sie achtgeben? Das stand nicht da. Es hieß
nur: *gebt acht!* In einer ersten Regung wollten die Leute jede Spur
dieser Schmiererei, dieses Sakrileges wegwischen. Nur der
Gedanke, daß Jesus selbst es getan hatte, hielt sie davon ab.

Nun begann dieses geheimnisvolle Wort ›Achtgeben‹ in das
Innere der Menschen einzusinken, wenn sie die Kirche betraten.
Sie begannen, auf die Heilige Schrift achtzugeben, so daß sie
davon profitieren konnten, ohne frömmlerisch zu werden. Sie
begannen, auf die Sakramente zu achten, so daß sie geheiligt
wurden, ohne abergläubisch zu werden. Der Priester begann sich
seiner Macht über die Menschen bewußt zu werden, ohne sie
beherrschen zu wollen. Und jedermann begann auf die Religion
zu achten, denn wer nicht aufpaßt, kann leicht selbstgerecht werden. Sie begannen, auf die Kirchengesetze zu achten, so daß sie
gesetzestreu wurden und doch barmherzig gegenüber den
Schwachen blieben. Sie begannen, auf das Gebet achtzugeben
und sich nicht abhalten zu lassen, selbständig zu werden. Sie
begannen sogar, sich ihrer Vorstellungen von Gott bewußt zu
werden, so daß sie ihn auch außerhalb der engen Grenzen ihrer
Kirche erkennen konnten.

Nun haben sie das aufrüttelnde Wort über den Eingang ihrer
Kirche geschrieben, und wenn man in der Nacht vorbeifährt,
kann man es in mehrfarbigem Neonlicht über der Kirche leuchten
sehen.

VI
Was die Schnecke hat

»Du hast alle Zeit der Welt,
wenn du sie dir nur nimmst.«

WAS DIE SCHNECKE HAT

Die Tiere hielten eine Versammlung ab und begannen, sich darüber zu beklagen, daß die Menschen ihnen immer wieder Dinge wegnahmen.

»Sie nehmen meine Milch«, sagte die Kuh.

»Sie nehmen meine Eier«, sagte die Henne.

»Sie nehmen mein Fleisch und machen Speck daraus«, sagte das Schwein.

»Sie machen Jagd auf mich wegen meines Öls«, sagte der Wal.

Und so ging es fort.

Schließlich sprach die Schnecke. »Ich habe etwas, was sie gerne hätten, und zwar mehr als alles andere. Etwas, was sie mir gerne wegnähmen, wenn sie könnten. Ich habe ZEIT.«

JETZT IST EWIGKEIT

Wissen Sie, was ewiges Leben ist? Sie meinen, es sei Leben ohne Ende. Doch die Theologen werden Ihnen sagen, daß das eine verrückte Vorstellung ist, denn ›ohne Ende‹ ist immer noch ein Zeitbegriff – Zeit, die für immer fortdauert. Ewig heißt zeitlos – ohne Zeit. Für den menschlichen Verstand ist das etwas Unfaßbares. Der menschliche Verstand kann Zeit verstehen und sie leugnen. Was zeitlos ist, übersteigt unsere Vorstellungskraft. Die Mystiker jedoch lehren uns, daß die Ewigkeit jetzt geschieht. Ist das keine gute Botschaft?

WAS DEN HOLZFÄLLER FERTIG MACHT

Es war einmal ein erschöpfter Holzfäller, der Zeit und Kraft verschwendete, weil er mit einer stumpfen Axt einschlug. Denn wie er sagte, habe er keine Zeit, die Schneide zu schärfen.

VIELLEICHT FLIEGT DAS PFERD

Im alten Indien verurteilte ein König einen Mann zum Tode. Der Mann bat den König, das Urteil aufzuheben, und fügte hinzu: »Wenn der König gnädig ist und mein Leben schont, werde ich seinem Pferd innerhalb eines Jahres das Fliegen beibringen.«

»Es sei«, sagte der König, »aber wenn das Pferd in dieser Zeit nicht fliegen lernt, wirst du dein Leben verlieren.«

Als seine Familie voll Sorge den Mann später fragte, wie er sein Versprechen einlösen wolle, sagte er:

»Im Lauf eines Jahres kann der König sterben. Oder das Pferd kann sterben, oder es kann fliegen lernen. Wer weiß das schon?«

EIN VÖLLIG UNINTERESSANTER MENSCH

Dem Meister schien es völlig gleichgültig zu sein, was die Menschen von ihm dachten. Als die Schüler fragten, wie er diese Stufe innerer Freiheit erreicht habe, lachte er laut und sagte: »Bis ich zwanzig war, kümmerte es mich nicht, was die Leute von mir dachten. Nach meinem zwanzigsten Lebensjahr fragte ich mich ständig, was wohl meine Nachbarn von mir hielten. Als ich dann einen Tag älter als fünfzig war, erkannte ich plötzlich, daß sie kaum je überhaupt an mich dachten.«

EIN MILDER RICHTER

Angeklagter«, sagte der Richter, »ich spreche Sie schuldig in dreiundzwanzig Punkten. Daher verurteile ich Sie zu einer Gesamtstrafe von 175 Jahren.«

Der Verurteilte war ein alter Mann. Er brach in Tränen aus.

Das Gesicht des Richters wurde milder. »Ich wollte nicht grausam sein«, sagte er. »Ich weiß, die Strafe, die ich verhängt habe, ist sehr hart. Sie werden sie nicht ganz abzusitzen brauchen.«

In den Augen des Angeklagten glomm Hoffnung auf.

»So ist es gut«, sagte der Richter, »büßen Sie soviel ab, wie Sie können.«

DIE ZEIT DER ALTEN

Das Wartezimmer des Arztes war gedrängt voll. Ein älterer Herr stand auf und ging zur Sprechstundenhilfe.

»Entschuldigen Sie«, sagte er höflich, »ich war um zehn Uhr bestellt, und jetzt ist es fast elf. Ich kann nicht mehr länger warten. Würden Sie mir bitte einen Termin an einem anderen Tag geben?«

Eine der Wartenden beugte sich zu einer anderen Frau und sagte: »Er ist doch mindestens achtzig Jahre alt. Was mag er wohl so dringend vorhaben, daß er nicht länger warten kann?«

Der Herr hörte die geflüsterte Bemerkung. Er wandte sich der Dame zu, verbeugte sich und sagte: »Ich bin siebenundachtzig Jahre alt. Und genau deswegen kann ich mir nicht leisten, auch nur eine Minute der kostbaren Zeit, die ich noch habe, zu vergeuden.«

»Himmel, bist du aber gealtert!« rief der Meister, als er sich mit einem Jugendfreund unterhalten hatte. »Man kann nun mal nichts tun gegen das Altern, oder?« sagte der Freund.

»Nein, das kann man nicht«, stimmte der Meister zu, »aber man muß vermeiden, alt zu werden.«

Eine große Schar von Freunden und ehemaligen Schülern hatte sich versammelt, um den neunzigsten Geburtstag des Meisters zu feiern. Kurz vor Schluß der Party stand der Meister auf und sagte:

»Das Leben wird nach der Qualität und nicht nach der Zahl der Tage gemessen.«

Ein älterer Mann stand mit einem Stück Kuchen in der Hand vor der Tür: »Meine Frau wird heute sechsundachtzig«, sagte er, »und ich soll Ihnen ein Stück Geburtstagskuchen bringen.« Der Kuchen wurde dankbar in Empfang genommen, besonders weil der Mann fast eine halbe Meile gelaufen war, um ihn zu überbringen.

Eine Stunde später stand er wieder vor der Tür. »Ist etwas passiert?« wurde er gefragt.

»Nun ja«, sagte er verlegen, »Agatha hat mich zurückgeschickt, um zu sagen, sie sei erst fünfundachtzig.«

DER ALTE MANN UND DIE FRAUEN

Ein Reporter sollte vom Mann auf der Straße erkunden, was er von der modernen Frau hält. Die erste Person, die er traf, war ein Mann, der gerade seinen 103. Geburtstag gefeiert hatte.

»Ich fürchte, ich kann Ihnen nicht weiterhelfen«, sagte der alte Mann bedauernd. »Vor ungefähr zwei Jahren habe ich aufgegeben, über Frauen nachzudenken.«

TERMINKALENDER IM KOSMOS

Im Kloster gab es keine Uhren. Als sich ein Geschäftsmann über mangelnde Pünktlichkeit beklagte, sagte der Meister: »Bei uns herrscht eine kosmische Pünktlichkeit und keine geschäftliche Pünktlichkeit.«

Der Geschäftsmann sah darin keinen Sinn. Und so fügte der Meister hinzu: »Alles hängt vom Gesichtspunkt ab. Was bedeutet aus der Sicht des Waldes der Verlust eines Blattes? Was bedeutet aus der Sicht des Kosmos der Verlust deines Terminkalenders?«

DIE TÄGLICHEN GEBETE DES ASTRONAUTEN

Der Meister erzählte von dem Astronauten, der von einer Weltraumfahrt mit fünfhundert Erdumkreisungen zurückgekehrt war. Als man ihn fragte, wie er sich fühle, sagte er: »Völlig erschöpft! Stellen Sie sich vor, wie oft ich das Morgen-, Mittags-, Abend- und Nachtgebet sprechen mußte, das meine Religion vorschreibt.«

DIE VORSEHUNG IM AUSTERNRESTAURANT

Wie lernt man, auf die Vorsehung zu vertrauen?«»Auf die Vorsehung vertrauen«, sagte der Meister, »ist, wie in ein teures Restaurant zu gehen ohne einen Cent in der Tasche und dutzendweise Austern zu essen in der Hoffnung, eine Perle zu finden, um damit die Rechnung zu bezahlen.«

MIT MÖBELN REISEN

Im vorigen Jahrhundert besuchte ein Tourist aus den Vereinigten Staaten den berühmten polnischen Rabbi Hofetz Chaim. Erstaunt sah er, daß der Rabbi nur in einem einfachen Zimmer voller Bücher wohnte. Das einzige Mobiliar waren ein Tisch und eine Bank.

»Rabbi, wo sind Ihre Möbel?« fragt der Tourist.

»Wo sind Ihre?« erwiderte Hofetz.

»Meine? Aber ich bin nur zu Besuch hier. Ich bin nur auf der Durchreise«, sagte der Amerikaner.

»Genau wie ich«, sagte der Rabbi.

ZEHN MILLIONEN FÜR DEN ALTEN

Ein Reporter versuchte, von einem sehr alten Mann in einem staatlichen Altersheim eine menschlich anrührende Geschichte zu bekommen.

»Großvater«, sagte der junge Reporter, »wie würden Sie sich fühlen, wenn Sie plötzlich einen Brief bekämen mit der Nachricht, ein entfernter Verwandter hätte Ihnen 10 Millionen Dollar hinterlassen?«

»Sohn«, antwortete der alte Mann langsam, »ich wäre immer noch 95 Jahre alt, stimmt's?«

ALLES ODER NICHTS

Der Meister sprach über das Leben. Eines Tages erzählte er, er habe einen Piloten getroffen, der während des Zweiten Weltkriegs Arbeiter aus China nach Burma flog, die dort im Dschungel Straßen bauten. Der Flug war lang und langweilig, und daher begannen die Arbeiter zu spielen. Da sie kein Geld hatten, um das sie spielen konnten, setzten sie ihr Leben. Der Verlierer sprang ohne Fallschirm aus der Maschine.

»Wie schrecklich!« riefen die entsetzten Schüler.

»Das stimmt«, sagte der Meister, »aber dadurch wurde das Spiel aufregend.«

Später am Tag sagte er: »Man lebt nie so aus dem vollen, als wenn man mit seinem Leben spielt.«

SCHNECKENWEISHEIT

Als der Meister gefragt wurde, ob es ihn denn nicht entmutige, daß all seine Mühe anscheinend kaum Früchte trug, erzählte er die Geschichte von einer Schnecke, die an einem kalten, stürmischen Tag im späten Frühjahr aufbrach, um den Stamm eines Kirschbaums emporzuklettern. Die Spatzen auf dem Nachbarbaum lachten über ihr Unterfangen. Da flog ein Spatz auf die Schnecke zu und piepste sie an:

»He, du Dummkopf, siehst du nicht, daß auf dem Baum keine Kirschen sind?«

Der Winzling ließ sich nicht aufhalten und sagte: »Macht nichts, bis ich oben bin, sind welche dran.«

PYRRHUS MUSS ERST SIEGEN

König Pyrrhus von Epirus wurde von seinem Freund Cyneas gefragt:

»Wenn Ihr Rom erobert, was werdet Ihr dann als nächstes unternehmen?«

Pyrrhus erwiderte: »Sizilien liegt ganz in der Nähe und wird leicht zu erobern sein.«

»Und was werden wir tun, wenn Sizilien genommen ist?«

»Dann werden wir nach Afrika übersetzen und Karthago plündern.«

»Und nach Karthago?«

»Dann kommt Griechenland an die Reihe.«

»Und, wenn ich fragen darf, was wird am Ende all dieser Eroberungen stehen?«

»Dann«, erwiderte Pyrrhus, »können wir uns in Ruhe des Lebens freuen.«

»Könnten wir das nicht schon jetzt tun«, sagte Cyneas.

WEISS NICHTS VON MORGEN

Der Meister sprach gern darüber, wie Natur und Heiligkeit ineinander verwoben sind. Er saß einmal im Garten, als er ausrief:

»Sieh nur diesen fröhlichen blauen Vogel dort auf dem Ast, wie er hin und her hüpft, sein Lied in die Welt schmettert und sich uneingeschränkter Freude überläßt, weil er nichts von morgen weiß!«

ZEDERN WACHSEN LANGSAM

Als der Meister hörte, daß ein Wald in der Nachbarschaft durch Feuer vernichtet worden war, mobilisierte er alle seine Schüler.

»Wir müssen die Zedern wieder anpflanzen«, sagte er.

»Die Zedern«, rief ein Schüler ungläubig aus, »die brauchen doch 2000 Jahre zum Wachsen.«

»In diesem Fall«, sagte der Meister, »gilt es, keine Minute zu verlieren. Wir müssen sofort damit anfangen.«

MANGOS

Die Zeit der Monsunregen stand bevor, und ein sehr alter Mann grub in seinem Garten tiefe Löcher.

»Was tut Ihr?« fragte ein Nachbar.

»Ich pflanze Mango-Bäume«, lautete die Antwort.

»Wollt Ihr etwa noch Früchte von diesen Bäumen essen?«

»Nein, so lange werde ich nicht mehr leben. Aber andere werden da sein. Mir fiel neulich ein, daß ich mein Leben lang Mangos gegessen habe, die von anderen Leuten gepflanzt wurden. Auf diese Weise möchte ich ihnen meine Dankbarkeit zeigen.«

DU LIEBES, SICHERES FUNDAMENT

Ich sehne mich nach einem festen Grund, einem sicheren Fundament für mein Leben.«

»Sieh es doch so an«, sagte der Meister. »Was ist der feste Grund für den Zugvogel, der Kontinente überquert? Was ist das sichere Fundament für den Fisch, der vom Fluß in das Meer getragen wird?«

SPUREN IN DEN WOLKEN

Um das Leben zu sehen, wie es wirklich ist, hilft nichts so sehr wie die Tatsache des Todes.

Ich stelle mir vor, hundert Jahre sind nach meinem Tod vorübergegangen und ich komme noch einmal wieder. Außer ein bis zwei vergilbten Fotografien in einem Album oder an einer Wand und der Inschrift auf meinem Grabstein ist kaum etwas von mir übriggeblieben, nicht einmal die Erinnerung meiner Freunde, weil keiner mehr lebt... Trotzdem forsche ich nach irgendwelchen Spuren, die von meiner Existenz vielleicht noch auf der Erde vorhanden sind...

Ich schaue in mein Grab hinein und finde eine Handvoll Staub und zerbröckelte Knochen im Sarg. Meine Augen bleiben an diesem Staub hängen, und ich denke an mein Leben zurück: Erfolge und Tragödien... Ängste und Freuden... Mühen, Konflikte... Sehnsüchte und Wunschträume... Liebe und Abneigung... all das, was mein Leben ausgemacht hat. Und all das ist nun vom Wind verweht, vom Universum verschlungen... Nur noch ein wenig Staub ist übriggeblieben als Zeichen, daß es einmal etwas gegeben hat: mein Leben.

Wie ich so diesen Staub betrachte, kommt es mir vor, als fiele eine schwere Last von meinen Schultern – die Last meiner Einbildung, etwas zu bedeuten . . .

Dann blicke ich auf und betrachte die Welt um mich her – die Bäume, die Vögel, die Erde, die Sterne, den Sonnenschein, den Schrei eines Säuglings, einen vorüberfahrenden Zug, die eilenden Wolken, den Tanz des Lebens und des Universums... und ich weiß, daß in allem irgendwo die Überreste jenes Menschen sind, den ich »Ich« genannt habe, und jenes Lebens, welches das meine war.

EINS AUF DIE NASE DES ANBETERS

In seiner Verehrung für den Meister betrachtete ihn ein Schüler wie eine inkarnierte Gottheit.

»Sag mir, o Meister, warum kamst du in diese Welt?« wollte er wissen.

»Um Narren wie dich zu lehren, ihre Zeit nicht mit der Anbetung von Meistern zu verschwenden«, gab er zur Auskunft.

DIE BESTE GELEGENHEIT

Ein junger Mann beschrieb voller Ungeduld, was für die Armen zu tun ihm vorschwebte.

Sagte der Meister: »Wann möchtest du deinen Traum wahr machen?«

»Sobald die Gelegenheit dafür kommt.«

»Die Gelegenheit kommt nie«, sagte der Meister, »sie ist da!«

FROHEN DONNERSTAG!

Willst du uns denn nicht ›Frohe Weihnachten‹ wünschen?« wurde der Meister gefragt.

Er warf einen Blick auf den Kalender, sah, daß Donnerstag war, und sagte: »Ich möchte euch lieber einen ›Frohen Donnerstag‹ wünschen.«

Das verletzte das Empfinden der Christen im Kloster, bis der Meister erklärte: »Millionen werden sich nicht über den heutigen Tag, sondern über Weihnachten freuen, wodurch ihre Freude von kurzer Dauer ist. Aber für alle, die sich über den heutigen Tag zu freuen gelernt haben, ist jeder Tag ein Weihnachten.«

DER MOMENT DES LACHENS

Nehmen wir zum Beispiel eine Frau, die sich ganz vertieft einen Film ansieht. Es ist eine Komödie – sie biegt sich vor Lachen –, und in diesem gesegneten Augenblick vergißt sie, daß niemand sie liebt. Sie ist glücklich! Auf dem Weg nach Hause trifft ihre Freundin, mit der sie im Kino war, ihren Freund und verabschiedet sich von ihr. Die Frau ist wieder allein und denkt: »Ich habe niemanden. Ich bin so unglücklich. *Niemand liebt mich!*«

ZEITLOS

Sagte der Tourist: »Die Leute in Ihrem Land sind arm. Doch sie scheinen sich nie Sorgen im voraus zu machen.«

Sagte der Meister: »Das liegt daran, daß sie nie auf die Uhr schauen.«

KLEINER FISCHER SCHWÄNZT DIE SCHULE

Als der Meister mit einer Gruppe von Lehrern zusammentraf, unterhielt er sich lange und angeregt mit ihnen, denn er war selbst einmal Lehrer gewesen.

»Das Schlimme bei den Lehrern ist«, sagte er, »daß sie immer wieder vergessen, was das Ziel der Erziehung ist, nämlich nicht das Lernen, sondern das Leben.«

Und er erzählte, wie er einmal einen Jungen, der eigentlich in der Schule sein sollte, beim Fischen erwischte.

»Hallo, ein schöner Tag zum Fischen!« sagte er zu dem Jungen.

»Ja«, kam es kurz und bündig zurück.

Nach einer Weile fragte der Meister: »Warum bist du heute nicht in der Schule?«

»Nun, wie Sie ja eben selbst gesagt haben – es ist ein schöner Tag zum Fischen.«

Dann erzählte der Meister vom Schulzeugnis seiner kleinen Tochter, in dem als Bemerkung stand: »Meena ist eine gute Schülerin. Sie könnte noch bessere Noten erreichen, wenn ihre pure Lebensfreude nicht ihren Lernerfolg behindern würde.«

DER SEGEN DER KOKOSNUSS

Von einem Baum warf ein Affe eine Kokosnuß einem Sufi auf den Kopf.

Der Mann hob die Nuß auf, trank die Milch, aß das Fruchtfleisch und machte sich eine Schüssel aus der Schale.

TOD BEIM POKERN

Der Meister spielte gerne Karten und verbrachte einmal mit einigen seiner Schüler während eines Luftangriffs die ganze Nacht beim Pokern. Als sie eine Pause einlegten, um etwas zu trinken, kamen sie auf den Tod zu sprechen.

»Wenn ich mitten in diesem Spiel tot umfallen würde, was würdet ihr dann tun?« fragte der Meister.

»Was möchtest du, daß wir tun sollten?«

»Zwei Dinge. Zuerst die Leiche fortschaffen.«

»Und dann?«

»Die Karten neu geben«, sagte der Meister.

MARIONETTEN HABEN KEINE AHNUNG

Der Meister war ein großer Freund der Geschichtsforschung. Was er jedoch bei Geschichtsstudenten zu beklagen hatte, war, daß sie die wertvollsten Lehren, die die Geschichte zu bieten hat, meist übersehen.

»Welche, zum Beispiel?« wollte ein Student wissen.

»Zum Beispiel die Sicht der Probleme, die einmal so konkret und lebendig waren und nun nichts weiter sind als kalte Abstraktionen in einem Buch. Die Gestalten im Drama der Geschichte, die einst für so mächtig galten, doch in Wirklichkeit bloß Marionetten waren, an Fäden gezogen, die so offensichtlich für uns sind und von denen die Ärmsten keine Ahnung hatten.«

PERPETUUM MOBILE ODER VERGESSEN, WIE MAN AUFHÖRT

Andrew Carnegie, einer der reichsten Männer der Welt, wurde einmal gefragt: »Sie hätten doch wohl zu jeder Zeit aufhören können zu arbeiten, wenn Sie gewollt hätten, denn Sie besaßen immer mehr, als Sie brauchten?«

Er erwiderte: »Ja, das stimmt. Aber ich konnte nicht aufhören. Ich hatte vergessen, wie man das macht.«

WARUM DER GOUVERNEUR NICHT FERTIG WIRD

Als Calvin Coolidge Präsident der Vereinigten Staaten war, sah er täglich eine Menge Leute. Die meisten hatten irgendwelche Beschwerden vorzutragen.

Eines Tages sagte ein Gouverneur dem Präsidenten, daß er nicht verstehe, wie er es fertigbringe, so viele Leute in wenigen Stunden anzuhören.

»Sie sind immer zur Essenszeit mit Ihren Besuchern fertig«, sagte der Gouverneur, »während ich oft bis Mitternacht in meinem Büro bin.«

»Ja«, sagte Coolidge, »das kommt daher, weil Sie reden.«

TICK-TACK

Der Uhrmacher war gerade dabei, das Pendel einer Uhr zu befestigen, als dieses zu seinem Erstaunen zu sprechen begann.

»Bitte, Sir, lassen Sie mich in Ruhe«, bat das Pendel, »Sie täten mir einen großen Gefallen. Bedenken Sie, wie oft ich Tag und Nacht werde ticken müssen. So oft in jeder Minute, sechzig Minuten in der Stunde, vierundzwanzig Stunden am Tag, dreihundertfünfundsechzig Tage im Jahr. Und das Jahr um Jahr . . . millionenmal ticken. Das schaffe ich nicht.«

Aber der Uhrmacher erwiderte weise: »Denke nicht an die Zukunft. Ticke einfach ein um das andere Mal, und du wirst jedes Tick-Tack für den Rest deines Lebens genießen.«

Und genau das beschloß das Pendel zu tun. Und so tickt es fröhlich weiter und weiter.

VII
Glück – was sonst

»Lerne mit allem, was du erhältst,
zufrieden zu sein.«

GLÜCK – WAS SONST

Jemand fragte den Meister: »Glauben Sie an Glück?«
»Durchaus«, erwiderte er mit einem Aufblitzen in seinen
Augen. »Wie sonst ließe sich der Erfolg von Leuten erklären, die
man nicht mag.«

WAS SOLL ES EINMAL WERDEN?

Die Geburt seines ersten Kindes erfüllte den Meister mit Freude. Staunend blickte er das Neugeborene immer wieder an.
»Was wünschst du ihm, einmal zu sein, wenn es groß geworden ist?« fragte ihn jemand.
»Maßlos glücklich«, antwortete der Meister.

ZWEI WÜNSCHE IN DER ENTBINDUNGSSTATION

Wie erlangt man das Glück?«
»Durch Erlernen, mit allem, was man erhält, zufrieden zu
sein.«
»Dann kann man sich nie etwas wünschen?«
»Doch, man kann«, sagte der Meister, »vorausgesetzt, man tut
dies in der Einstellung jenes ängstlichen Vaters, den ich einmal in
einer Entbindungsstation traf. Als die Hebamme sagte: ›Sie haben
sich bestimmt einen Jungen gewünscht, es ist aber ein Mädchen‹,
erwiderte der Mann: ›Ach, das macht wirklich nichts, denn ich
habe mir ein Mädchen gewünscht, falls es kein Junge ist‹.«

....

197

WARUM DER SCHÄFER JEDES WETTER LIEBT

Ein Wanderer: »Wie wird das Wetter heute?« Der Schäfer: »So, wie ich es gerne habe.«

»Woher wißt Ihr, daß das Wetter so sein wird, wie Ihr es liebt?«

»Ich habe die Erfahrung gemacht, mein Freund, daß ich nicht immer das bekommen kann, was ich gerne möchte. Also habe ich gelernt, immer das zu mögen, was ich bekomme. Deshalb bin ich ganz sicher: Das Wetter wird heute so sein, wie ich es mag.«

DAS ERFOLGSREZEPT

Ein Geschäftsmann wollte vom Meister wissen, was das Geheimnis eines erfolgreichen Lebens sei.

Sagte der Meister: »Mach jeden Tag einen Menschen glücklich!«

Und er fügte als nachträglichen Gedanken hinzu: ». . . selbst wenn dieser Mensch du selbst bist.«

Nur wenig später sagte er: »*Vor allem,* wenn dieser Mensch du selbst bist.«

DER KRAM DER WELT

Ehefrau zum Ehemann, dessen Gesicht in einer Zeitung vergraben ist: »Ist es dir je in den Sinn gekommen, daß mehr am Leben sein könnte als das, was in der Welt vorgeht?«

GLÜCK IST ANSICHTSSACHE

Eine chinesische Geschichte erzählt von einem alten Bauern, der ein altes Pferd für die Feldarbeit hatte. Eines Tages entfloh das Pferd in die Berge, und als alle Nachbarn des Bauern sein Pech bedauerten, antwortete der Bauer: »Pech? Glück? Wer weiß?«

Eine Woche später kehrte das Pferd mit einer Herde Wildpferde aus den Bergen zurück, und diesmal gratulierten die Nachbarn dem Bauern wegen seines Glücks. Seine Antwort hieß: »Glück? Pech? Wer weiß?«

Als der Sohn des Bauern versuchte, eines der Wildpferde zu zähmen, fiel er vom Rücken des Pferdes und brach sich ein Bein. Jeder hielt das für ein großes Pech. Nicht jedoch der Bauer, der nur sagte: »Pech? Glück? Wer weiß?«

Ein paar Wochen später marschierte die Armee ins Dorf und zog jeden tauglichen jungen Mann ein, den sie finden konnte. Als sie den Bauernsohn mit seinem gebrochenen Bein sahen, ließen sie ihn zurück. War das nun Glück? Pech? Wer weiß?

Was an der Oberfläche wie etwas Schlechtes, Nachteiliges aussieht, kann sich bald als etwas Gutes herausstellen. Und alles, was an der Oberfläche gut erscheint, kann in Wirklichkeit etwas Böses sein. Wir sind dann weise, wenn wir Gott die Entscheidung überlassen, was Glück und was Unglück ist; wenn wir ihm danken, daß für jene, die ihn lieben, alles zum Besten gedeiht.

OKAY

Darf ich Ihnen etwas sagen? Wenn Sie sich selbst erlauben, sich gut zu fühlen, sobald man Ihnen sagt, daß Sie okay sind, schaffen Sie die Voraussetzung dafür, sich schlecht zu fühlen, sobald man Ihnen sagt, daß Sie nicht okay sind. Solange Sie dafür leben, die Erwartungen anderer zu erfüllen, achten Sie darauf, was Sie anziehen, wie Sie sich frisieren, ob Ihre Schuhe geputzt sind – kurz, ob Sie jeder lächerlichen Erwartung entsprechen wollen. Nennen Sie das menschlich?

Und das werden Sie entdecken, wenn Sie sich beobachten! Sie werden entsetzt sein! Der springende Punkt ist, daß Sie weder okay noch nicht okay sind. Sie können höchstens der momentanen Stimmung, dem Trend oder der Mode entsprechen. Heißt das nun, daß Sie okay geworden sind? Hängt Ihr Okay-Sein davon ab? Hängt es davon ab, wie man über Sie denkt? Jesus Christus muß demnach überhaupt nicht okay gewesen sein. Sie sind nicht ›okay‹, und Sie sind nicht ›nicht okay‹, Sie sind Sie selbst!

DER EINZIGE FORTSCHRITT

Der Meister klagte über die Übel des Konkurrenzkampfes. »Holen Wettbewerb und Konkurrenzkampf nicht das Beste aus uns heraus?« fragte jemand.

»Sie holen das Schlimmste heraus, sie lehren dich das Hassen.«

»Was hassen?«

»*Dich selbst* – denn du läßt zu, daß deine Aktivität von deinem Konkurrenten bestimmt wird und nicht von deinen Erfordernissen und Grenzen. *Andere* – denn du versuchst, auf ihre Kosten vorwärtszukommen.«

200

»Das hieße dann aber, alle Veränderung und allen Fortschritt zu Grabe zu tragen«, erhob einer Widerspruch.

Sagte der Meister: »Der einzige Fortschritt, den es gibt, ist der Fortschritt der Liebe. Die einzige Veränderung, die wert ist, erstrebt zu werden, ist die Veränderung des Herzens.«

GLÜCKSSTRÄHNE

Ein Mann und seine Ehefrau besuchten Freunde in einem anderen Teil des Landes und wurden zu einem Pferderennen mitgenommen. Sie waren fasziniert von dem Anblick der auf einer Bahn um die Wette rasenden Pferde, so daß sie den ganzen Abend wetteten, bis sie nur noch zwei Dollar besaßen.

Am nächsten Tag beschwor der Mann seine Frau, ihn allein zum Rennen gehen zu lassen. Ein Pferd war am Start mit einer Quote von 50:1 im ersten Rennen. Er setzte auf dieses Pferd, und es gewann. Nun setzte er alles gewonnene Geld im nächsten Rennen wieder ein, und wieder gewann er. Und so ging es den ganzen Abend, zuletzt hatte er 57000 Dollar gewonnen.

Auf dem Heimweg kam er an einem Spielsalon vorbei. Eine innere Stimme, die gleiche, die ihn bei der Wahl der Pferde geleitet zu haben schien, sagte: »Stopp! Geh hinein!« Also blieb er stehen, ging hinein und stand vor einem Roulette-Spiel. Die Stimme sagte: »Nummer dreizehn.« Der Mann setzte seine 57000 Dollar auf Nummer dreizehn. Das Rad drehte sich, der Croupier sagte: »Nummer vierzehn.«

So ging der Mann mit leeren Taschen nach Hause. Seine Frau rief ihm zu: »Wie war's?«

Der Mann zuckte die Schultern. »Ich habe die zwei Dollar verloren«, sagte er.

SPIELER IN NOT

In Las Vegas trat ein Mann auf einen wohlhabend aussehenden Fremden zu und sagte: »Können Sie 25 Dollar für mich erübrigen, Sir? Ich habe schon zwei Tage nichts gegessen und habe auch keinen Platz zum Schlafen.«

»Woher soll ich wissen, daß Sie das Geld nicht verspielen?«

»Ausgeschlossen!« sagte der Mann, »Geld fürs Glücksspiel habe ich dabei.«

DER VERGESSENE STOCK

Hier ist eine Geschichte, die ein Meister seinen Schülern erzählte, um ihnen zu zeigen, welchen Schaden selbst ein einziges unbedeutendes Begehren auch jenen bringen kann, die an geistigen Gaben reich geworden sind:

Ein Dorfbewohner ritt genau in dem Augenblick an einer Höhle vorbei, als sie auf magische Weise für alle jene sichtbar wurde, die sich an ihren Schätzen bereichern wollten. Er betrat die Höhle und fand dort Berge von Juwelen und Edelsteinen, die er eilig in die Satteltaschen seines Maultieres stopfte, denn er kannte die Legende, nach der die Höhle nur eine sehr begrenzte Zeit offen sein würde, so daß die Schätze schnell weggeschafft werden müßten.

Der Esel war voll beladen, und frohgemut ob seines Glücks machte der Mann sich auf den Weg, als er plötzlich merkte, daß er seinen Stock in der Höhle vergessen hatte. Er machte kehrt und stürzte noch einmal hinein. Aber die Zeit war gekommen, daß die Höhle wieder verschwinden mußte, und so verschwand er mit ihr und ward nie wieder gesehen.

Nachdem die Dorfbewohner ein Jahr und länger auf ihn gewartet hatten, verkauften sie die Schätze, die sie bei dem Esel gefunden hatten, und wurden so die Nutznießer des großen Glücks eines glücklosen Mannes.

GANZ NEBEN DIR

Monatelang bewarb sich ein Freier erfolglos um ein Mädchen und litt schreckliche Qualen, daß er abgewiesen wurde. Schließlich gab die Liebste nach. »Komm dann und dann dort und dorthin«, sagte sie zu ihm.

Endlich saß also der Freier zur festgesetzten Zeit am festgesetzten Ort neben seiner Liebsten. Er griff in die Tasche und zog ein Bündel Liebesbriefe heraus, die er ihr in den letzten Monaten geschrieben hatte. Es waren leidenschaftliche Briefe, die von seinem Schmerz sprachen und von dem brennenden Wunsch, die Wonnen der Liebe und Vereinigung zu kosten. Er begann sie seiner Liebsten vorzulesen. Stunden vergingen, und er las immer weiter.

Schließlich sagte die Frau: »Was bist du doch für ein Narr! Diese Briefe handeln alle von mir und deiner Sehnsucht nach mir. Nun sitze ich doch hier neben dir, und du liest weiter deine dummen Briefe vor.«

»Hier sitze ich neben dir«, sagte Gott zu seinem eifrigen Anhänger, »und du zerbrichst dir den Kopf weiter über mich, bemühst deine Zunge, um über mich zu reden, und Bücher, um über mich zu lesen. Wann wirst du endlich still und spürst mich?«

AUS DEM BETT GEFALLEN

Der glücklose Börsenmakler verlor sein Vermögen und kam in das Kloster, um inneren Frieden zu finden. Aber er war zu verzweifelt, um zu meditieren.

Nachdem er gegangen war, sagte der Meister einen einzigen Satz als trockenen Kommentar: »Diejenigen, die auf dem Fußboden schlafen, fallen nie aus ihren Betten.«

WAS NICHT ZU ÄNDERN IST

Der Meister lehrte: Ein Grund dafür, warum viele so unglücklich sind, ist in deren Meinung zu suchen, daß es nichts gebe, was sie nicht ändern könnten.

Und er erzählte gern die Geschichte von dem Mann, der zu dem Radiohändler sagte: »Dieser Transistor, den Sie mir verkauft haben, hat zwar eine ausgezeichnete Tonqualität, doch möchte ich ihn gegen einen anderen tauschen, der ein besseres Programm bietet.«

GESEGNETE PLEITE

Ein Lebensmittelhändler kam in großer Sorge zum Meister, um mitzuteilen, daß genau gegenüber seinem Laden ein großer Supermarkt eröffnet hatte, der sein Geschäft kaputt machen würde. Seit hundert Jahren hatte der Laden seiner Familie gehört, und wenn er das Geschäft verlöre, wäre es sein Ruin, denn etwas anderes hätte er nicht gelernt.

Sagte der Meister: »Wenn du den Besitzer des Supermarktes fürchtest, wirst du ihn hassen. Der Haß wird dein Ruin werden.«

»Was soll ich tun?« fragte der verzweifelte Lebensmittelhändler.
»Jeden Morgen geh aus deinem Laden auf den Bürgersteig
und segne dein Geschäft, daß es gut gehen möge. Dann dreh dich
um und segne den Laden gegenüber gleichermaßen.«

»Was? Meinen Konkurrenten und Verderber segnen?«

»Jeder Segen, den du ihm zuteil werden läßt, wird zu deinem
Besten ausschlagen. Alles Böse, das du ihm wünschst, wird dich
zerstören.«

Nach sechs Monaten kam der Lebensmittelhändler wieder
und berichtete, daß er, genau wie befürchtet, seinen Laden hatte
schließen müssen, aber nun sei er Verwalter des Supermarktes
und seine Geschäfte gingen besser als je zuvor.

BUDDHA REAGIERT NICHT

Buddha schien unbeeindruckt von den Beleidigungen, die ein
Besucher ihm zubrüllte. Als die Schüler ihn später nach dem
Geheimnis dieser Gelassenheit fragten, sagte er:

»Stellt euch vor, was geschähe, wenn jemand eine Opfergabe
vor euch hinlegte, und ihr würdet sie nicht aufheben. Oder
jemand schickt euch einen Brief, den ihr euch zu öffnen weigern
würdet; ihr wäret von dem Inhalt nicht berührt, nicht wahr? Tut
das jedesmal, wenn ihr beschimpft werdet, dann werdet ihr eure
Gelassenheit nicht verlieren.«

IMMER NOCH EIN STÜCKCHEN

Ein Quäker stellte auf ein Stück unbebauten Landes neben seinem Haus folgendes Schild auf: Dieses Land soll dem gehören, der wirklich zufrieden ist.

Ein reicher Farmer ritt vorbei, hielt an, las das Schild und sagte sich: »Da unser Freund, der Quäker, offensichtlich bereit ist, sich von dem Stück Land zu trennen, könnte ich mich darum bemühen, ehe es jemand anderer tut. Ich bin ein reicher Mann und habe alles, was ich brauche, deshalb gehöre ich durchaus zu den in Frage kommenden Bewerbern.«

Also ging er hin und erklärte, was er wollte.

»Und Ihr seid wirklich ganz zufrieden?« fragte der Quäker.

»Ja, denn ich habe, was ich brauche.«

»Freund«, erwiderte der Quäker, »wenn Ihr zufrieden seid, warum wollt Ihr dann das Land?«

MEHR ODER WENIGER

Wie könnte Spiritualität einem Weltmann wie mir helfen?« fragte der Geschäftsmann.

»Sie wird dir helfen, mehr zu haben«, sagte der Meister.

»Wie?«

»Indem sie dich lehrt, weniger zu erstreben.«

DIE SANIERUNG DES VERSCHWENDERS

Ein junger Mann verschwendete all seinen ererbten Reichtum. Wie üblich in solchen Fällen war mit seinem letzten Pfennig auch der letzte Freund verschwunden.

Als er sich nicht mehr zu helfen wußte, suchte er den Meister auf und sagte: »Was soll aus mir werden? Ich habe weder Geld noch Freunde.«

»Mach dir keine Sorgen, Sohn. Hör auf meine Worte: alles wird wieder ins reine kommen.«

In des jungen Mannes Augen schien Hoffnung auf. »Werde ich wieder reich werden?«

»Nein. Du wirst dich daran gewöhnen, arm und allein zu sein.«

DER SCHMEICHLER DES KÖNIGS

Der Philosoph Diogenes aß zum Abendbrot Linsen. Das sah der Philosoph Aristippos, der ein angenehmes Leben führte, indem er dem König schmeichelte.

Sagte Aristippos: »Wenn du lerntest, dem König gegenüber unterwürfig zu sein, müßtest du nicht von solchem Abfall wie Linsen leben.«

Sagte Diogenes: »Wenn du gelernt hättest, mit Linsen auszukommen, brauchtest du nicht dem König zu schmeicheln.«

ÜBERDRUSS ALS LEBENSZIEL

Was tun denn die Menschen ihr ganzes Leben lang? Sie kämpfen ständig, kämpfen und kämpfen. Das nennen sie dann überleben. Wenn der Durchschnittsamerikaner sagt, er oder sie würde seinen oder ihren Lebensunterhalt verdienen, unterhalten sie nicht ihr Leben, o nein! Sie haben viel mehr, als sie zum Leben brauchen. Kommen Sie nach Indien und überzeugen Sie sich davon.

Man braucht nicht all die Autos, um leben zu können, genausowenig wie einen Fernsehapparat. Man braucht nicht die vielen Kosmetika, um zu leben, und auch keinen vollen Kleiderschrank. Aber versuchen Sie einmal, einen Durchschnittsamerikaner davon zu überzeugen: Sie wurden so beeinflußt, programmiert. Sie arbeiten und mühen sich ab, das ersehnte Gut zu bekommen, das ihr Glück bedeutet.

Denken Sie über die folgende bedrückende Geschichte etwas nach – es ist Ihre Geschichte, meine Geschichte, die Geschichte aller: »Solange ich das nicht erreicht habe (Geld, Freundschaft, irgend etwas), bin ich nicht glücklich; ich werde alles tun, um es zu bekommen, und wenn ich soweit bin, werde ich alles tun, um es mir zu erhalten. Ich habe einen kurzen Nervenkitzel. Ich bin begeistert, daß ich es habe!«

Aber wie lange hält es an? Ein paar Minuten, vielleicht ein paar Tage. Wenn Sie Ihr nagelneues Auto in Empfang nehmen, wie lange hält Ihre Begeisterung darüber an? Bis zum nächsten Wunsch, an den Sie Ihr Herz hängen!

WENN DIE REVOLUTION KOMMT

U m einen Redner an der Straßenecke hatte sich eine kleine Menschenmenge versammelt. »Wenn die Revolution kommt«, sagte er, »werden alle in großen schwarzen Limousinen herumfahren. Wenn die Revolution kommt, wird jedermann ein Telefon in der Küche haben. Wenn die Revolution kommt, wird jeder ein Stück Land sein eigen nennen.«

Eine Stimme aus der Menge protestierte: »Ich möchte keine große schwarze Limousine haben, auch kein Stück Land oder ein Telefon in der Küche.«

»Wenn die Revolution kommt«, sagte der Redner, »wirst du verdammt noch mal tun, was dir gesagt wird!«

DER MITTLERE PFAD

A ls Buddha zu seiner spirituellen Suche aufbrach, führte er ein Leben voller Entbehrungen.

Eines Tages gingen zufällig zwei Musikanten an dem Baum vorbei, unter dem er meditierend saß. Einer sagte zu dem anderen: »Spann die Saiten deiner Sitar nicht zu fest, oder sie werden springen. Und laß sie nicht zu locker hängen, denn dann kannst du darauf keine Musik machen. Halte dich an den Mittleren Weg.«

Diese Worte trafen Buddha mit solcher Wucht, daß sie seinen Weg zur Spiritualität grundlegend änderten. Er war überzeugt, daß die Worte für sein Ohr bestimmt waren. Von dieser Minute an gab er alle strengen Grundsätze auf und begann, einen Weg zu verfolgen, der leicht und hell war, den Weg der Mäßigung. Und tatsächlich wird sein Zugang zur Erleuchtung der Mittlere Pfad genannt.

DIE VERKRÜPPELTE HAND

Der Moslem Jalal ud-Din Rumi sagt: »Eine stets geöffnete oder eine stets geschlossene Hand ist eine verkrüppelte Hand. Ein Vogel, der seine Schwingen nicht öffnen und schließen kann, wird nie fliegen.«

DER FREMDE SOHN

Ein Soldat wurde eilends von der Front zurückgerufen, weil sein Vater im Sterben lag. Er erhielt eine Sondergenehmigung, denn außer ihm hatte der Vater keine Familienangehörigen mehr.

Als er die Intensivstation betrat, erkannte er sofort, daß dieser halb bewußtlose Mann mit Schläuchen in Mund und Nase nicht sein Vater war. Irgend jemand hatte sich geirrt und den falschen Soldaten von der Front geholt.

»Wie lange wird er noch leben?« fragte er den Arzt.

»Nur noch ein paar Stunden. Sie haben es gerade geschafft.«

Der Soldat dachte an den Sohn des sterbenden Mannes, der, Gott weiß wo, Tausende von Meilen entfernt an der Front war. Er dachte an den alten Mann, der nur in der Hoffnung am Leben geblieben war, daß er seinen Sohn noch einmal sehen würde, ehe er starb. Das bestimmte seinen Entschluß. Er beugte sich vor, ergriff die Hand des alten Mannes und sagte leise:

»Vater, ich bin da. Ich bin zurück.«

Der Sterbende umklammerte die hingestreckte Hand; seine leeren Augen öffneten sich und blickten umher; ein zufriedenes Lächeln ging über sein Gesicht und blieb dort, bis er etwa eine Stunde später starb.

DIE RICHTIGEN ROLLEN

Klein Johnny wurde getestet, ob er im Schultheater eine Rolle spielen könnte. Seine Mutter wußte, daß er nur zu gerne mitspielen wollte, fürchtete aber, man würde ihn nicht nehmen. An dem Tag, als die Rollen verteilt wurden, stürzte Johnny in die Arme seiner Mutter und platzte beinahe vor Stolz und Aufregung. »Mutter«, schrie er, »rate mal! Ich bin ausgesucht worden zum Klatschen und Jubeln.«

AUS DEM ZEUGNIS EINES KINDES:

Samuel hat sehr schön beim Chorsingen mitgemacht, indem er auf hervorragende Weise zuhörte.«

DER WASSERMELONENFALL

Drei Jungen, die beschuldigt wurden, Wassermelonen gestohlen zu haben, wurden vor Gericht gebracht und schauten in schlimmer Erwartung unruhig auf den Richter, der als strenger Mann bekannt war.

Doch war er auch ein kluger Pädagoge. Er klopfte mit seinem Hammer auf den Tisch und sagte: »Jeder hier Anwesende, der als Junge nie eine Wassermelone gestohlen hat, möge bitte die Hand heben.« Er wartete. Die Gerichtsbeamten, die Polizisten, die Zuschauer und der Richter selbst ließen ihre Hände vor sich auf den Bänken liegen.

Nachdem er sich überzeugt hatte, daß sich nicht eine einzige Hand erhoben hatte, sagte der Richter: »Fall abgewiesen.«

LIEBESDIENST EINES BARBIERS

Der heilige Mann Joneyed ging in Bettlerkleidung nach Mekka. Dort sah er einen Barbier einen reichen Mann rasieren. Als er den Barbier bat, ihn zu rasieren, verließ dieser sofort den reichen Mann und rasierte Joneyed. Und er nahm kein Geld von ihm, gab ihm sogar noch ein kleines Almosen.

Joneyed war so gerührt, daß er beschloß, dem Barbier alles zu geben, was er an diesem Tag an Almosen erhalten würde.

Nun geschah es, daß ein reicher Pilger zu Joneyed kam und ihm einen Beutel voll Gold gab. Am Abend begab sich Joneyed zu dem Barbierladen und wollte dem Barbier das Gold geben.

Der Barbier schrie ihn an: »Ihr wollt ein heiliger Mann sein? Schämt Ihr Euch nicht, einen Liebesdienst bezahlen zu wollen?«

ABHÄRTUNGEN

Warum hebst du in deinen Predigten den Wert des Leidens so stark hervor?« fragte der Meister.

»Weil es uns gegenüber den Wechselfällen des Lebens abhärtet«, antwortete der Prediger.

Darauf sagte der Meister nichts.

Später fragte ein Schüler: »Gegenüber was genau härtet uns das Leiden ab?«

»Vermutlich gegenüber mehr Leiden«, entgegnete der Meister lächelnd.

LIEBER FÜSSE ALS SCHUHE

Ein alter Mann sagte, er hätte sich nur einmal im Leben beklagt, als er barfuß war und kein Geld hatte, Schuhe zu kaufen. Dann habe er einen glücklichen Mann gesehen, der keine Füße hatte. Und er habe nie wieder geklagt.

DER PRÜFSTEIN

Man sagt, nur ein Buch der großen Bibliothek von Alexandria habe den Brand unversehrt überstanden. Es war ein ganz gewöhnliches Buch, langweilig und uninteressant, so daß es für ein paar Pfennige einem armen Mann verkauft wurde, der kaum lesen konnte.

Dieses Buch war aber, wenn auch langweilig und uninteressant, wahrscheinlich das wertvollste Buch der Welt, denn auf der hintersten Innenseite des Schutzumschlages waren in großen klaren Buchstaben ein paar Sätze hingekritzelt, die das Geheimnis des »Prüfsteins« enthielten – eines winzigen Kieselsteines, der alles, mit dem er in Berührung kam, in pures Gold verwandelte.

Aus diesen Sätzen ging hervor, daß dieser kostbare Kieselstein irgendwo an der Schwarzmeerküste lag unter Tausenden ähnlicher Kieselsteine mit dem einzigen Unterschied, daß dieser sich warm anfühlte, als ob er lebendig wäre, während alle anderen kalt in der Hand lagen. Der Mann freute sich über sein Glück. Er verkaufte alles, was er hatte, borgte sich eine große Summe Geld, die ein Jahr reichen würde, und reiste ans Schwarze Meer, schlug ein Zelt auf und machte sich daran, in mühevoller Arbeit den Prüfstein zu suchen.

Er ging folgendermaßen vor: Er hob einen Kieselstein auf, und wenn er sich kalt anfühlte, warf er ihn nicht etwa zurück, denn dann würde er vielleicht denselben Stein dutzendmal aufheben, nein, er warf ihn ins Meer. Jeden Tag verbrachte er Stunden in seinem geduldigen Bemühen: Stein aufheben, wenn er sich kalt anfühlte, ins Meer werfen; einen anderen aufheben... und so weiter, unentwegt.

So verbrachte er eine Woche, einen Monat, zehn Monate, ein ganzes Jahr. Dann borgte er sich wieder Geld und hielt auf diese Weise noch einmal zwei Jahre durch. Immer das gleiche: Stein aufheben, befühlen, wenn er kalt war, ins Meer. Stunde um Stunde, Tag um Tag, Woche um Woche – kein Prüfstein war darunter. Eines Abends hob er einen Kieselstein auf, er fühlte sich warm an, und aus purer Gewohnheit warf er ihn zurück ins Schwarze Meer.

DER PAUKER IN UNS

Es war einmal ein Gasthaus, das hieß SILBERSTERN. Der Gastwirt kam auf keinen grünen Zweig, obgleich er alles tat, Gäste zu gewinnen: Er richtete das Haus gemütlich ein, sorgte für eine freundliche Bedienung und hielt die Preise in vernünftigen Grenzen. In seiner Verzweiflung fragte er einen Weisen um Rat.

Als er die jammervolle Geschichte des anderen gehört hatte, sagte der Weise: »Es ist sehr einfach. Du mußt den Namen deines Gasthauses ändern.«

»Unmöglich!« sagte der Gastwirt. »Seit Generationen heißt es SILBERSTERN und ist unter diesem Namen im ganzen Land bekannt.«

»Nein«, sagte der Weise, »Du mußt es nun DIE FÜNF GLOCKEN nennen und über dem Eingang sechs Glocken aufhängen.«

»Sechs Glocken? Das ist doch absurd. Was soll das bewirken?«
»Versuch es doch einmal, und sieh selbst«, sagte der Weise lächelnd.

Also machte der Gastwirt einen Versuch, und folgendes geschah: Jeder Reisende, der an dem Gasthaus vorbeikam, ging hinein, um auf den Fehler aufmerksam zu machen, jeder in dem Glauben, außer ihm habe ihn noch keiner bemerkt. Und wenn sie erst einmal in der Gaststube waren, waren sie beeindruckt von der freundlichen Bedienung und blieben da, um eine Erfrischung zu bestellen. Und das war die Chance, auf die der Wirt so lange gewartet hatte.

Nichts entzückt das eigene Ich mehr,
als die Fehler anderer korrigieren zu können.

EINE TEUFLISCHE IDEE ODER
VOM URSPRUNG DES ORGANISIERENS

Man erzählt, daß Gott nach Erschaffung der Welt sein Werk zufrieden betrachtete und der Teufel sein Wohlgefühl geteilt habe, auf seine Weise natürlich, denn als er ein Wunder nach dem anderen begutachtete, habe er immer wieder gerufen: »Wie gelungen alles ist! Wir wollen es organisieren!«
»Und damit alle Freude nehmen!«

DIE KUH IM WOHNZIMMER

Ich brauche dringend Hilfe – sonst werde ich verrückt. Meine Frau und ich leben mit Kindern und Schwiegereltern in einem einzigen Raum. Wir sind mit unseren Nerven am Ende, wir brüllen uns an und schreien. Es ist die Hölle.«

»Versprichst du, alles zu tun, was ich dir sage?« fragte der Meister ernst.

»Ich schwöre, ich werde alles tun.«

»Gut. Wie viele Haustiere hast du?«

»Eine Kuh, eine Ziege und sechs Küken.«

»Nimm sie alle zu dir ins Zimmer. Dann komm in einer Woche wieder.«

Der Schüler war entsetzt, aber er hatte versprochen zu gehorchen. Also nahm er die Tiere ins Haus. Eine Woche später kam er wieder, ein Bild des Jammers, und stöhnte:

»Ich bin ein nervöses Wrack. Der Schmutz! Der Gestank! Der Lärm! Wir sind alle am Rande des Wahnsinns.«

»Geh nach Hause«, sagte der Meister, »und bring die Tiere wieder nach draußen.«

Der Mann rannte den ganzen Heimweg. Und kam am nächsten Tag freudestrahlend zurück. »Wie schön ist das Leben! Die Tiere sind draußen. Die Wohnung ist ein Paradies – so ruhig und sauber und soviel Platz!«

DER DRITTE WUNSCH

Gott Vishnu hatte die ständigen Bitten eines Anhängers so satt, daß er ihm eines Tages erschien und sagte: »Ich habe beschlossen, dir drei beliebige Dinge zu gewähren, um die du mich bittest, aber dann ist Schluß. Ich werde dir nichts mehr geben.«

Der Eiferer sprach auf der Stelle hocherfreut seine erste Bitte aus. Er bat, seine Frau möge sterben, so daß er eine bessere Frau heiraten könne. Seine Bitte wurde sofort gewährt.

Aber als seine Freunde und Verwandten zum Begräbnis zusammenkamen und alle die guten Eigenschaften seiner Frau wieder ins Gedächtnis riefen, merkte der Jünger, daß er vorschnell gehandelt hatte. Jetzt wurde ihm klar, daß er ihren Tugenden gegenüber blind gewesen war. Würde er je eine andere Frau finden, die genauso gut wie sie wäre?

Also bat er Vishnu, sie wieder lebendig zu machen! Nun hatte er nur noch eine Bitte frei. Und er war fest entschlossen, dieses Mal keinen Fehler zu machen, denn es wäre nicht mehr möglich, ihn zu korrigieren. Er fragte überall um Rat. Einige seiner Freunde rieten ihm, um Unsterblichkeit zu bitten. Aber was nützte Unsterblichkeit, sagten andere, wenn er nicht gesund war! Und was nützte Gesundheit, wenn er kein Geld hatte? Und was nützte Geld, wenn er keine Freunde hatte?

Jahre vergingen, und er konnte sich zu keinem Wunsch entschließen: Leben oder Gesundheit, oder Reichtum, oder Macht, oder Liebe. Schließlich sagte er zu Vishum: »Bitte rate mir, worum ich bitten soll.«

Vishnu lachte, als er die mißliche Lage des Mannes sah und sagte: »Bitte darum, zufrieden zu sein, was immer das Leben dir auch bringen mag.«

....

VOM NICHTGEBORENWERDEN

Diese Geschichte erinnerte die Schüler an den Pessimisten, der sagte: »Das Leben ist schrecklich, es wäre besser gewesen, nicht geboren worden zu sein.«

»Ja«, erwiderte der Meister mit einem Funkeln in seinen Augen, »aber wie viele haben diese Art von Glück? Einer unter zehntausend vielleicht.«

SCHMETTERLINGSLEHRE

Das Glück ist ein Schmetterling«, sagte der Meister. »Jag ihm nach, und er entwischt dir. Setz dich hin, und er läßt sich auf deiner Schulter nieder.«

»Was soll ich also tun, um das Glück zu erlangen?«

»Hör auf, hinter ihm her zu sein.«

»Aber gibt es nichts, was ich tun kann?«

»Du könntest versuchen, dich ruhig hinzusetzen, wenn du es wagst.«

VIII
Greift man zu, läuft es weg

»Wenn Sie an etwas festhalten,
hören Sie auf zu leben.«

GREIFT MAN ZU, LÄUFT ES WEG

Und Buddha sagte: »Dieses Land ist mein, diese Söhne sind mein« – so spricht ein Narr, der nicht begreift, daß er selbst sich nicht gehört.
Man besitzt nie etwas wirklich.
Nur eine Zeitlang bewahrt man es auf.
Ist man nicht fähig, es wegzugeben,
wird man selbst festgehalten.
Was immer man sammelt,
muß sein wie Wasser in der hohlen Hand.
Greift man zu, läuft es weg.
Willst du es besitzen, beschmutzt du es.
Läßt du es los, ist es für immer dein.

DER KÜNSTLER UND DAS ICH

Zu einem Maler sagte der Meister: »Um Erfolg zu haben, muß jeder Maler viele Stunden in beharrliches Mühen und Streben investieren.
Manchem ist es gegeben, das eigene Ich beim Zeichnen loszulassen. Wenn dies geschieht, wird ein Meisterwerk geboren.«
Daraufhin fragte ein Schüler: »Wer ist ein Meister?«
Der Meister antwortete: »Jeder, dem es gegeben ist, das eigene Ich loszulassen. Das Leben dieses Menschen ist dann ein Meisterwerk.«

ER MUSS DRAN GLAUBEN

Ein Atheist fiel von einer Klippe. Beim Hinunterstürzen packte er den Zweig eines kleinen Baumes. Dort hing er nun zwischen dem Himmel und den dreihundert Meter tiefer liegenden Felsen, wohl wissend, daß er sich nicht viel länger würde festhalten können.

Plötzlich kam ihm eine Idee. »Gott«, rief er, so laut er konnte. Schweigen, niemand antwortete.

»Gott«, schrie er noch einmal. »Wenn es dich gibt, rette mich, und ich verspreche, daß ich an dich glauben und andere glauben lehren werde.«

Wieder Schweigen. Dann ließ er den Zweig vor Schreck beinahe los, als eine kräftige Stimme über den Canyon dröhnte: »Das sagen sie alle, wenn Not am Mann ist.«

»Nein, Gott, nein«, rief er laut, nun etwas hoffnungsvoller geworden. »Ich bin nicht wie die anderen. Ich habe ja schon begonnen zu glauben, merkst du das nicht, ich habe ja schon deine Stimme vernommen. Nun mußt du mich bloß retten, und ich werde deinen Namen bis an die Enden der Welt verkünden.«

»Gut«, sagte die Stimme, »ich werde dich retten. Laß den Zweig los.«

»Den Zweig loslassen?« schrie der verzweifelte Mann. »Hältst du mich für verrückt?«

DER FLUG MIT DER KAROTTE

Eine alte Frau starb, und Engel brachten sie vor den Richterstuhl. Bei Durchsicht ihrer Akte fand der Richter jedoch keine einzige barmherzige Tat, außer daß sie einmal einem hungrigen Bettler eine Karotte gegeben hatte.

Eine einzige liebevolle Tat wiegt jedoch sehr viel, und so beschloß man, sie um dieser Karotte willen in den Himmel zu bringen. Die Karotte wurde dem Gericht vorgeführt und ihr übergeben. Im gleichen Augenblick als sie sie ergriff, begann die Karotte, wie von unsichtbaren Fäden gezogen, aufzusteigen und trug die Frau mit sich gen Himmel.

Ein Bettler tauchte auf. Er klammerte sich an den Saum ihres Kleides und wurde mit ihr zusammen hochgehoben. Eine dritte Person bekam den Fuß des Bettlers zu fassen und wurde auch hochgezogen. Bald war da eine lange Menschenkette, die von dieser Karotte emporgezogen wurde. Und so seltsam es auch klingen mag, die Frau spürte das Gewicht der vielen Leute nicht, die sich an ihr festhielten; tatsächlich bemerkte sie sie gar nicht, da sie himmelwärts blickte.

Sie stiegen immer höher, bis sie beinahe das Himmelstor erreicht hatten. Da schaute die Frau zurück, um noch einen letzten Blick auf die Erde zu tun, und sah das ganze Gefolge.

Sie war empört! Mit einer gebieterischen Handbewegung rief sie: »Macht, daß ihr wegkommt, alle! Das ist meine Karotte!«

Bei dieser herrischen Geste, mußte sie die Karotte einen Augenblick loslassen – und stürzte mit ihrem ganzen Troß in die Tiefe.

Alles Übel auf der Welt hat nur eine Ursache:
»Das gehört mir!«

EINE KRÄHE IM HIMMEL

Eine Geschichte der Bhagawata Purana: Eine Krähe erhob sich einst in den Himmel mit einem Stück Fleisch im Schnabel. Zwanzig Krähen flogen auf, sie zu verfolgen, und griffen sie erbittert an.

Schließlich ließ die Krähe das Stück Fleisch fallen. Darauf ließen die Verfolger von ihr ab und flogen kreischend dem Stück Fleisch nach.

Sagte die Krähe: »Jetzt ist es friedlich hier oben. Der ganze Himmel gehört mir.«

Sagte ein Zen-Mönch:

»Als mein Haus abbrannte, behinderte nichts meine Sicht auf den nächtlichen Mond.«

DER DAUERLÄUFER

Einem Geschäftsmann, der aus der Mühsal des Lebens ins Geldverdienen floh, sagte der Meister:

»Es war einmal ein Mann, der sich vor seinen eigenen Fußstapfen fürchtete. So entschloß er sich, nicht mehr zu gehen, sondern zu laufen, wodurch sich nur die Zahl seiner Fußstapfen verringerte. Was er wirklich tun sollte, war stehenzubleiben.«

VOM DIAMANTEN SO GROSS WIE EIN KOPF

Der Sannyasi – ein heiligmäßiger Mann – hatte den Dorfrand erreicht und ließ sich unter einem Baum nieder, um dort die Nacht zu verbringen, als ein Dorfbewohner angerannt kam und sagte: »Der Stein! Der Stein! Gib mir den kostbaren Stein!«

»Welchen Stein?« fragte der Sannyasi.

»Letzte Nacht erschien mir Gott Shiwa im Traum«, sagte der Dörfler, »und sagte mir, ich würde bei Einbruch der Dunkelheit am Dorfrand einen Sannyasi finden, der mir einen kostbaren Stein geben würde, so daß ich für immer reich wäre.«

Der Sannyasi durchwühlte seinen Sack und zog einen Stein heraus. »Wahrscheinlich meinte er diesen hier«, sagte er, als er dem Dörfler den Stein gab. »Ich fand ihn vor einigen Tagen auf einem Waldweg. Du kannst ihn natürlich haben.«

Staunend betrachtete der Mann den Stein. Es war ein Diamant. Wahrscheinlich der größte Diamant der Welt, denn er war so groß wie ein menschlicher Kopf.

Er nahm den Diamanten und ging weg. Die ganze Nacht wälzte er sich im Bett und konnte nicht schlafen. Am nächsten Tag weckte er den Sannyasi bei Anbruch der Dämmerung und sagte: »Gib mir den Reichtum, der es dir ermöglicht, diesen Diamanten so leichten Herzens wegzugeben.«

GURU IM GLÜCK

D er Guru saß in Meditation versunken am Ufer des Flusses, als
ein Schüler ihm zwei große Perlen als Zeichen der Verehrung
und Ergebenheit vor die Füße legte.

Der Guru öffnete die Augen, hob eine der Perlen auf und hielt
sie so nachlässig in der Hand, daß sie herausrutschte und die
Böschung hinunter in den Fluß rollte.

Der entsetzte Schüler tauchte sofort nach der Perle, aber
obwohl er es bis spät in den Abend hinein immer wieder versuchte, hatte er kein Glück.

Schließlich weckte er den Guru aus seiner Meditation, naß und
erschöpft wie er war, und sagte: »Ihr habt die Perle fallen sehen.
Zeigt mir genau, wo, dann kann ich sie für Euch wiederfinden.«

Der Guru hob die zweite Perle auf, warf sie in den Fluß und
sagte: »Genau dort.«

DER SIEBENTE KRUG

E in Barbier kam an einem verwunschenen Baum vorbei, als er
eine Stimme hörte: »Möchtest du die sieben Krüge voll Gold
haben?« Er blickte sich um und sah niemand. Aber seine Habgier
war geweckt, und er rief eifrig: »Ja, natürlich möchte ich sie
haben.«

»Dann geh sofort nach Hause«, sagte die Stimme, »dort wirst
du sie vorfinden.«

Der Barbier lief, so schnell er konnte, nach Hause. Und wirklich, dort waren die sieben Krüge, alle mit Gold gefüllt außer
einem, der nur halbvoll war. Der Barbier konnte jetzt den Gedanken nicht ertragen, daß ein Krug nur halbvoll war. Er war beses-

sen von dem Wunsch, ihn zu füllen, sonst könnte er einfach nicht glücklich sein.

Er ließ allen Familienschmuck in Goldstücke einschmelzen und füllte sie in den halbvollen Krug. Aber der Krug blieb halbgefüllt wie zuvor. Es war zum Verzweifeln! Er sparte und knauserte und hungerte sich und seine Familie beinahe zu Tode. Aber ohne Erfolg. Gleichgültig wieviel Gold er hineinfüllte, der Krug blieb stets nur halbvoll.

Also bat er eines Tages den König, sein Gehalt zu erhöhen. Es wurde verdoppelt. Wieder begann der Kampf, den Krug zu füllen. Er begann sogar zu betteln. Der Krug verschlang jede Münze, die hineingeworfen wurde, und blieb doch hartnäckig halbvoll.

Der König bemerkte nun, wie elend und verhungert der Barbier aussah. »Was fehlt dir?« fragte er. »Du warst so glücklich und zufrieden, als dein Gehalt noch kleiner war. Nun ist es verdoppelt worden, und du bist so erschöpft und niedergeschlagen. Kann es sein, daß du die sieben Krüge voll Gold zu Hause hast?«

Der Barbier war erstaunt: »Wer hat Euch das gesagt, Majestät?« fragte er.

Der König lachte: »Du hast alle Symptome eines Menschen, dem der Geist die sieben Krüge anbietet. Er hat sie auch mir einmal angeboten. Ich fragte, ob dieses Geld ausgegeben werden könnte oder einfach gehortet werden müßte, und da verschwand er ohne ein weiteres Wort. Das Geld kann nicht ausgegeben werden. Es bewirkt nur den inneren Zwang, es zu horten. Geh hin, und gib es dem Geist zurück, und in derselben Minute wirst du wieder glücklich sein.«

MEIN VORLETZTES HEMD FÜR EINE BLUME

Eines Tages wollten die Schüler wissen, wie der Mensch be-schaffen sein müßte, der am besten geeignet sei, Schüler zu werden.

Sagte der Meister: »Das wäre ein Mensch, der nur zwei Hemden hat, eines davon veräußert und von dem Geld eine Blume kauft.«

DAS GROSSE WERK DES TETSUGEN

Tetsugen, ein Schüler des Zen, machte sich an eine gewaltige Aufgabe: den Druck von siebentausend Kopien der Sutren, die bis dahin nur in Chinesisch verfügbar waren.

Er reiste kreuz und quer durch Japan, um Geld für dieses Projekt zu sammeln. Einige reiche Leute spendeten wohl an die hundert Goldstücke, aber meistens bekam er nur kleine Münzen von Bauern. Tetsugen sprach jedem Spender den gleichen Dank aus, ungeachtet der Höhe der Spende.

Nach zehn langen Jahren des Umherreisens hatte er endlich die für das Unternehmen nötige Summe zusammen. Gerade zu dieser Zeit trat der Fluß Uji über die Ufer, und Tausende waren ohne Nahrung und Unterkunft. Tetsugen gab alles Geld, das er gesammelt hatte, diesen armen Leuten.

Dann begann er von neuem, Gelder zu sammeln. Wieder dauerte es mehrere Jahre, bis er die benötigte Summe hatte. Da brach im Land eine Epidemie aus, und wieder gab Tetsugen das gesammelte Geld den Opfern.

Er nahm erneut seine Reise auf und zwanzig Jahre später wurde sein Traum, die Schriften auf Japanisch drucken zu lassen, wahr.

Der Druckstock dieser ersten Ausgabe der Sutren ist im Obaku Kloster in Kyoto ausgestellt. Die Japaner erzählen ihren Kindern, Tetsugen habe im ganzen drei Ausgaben der Sutren drucken lassen, die ersten seien unsichtbar und weit wertvoller als die dritte.

LEERES LOCH SEHR WERTVOLL

Ein Geizhals versteckte sein Gold unter einem Baum in seinem Garten. Jede Woche grub er es aus und betrachtete es stundenlang. Eines Tages fand ein Dieb das Gold und verschwand damit. Als der Geizhals das nächste Mal seinen Schatz betrachten wollte, fand er nur noch ein leeres Loch.

Der Mann begann vor Kummer laut zu heulen, so daß seine Nachbarn zusammenliefen und sehen wollten, was los war. Als sie erfuhren, was passiert war, fragte einer von ihnen:

»Hast du das Gold zu etwas gebraucht?«

»Nein«, sagte der Geizhals, »ich habe es nur jede Woche angesehen.«

»In diesem Fall«, sagte der Nachbar, »wenn du das Gold nicht direkt gebraucht hast, dann kannst du genausogut jede Woche herkommen und das Loch betrachten.«

GELD ODER LEBEN!

Ein wohlhabender Mann erzählte eines Tages dem Meister, daß er dem Drang, Geld zu verdienen, mit dem besten Willen nicht widerstehen könne.

»Nicht einmal um den Preis von Lebensfreude, bedauerlicherweise«, sagte der Meister.

»Ich spare mir die Lebensfreude für meine alten Tage auf«, sagte der wohlhabende Mann.

»Sofern du noch alte Tage haben wirst«, sagte der Meister und erzählte die Geschichte vom Straßenräuber, der kurzen Prozeß machte: »Geld oder Leben!«

Sagte das Opfer: »Nimm mein Leben. Ich hebe mir mein Geld für meine alten Tage auf.«

Einem anderen reichen Mann, der seine ganze Gesundheit des Geldes wegen aufs Spiel setzte, erzählte der Meister die Geschichte vom Geizhals, der zu Grabe getragen wurde.

Plötzlich kam er wieder zu Bewußtsein, überblickte die Situation und traf eine schnelle Entscheidung: »Ich möchte lieber hierbleiben, sonst muß ich die Rechnung für die Beerdigung zahlen.«

»Manche Leute möchten lieber ihr Geld retten als ihr Leben«, zog der Meister die Schlußfolgerung.

HABEN UND NICHT HABEN

Junaid erhielt von einem seiner Anhänger einen Beutel voller Goldmünzen.

»Hast du noch mehr Münzen?« fragte Junaid.

»Ja, noch viele.«

»Liegt dir viel an ihnen?«

»Ja.«

»Dann mußt du diese hier behalten, denn du brauchst sie mehr als ich. Da ich nichts habe und nichts wünsche, bin ich viel reicher als du.«

Niemand kann einem etwas nehmen,

an das man nie sein Herz hing.

DER GEIZHALS HAT VERSPÄTUNG

Ein Geizhals hatte 500.000 indische Dinar gehortet und beschloß, ein Jahr angenehm zu leben, ehe er überlegen wollte, wie dieses Geld am besten anzulegen sei. Aber plötzlich erschien der Engel des Todes neben ihm und forderte sein Leben.

Der Mann bat und bettelte mit tausend guten Gründen, ihn noch etwas länger leben zu lassen, aber der Engel war unerbittlich. »Laß mir noch drei Tage Zeit«, bat er, »und ich werde dir die Hälfte meines Vermögens geben.« Der Engel wollte nichts davon wissen und begann, ihn wegzuzerren.

»Ich bitte dich, gib mir nur noch einen Tag, und du kannst alles haben, was ich mit soviel Schweiß und Mühe erworben habe.« Der Engel blieb hart.

Ein kleines Zugeständnis konnte er dem Engel jedoch abringen – einige wenige Minuten, um eine Nachricht aufzuschreiben:

»Wer du auch seist, der diese Nachricht findet, vertue nicht deine Zeit, Glücksgüter anzuhäufen, wenn du genug zum Leben hast. Lebe! Meine 500000 Dinar konnten mir nicht eine Stunde Leben erkaufen!«

DER BERUHIGTE SCHULDNER

Der Meister ergötzte manchmal die Besucher mit Geschichten des gefürchteten Mullah Nasrudin.

Nasrudin wälzte sich eines Nachts in seinem Bett hin und her. Da sagte seine Frau zu ihm:»Was ist denn los? Schlaf endlich ein!«

Der Mullah stöhnte und gab zu verstehen, daß er die sieben Silbermünzen nicht habe, die er seinem Nachbarn Abdullah schulde und morgen zurückzahlen müsse. Dies plagte ihn so sehr, daß er beim besten Willen nicht einschlafen konnte.

Da stand seine Frau kurzerhand auf, warf sich einen Schal um die Schultern, ging auf die Straße und rief:

»Abdullah! Abdullah!«, bis der alte Abdullah schließlich ans Fenster kam, sich den Schlaf aus den Augen rieb und fragte:

»Was ist denn los? Um was geht's?«

Die Frau rief laut zurück:

»Ich bin nur gekommen, um dir zu sagen, daß du morgen deine Silbermünzen nicht bekommen wirst. Mein Mann hat sie nicht aufgetrieben.«

Danach drehte sie sich um und ging wieder nach Hause. »Schlaf ein, Nasrudin«, sagte sie ihrem Mann, »jetzt kann sich Abdullah Sorgen machen.«

Und der Meister schloß:»Einer muß zahlen. – Plagt jemanden etwas?«

FREUND DER SPATZEN

Jesus sprach von den Vögeln des Himmels und den Blumen des Feldes, an denen sich die Menschen ein Beispiel nehmen sollen, was der Meister auch tat. Er erzählte oft von dem Brief, den einmal ein wohlhabender Nachbar an ihn richtete. Darin stand:

Sehr geehrter Herr,
ich schreibe Ihnen wegen der Vogeltränke, die ich für den Klostergarten gestiftet habe. Ich möchte Sie darüber informieren, daß sie nicht von den Spatzen benutzt werden darf.«

LAND UND KÜHE IN SICHT

Der Meister erzählte einmal von einem Nachbarn auf dem Land, der geradezu darauf versessen war, immer neues Weideland zu kaufen.

»Ich wünschte mir, ich hätte mehr Land«, sagte er eines Tages.

»Wozu denn?« fragte der Meister. »Hast du nicht schon genug?«

»Hätte ich mehr Land, könnte ich mehr Rinder züchten.«

»Und was würdest du mit ihnen tun?«

»Verkaufen und Geld verdienen.«

»Wofür?«

»Um mehr Land zu kaufen und viele Kühe zu züchten.«

233

WENN GOTT LACHT

Der indische Mystiker Ramakrishna pflegte zu sagen: Gott lacht bei zwei Gelegenheiten. Er lacht, wenn er einen Arzt zu einer Mutter sagen hört: »Haben Sie keine Angst. Ich werde den Jungen gesund machen.« Gott sagt sich dann: »Ich habe vor, dem Jungen das Leben zu nehmen, und dieser Mann denkt, er könne es retten!« Er lacht auch, wenn er sieht, wie zwei Brüder ihr Land unter sich aufteilen, indem sie eine Grenzlinie ziehen und sagen: »Diese Seite gehört mir und die andere dir.« Er sagt sich dann: »Das Universum gehört mir, und diese beiden behaupten, Teile davon gehörten ihnen!«

Als ein Mann erfuhr, sein Haus sei von der Flut weggerissen worden, lachte er und sagte:
»Unmöglich! Ich habe den Hausschlüssel in meiner Tasche.«

DEIN UND MEIN

Zwei Mönche waren unterwegs auf Reisen. Für einen von ihnen schloß geistliches Leben Erwerb nicht aus, der andere glaubte an Entsagung. Den ganzen Tag über diskutierten sie über ihr unterschiedliches geistliches Streben, bis sie gegen Abend an das Ufer eines Flusses kamen.

Derjenige, der an Verzicht glaubte, besaß natürlich kein Geld. Er sagte: »Wir können den Fährmann nicht bezahlen, damit er uns übersetze, aber warum einen Gedanken an unseren Leib verschwenden? Wir werden die Nacht hier verbringen und Lieder singen zum Lobe Gottes, und morgen früh wird sich bestimmt eine gute Seele finden, die die Überfahrt für uns bezahlt.«

Der andere sagte: »Auf dieser Seite des Flusses ist kein Dorf, kein Weiler, keine Hütte, überhaupt kein Schutz. Wilde Tiere werden sich über uns hermachen, wir werden von Schlangen gebissen werden oder erfrieren. Am anderen Ufer können wir die Nacht sicher und bequem verbringen. Ich habe das Geld, um den Bootsmann zu bezahlen.«

Als sie sicher drüben angekommen waren, machte er seinem Gefährten Vorhaltungen. »Verstehst du jetzt, wie wichtig es ist, Geld zu haben? Ich konnte dein und mein Leben damit retten. Was wäre geschehen, wenn auch ich ein Mann der Entsagung wäre?«

Der andere erwiderte: »Dein Verzicht war es, der uns sicher hinüberbrachte, denn du trenntest dich von deinem Geld, um den Fährmann zu bezahlen, stimmt's? Da ich überdies kein Geld in der Tasche hatte, wurde deine Tasche zu der meinen. Ich habe festgestellt, daß ich nie Unbill erleide, für mich wird stets gesorgt.«

SOKRATES UND DER PLUNDER

Als wirklicher Philosoph, der er war, glaubte Sokrates, ein weiser Mensch würde instinktiv ein einfaches Leben führen. Er selbst pflegte noch nicht einmal Schuhe zu tragen. Und doch fühlte er sich immer wieder vom Marktplatz angezogen und besuchte ihn oft, um die dort angebotenen Waren zu betrachten.

Als einer seiner Freunde ihn fragte, warum er das täte, sagte Sokrates: »Ich gehe gerne hin, um festzustellen, wie viele Dinge es gibt, ohne die ich phantastisch auskomme.«

235

LEBEN IST WIE MUSIK

Trotz traditioneller Anschauungen hielt der Meister nur wenig von Vorschriften und Überlieferungen.

Ein Schüler geriet eines Tages in Streit mit seiner Tochter, weil der Mann darauf bestand, das Mädchen solle den künftigen Ehemann nach den Geboten der Religion aussuchen.

Der Meister ergriff offen Partei für das Mädchen.

Als der Schüler seinem Erstaunen Ausdruck gab, daß ein heiliger Mann solches tue, sagte der Meister:

»Du mußt begreifen, Leben ist wie Musik, und die entsteht mehr aus Gefühl und Intuition als nach Regeln.«

FEUER AN DIE SICHTBLENDEN

Ein Schüler beklagte sich über die Gewohnheit des Meisters, alle seine hochgehaltenen Überzeugungen über den Haufen zu werfen.

Sagte der Meister:

»Ich lege Feuer an den Tempel deiner Überzeugungen, denn wenn er niedergebrannt ist, wirst du eine ungehinderte Sicht auf den weiten, grenzenlosen Himmel haben.«

LÖWENZAUN

Ein Löwe geriet in Gefangenschaft und wurde in ein Lager gebracht, wo er zu seinem Erstaunen noch andere Löwen antraf, die schon jahrelang dort waren, einige sogar ihr ganzes Leben, denn sie waren dort geboren. Er lernte bald die sozialen Betätigungen der Lagerlöwen kennen. Sie schlossen sich in Gruppen zusammen. Eine Gruppe bestand aus den Gesellschaftslöwen; eine andere ging ins Showgeschäft; wieder eine andere betätigte sich kulturell, um die Bräuche, die Traditionen und die Geschichte jener Zeiten zu bewahren, als die Löwen in Freiheit lebten. Andere Gruppen waren religiös – sie kamen zusammen, um zu Herzen gehende Lieder zu singen von einem künftigen Dschungel ohne Zäune. Einige Gruppen fanden Zulauf von denen, die sich von Natur aus für Literatur und Kunst interessierten; wieder andere waren revolutionär gesonnen, sie trafen sich, um sich gegen ihre Wärter zu verschwören oder gegen andere revolutionäre Gruppen Pläne zu schmieden. Ab und zu brach eine Revolution aus, die eine oder andere Gruppe wurde ausgelöscht, oder alle Wärter wurden umgebracht und durch andere ersetzt.

Als sich der Neuankömmling umsah, bemerkte er einen Löwen, der stets tief in Gedanken versunken schien, ein Einzelgänger, der keiner Gruppe angehörte und sich meistens von allen fernhielt. Es war etwas Seltsames um ihn, das sowohl die Bewunderung der anderen hervorrief, aber auch ihre Feindseligkeit, denn seine Gegenwart erzeugte Angst und Selbstzweifel. Er sagte zu dem Neuankömmling: »Schließ dich keiner Gruppe an. Diese armen Narren kümmern sich um alles, bloß nicht um das Wesentliche.«

»Und was ist das?« fragt der Neuankömmling.

»Über die Art des Zaunes nachzudenken.«

DIE FRAU DES BÜRGERMEISTERS

Eine Frau lag im Koma. Plötzlich hatte sie das Gefühl, sie käme in den Himmel und stände vor dem Richterstuhl.

»Wer bist du?« fragte eine Stimme.

»Ich bin die Frau des Bürgermeisters«, erwiderte sie.

»Ich habe nicht gefragt, wessen Ehefrau du bist, sondern wer du bist.«

»Ich bin die Mutter von vier Kindern.«

»Ich habe nicht gefragt, wessen Mutter du bist, sondern wer du bist.«

»Ich bin Lehrerin.«

»Ich habe nicht nach deinem Beruf gefragt, sondern wer du bist.«

Und so ging es weiter. Alles, was sie erwiderte, schien keine befriedigende Antwort auf die Frage zu sein: »Wer bist du?«

»Ich bin eine Christin.«

»Ich fragte nicht, welcher Religion du angehörst, sondern wer du bist.«

»Ich bin die, die jeden Tag in die Kirche ging und immer den Armen und Hilfsbedürftigen half.«

»Ich fragte nicht, was du tatest, sondern wer du bist.«

Offensichtlich bestand die Frau die Prüfung nicht, denn sie wurde zurück auf die Erde geschickt. Als sie wieder gesund war, beschloß sie, herauszufinden, wer sie war. Und darin lag der ganze Unterschied.

GLÜCKLICH EINGEHEIRATET

Anhänglichkeit verzerrt unsere Wahrnehmung – ein Thema, dem sich der Meister in seinen Vorträgen immer wieder widmete. Eines Tages erhielten die Schüler darüber einen einleuchtenden Anschauungsunterricht, als sie zuhörten, wie der Meister eine Mutter fragte:

»Wie geht es deiner Tochter?«

»Ach, meine liebe Tochter! Sie hat wirklich Glück! Ihr Mann ist wunderbar. Er hat ihr ein Auto geschenkt, jeden Schmuck, den sie sich wünscht, auch mehrere Dienstmädchen angestellt. Er bringt ihr das Frühstück ans Bett, und sie steht nicht vor Mittag auf. Ein wirklicher Prinz von einem Mann!«

»Und wie geht's deinem Sohn?«

»Der arme Junge! Was für eine Plage von Frau hat er geheiratet. Er hat ihr ein großes Auto gekauft, jeden Schmuck, den sie sich wünscht, und obendrein ein Heer von Dienstmädchen angestellt. Und sie weiß nichts anderes zu tun, als bis Mittag im Bett zu liegen. Nicht einmal das Frühstück richtet sie ihm!«

MUTTERS STOLZ

Als der Meister einmal über die problematischen Bindungen zwischen Eltern und Kindern befragt wurde, erzählte er, wie er einmal in einem Einkaufsmarkt einer Frau begegnete, die einen Kinderwagen schob, in dem zwei kleine Jungen saßen.

»Was für zwei reizende Kinder Sie haben«, sagte der Meister. »Wie alt sind sie denn?«

»Der Arzt«, sagte die Frau, »ist drei Jahre und der Rechtsanwalt zwei.«

DER GUTE HIRTE MIT DEM LOCH IM ZAUN

Ein Gleichnis für religiöse Erzieher. Ein Schaf fand ein Loch im Zaun und kroch hindurch. Es war so froh, abzuhauen. Es lief weit weg und fand nicht mehr zurück.

Und dann merkte es, daß ihm ein Wolf folgte. Es lief und lief, aber der Wolf blieb ihm auf den Fersen, bis der Hirte kam, es aufnahm und liebevoll zurück in den Pferch trug.

Und trotz allem Drängen weigerte sich der Hirte, das Loch im Zaun zu vernageln.

BLUMEN FÜR DEN BUDDHA

Ein Mann kam zu Buddha mit einem Strauß Blumen in der Hand. Buddha sah ihn an und sagte:

»Wirf es weg!«

Er konnte nicht glauben, daß er die Blumen wegwerfen sollte. Aber dann fiel ihm ein, er solle sicherlich die Blumen wegwerfen, die er in der linken Hand hatte, weil es als unheilvoll und unhöflich galt, ein Geschenk mit der linken Hand zu übergeben. Also ließ er die Blumen fallen.

Wieder sagte Buddha: »Wirf es weg!«

Dieses Mal ließ er alle Blumen fallen und stand mit leeren Händen vor Buddha, der noch einmal lächelnd sagte:

»Wirf es weg.«

Erstaunt fragte der Mann: »Was soll ich wegwerfen?«

»Nicht die Blumen, mein Sohn, sondern den, der sie brachte«, lautete Buddhas Antwort.

DIE STATION DER ERLEUCHTUNG

Jeden Monat sandte der Schüler getreulich seinem Meister einen Bericht über seinen Fortschritt auf dem Weg der Erleuchtung.

Im ersten Monat schrieb er: »Ich fühlte eine Erweiterung des Bewußtseins und erfahre mein Einssein mit dem Universum.« Der Meister überflog die Nachricht und warf sie weg.

Im folgenden Monat hatte er dies zu sagen: »Ich habe endlich entdeckt, daß das Göttliche in allen Dingen gegenwärtig ist.« Der Meister schien enttäuscht.

In seinem dritten Brief erklärte der Schüler begeistert: »Das Geheimnis des Einen und der Vielen ist meinem staunenden Blick enthüllt worden.« Der Meister gähnte.

In seinem nächsten Brief hieß es: »Niemand wird geboren, niemand lebt und niemand stirbt, denn das Ich ist nicht.« Der Meister rang verzweifelt die Hände.

Danach vergingen ein Monat, dann zwei, dann fünf; dann ein ganzes Jahr. Der Meister fand es an der Zeit, seinen Schüler an die Pflicht zu erinnern, ihn über seinen geistlichen Fortschritt zu informieren. Der Schüler schrieb zurück: »Wen interessiert das?« Als der Meister diese Worte las, schien er zufrieden. Er sagte: »Gott sei Dank, endlich hat er begriffen.«

VOM VERLORENEN SPIELZEUG

Was brachte Euch die Erleuchtung?
»Freude.«
»Und was ist Freude?«
»Die Erkenntnis, daß alles zu verlieren nichts weiter bedeutet,
als ein Spielzeug verloren zu haben.«

WORAN MAN SICH IM FALLEN HÄLT

Einem Schüler, der um Weisheit bat, sagte der Meister: »Versuch folgendes: Schließ die Augen und stell dir vor, du und
alle Lebewesen werden in einen Abgrund geschleudert. Jedesmal,
wenn du dich an etwas klammerst, um nicht zu fallen, mach dir
klar, daß es gleichfalls fällt . . .«
Der Schüler versuchte es und war nie mehr derselbe.

IX
Der Kuß auf dem Amboß

*»Liebe trägt Lasten
und spürt sie nicht.«*

DER KUSS AUF DEM AMBOSS

Jeremias liebte eine sehr große Frau. Jeden Abend begleitete er sie von der Arbeit nach Hause, und jeden Abend hätte er sie gerne geküßt, war aber zu schüchtern, sie zu fragen.

Eines Abends nahm er seinen Mut zusammen. »Darf ich dich küssen?« Sie war einverstanden.

Aber Jeremias war außergewöhnlich klein, so schauten sie sich nach etwas um, auf das er sich stellen konnte. Sie fanden eine verlassene Schmiede mit einem Amboß, der Jeremias gerade die richtige Größe verschaffte.

Sie setzten ihren Weg fort. Nach ungefähr einer Meile sagte Jeremias: »Könnte ich vielleicht noch einen Kuß haben, Liebling?«

»Nein«, sagte die Frau, »einen habe ich dir schon gegeben, das reicht für heute abend.«

Jeremias sagte: »Warum hast du mich dann diesen verdammten Amboß mitschleppen lassen?«

LIEBE FAST OHNE WORTE

Ein Bauernjunge war so schweigsam, daß seine Freundin nach fünf Jahren überzeugt war, er würde ihr nie einen Antrag machen, wenn sie nicht die Initiative ergreife.

Einmal saßen sie allein im Garten, und sie faßte sich ein Herz: »John, laß uns heiraten. Sollen wir heiraten, John?«

Lange Pause. Schließlich sagte John: »Ja.«

Wieder Pause. Schließlich sagte das Mädchen: »Sag etwas, John. Warum sagst du nichts?«

»Ich fürchte, ich habe schon zuviel gesagt.«

VERRÜCKT AUS LIEBE

Einer Frau, die die Schönheiten der Liebe überschwenglich pries, erzählte der Meister diese Geschichte von Nasrudin:

Nasrudin versuchte seine Frau zu trösten, die im Sterben lag. Die Frau sah ihrem Mann in die Augen und sagte:»Das wird wohl meine letzte Nacht sein. Ich werde die Sonne nicht mehr sehen. Nasrudin, wie wirst du meinen Tod ertragen?«

»Wie werde ich deinen Tod ertragen? Ich werde verrückt werden.«

Ernst, wie ihr Zustand war, konnte sich die Frau dennoch nicht ein Lächeln verkneifen:

»Du schlauer Bursche«, sagte sie, »ich kenne dich. Du wirst nicht einmal einen Monat nach meinem Tod unverheiratet bleiben.«

»Was willst du damit sagen?« erwiderte Nasrudin entrüstet. »Natürlich werde ich verrückt werden, aber so verrückt werde ich nicht sein.«

LULU

Der Besucher einer Irrenanstalt sah, wie einer der Insassen auf einem Stuhl saß, sich ständig hin- und herwiegte und mit sanfter, zufriedener Stimme wiederholte:»Lulu, Lulu, Lulu«.

»Was hat der Mann für ein Problem?« fragte er den Arzt.

»Lulu. Sie war die Frau, die ihn sitzengelassen hat«, antwortete der Doktor.

Als sie die Runde fortsetzten, kamen sie zu einer Gummizelle, deren Bewohner seinen Kopf immer wieder gegen die Wand schlug und stöhnend wiederholte:»Lulu, Lulu, Lulu.«

»Ist Lulu auch das Problem dieses Mannes?« fragte der Besucher.

»Ja«, erwiderte der Arzt, »ihn hat Lulu schließlich geheiratet.«

Es gibt eigentlich nur zwei Heimsuchungen im Leben:
nicht zu bekommen, was man sich wünscht,
und das, was man sich wünscht, zu bekommen.

DIVERSE GEFÜHLE

Ich habe gehört, du hast deine Verlobung mit Tom gelöst. Was ist passiert?«

»Meine Gefühle ihm gegenüber haben sich verändert. Das ist es.«

»Willst du ihm nicht seinen Verlobungsring zurückgeben?«

»Aber nein! Meine Gefühle gegenüber dem Ring haben sich nicht verändert.«

Es gibt nur wenige Beziehungen, in der ein Partner nicht versucht, etwas beim anderen herauszuholen.

Eine junge Frau rief ein Papiergeschäft an. »Erinnern Sie sich an die Vermählungsanzeigen, die ich letzte Woche bestellt habe? Ich wollte Sie fragen, ob man noch einige Änderungen vornehmen kann.«

»Sagen Sie mir, was zu ändern ist, und ich werde sehen, ob es geht«, sagte der Ladenbesitzer.

»O.K. Es ist ein anderes Datum, eine andere Kirche und ein anderer Mann.«

Es ist ganz unmöglich, glücklich verheiratet zu sein, wenn man sich nicht zuerst von sich selbst scheiden läßt.

LIEBE STATT PETROLEUM

Ein Wissenschaftler hatte zehn Jahre lang die Möglichkeit erforscht, Wasser in Petroleum zu verwandeln. Er war überzeugt, daß ihm nur eine Substanz fehlte, um die Umwandlung durchführen zu können, aber so sehr er auch suchte, die Formel fand er nicht.

Eines Tages erfuhr er, daß in den Bergen von Tibet ein allwissender Lama lebte, der ihm die gesuchte Formel offenbaren könnte.

Es gab jedoch drei Vorbedingungen: Er mußte allein reisen, und die Reise war gefährlich; er mußte zu Fuß reisen, und die Reise war beschwerlich; und wenn er je bis zu dem Lama vordrang, durfte er nur eine einzige Frage stellen.

Er benötigte viele entbehrungsreiche und gefährliche Monate, um die ersten beiden Bedingungen zu erfüllen. Und als er schließlich vor den Lama geführt wurde, stelle man sich sein Erschrecken vor, als er keinen verhutzelten alten Mann vor sich sah, den er erwartet hatte, sondern eine attraktive junge Frau, schöner, als er sie sich je hätte vorstellen können.

Sie lächelte ihn liebevoll an und sagte mit einer in seinen Ohren himmlisch klingenden Stimme: »Herzlichen Glückwunsch, Reisender! Ihr habt den Weg zu unserer Bergfeste gefunden. Wie lautet nun Eure Frage?«

Zu seinem eigenen großen Erstaunen hörte sich der Forscher sagen: »Madame, darf ich fragen, ob Sie verheiratet sind?«

DER HOCHZEITSRITT AUF DEM MAULESEL

Ein Farmer beschloß, es sei an der Zeit, zu heiraten, also sattelte er seinen Maulesel und machte sich auf den Weg in die Stadt, um sich dort eine Frau zu suchen. Nach einer gewissen Zeit traf er eine Frau, die er für die richtige hielt, und die beiden heirateten.

Nach der Zeremonie kletterten sie beide auf das Maultier und machten sich auf den Heimweg zur Farm. Nach einer Weile blieb das Tier stehen und weigerte sich, weiterzugehen. Also stieg der Bauer ab und schlug das Tier mit einem großen Stock, bis es sich wieder in Bewegung setzte.

»Das ist das erste Mal«, sagte der Farmer.

Einige Meilen weiter blieb das Tier wieder stehen, und wieder stieg der Bauer ab und schlug das Tier, bis es weiterging. »Das ist das zweite Mal«, sagte er.

Nach einigen Meilen blieb das Tier zum dritten Mal stehen. Nun stieg der Farmer ab, holte seine Frau auch herunter, zog seine Pistole und schoß das Maultier in den Kopf, so daß es auf der Stelle tot war.

»Du bist dumm und grausam«, rief die Frau. »Das war ein gutes kräftiges Tier, das auf dem Hof sehr nützlich gewesen wäre, und nun hast du es in einem Wutanfall getötet. Hätte ich gewußt, was du für ein hartherziger Mann bist, hätte ich dich nie geheiratet . . .«, und so ging's weiter fast zehn Minuten lang.

Der Farmer ließ sie reden, bis sie eine Pause machte, um Luft zu holen. Dann sagte er: »Das ist das erste Mal.«

Die Geschichte geht weiter, daß sie glücklich und zufrieden miteinander lebten.

DIE RETTUNG DER GELIEBTEN

Ein Moslemkönig verliebte sich leidenschaftlich in eine Sklavin und holte sie aus den Sklavenhäusern in den Palast. Er wollte sie heiraten und zu seiner Lieblingsfrau machen, aber am Tag, als sie den Palast betrat, wurde das Mädchen auf geheimnisvolle Weise krank. Es ging ihr immer schlechter. Sie erhielt jede Arznei, die beschafft werden konnte, aber nichts half. Und das arme Mädchen schwebte zwischen Leben und Tod. Verzweifelt bot der König die Hälfte seines Reiches dem an, der sie heilen konnte. Aber niemand traute sich, eine Krankheit heilen zu wollen, die den besten Ärzten des Reiches ein Rätsel war.

Schließlich tauchte ein Hakim auf, der bat, das Mädchen allein sehen zu können. Nachdem er lang mit ihr gesprochen hatte, trat er vor den Thron des Königs, der voller Angst sein Urteil erwartete.

» Eure Majestät«, sagte der Hakim, »ich kenne tatsächlich eine unfehlbare Medizin für das Mädchen. Und ich bin ihrer Wirkung so sicher, daß ich bereit bin, mich bei Mißerfolg enthaupten zu lassen. Die Medizin, die ich vorschlage, wird allerdings äußerst schmerzhaft sein, nicht für das Mädchen, aber für Eure Majestät.«

»Nenne die Medizin«, rief der König, »und die soll sie bekommen, gleichgültig, was sie kostet.«

Der Hakim sah den König mitleidsvoll an und sagte: »Das Mädchen liebt einen Eurer Diener. Gebt ihr die Erlaubnis, ihn zu heiraten, und sie ist sofort gesund.«

LAILAS LIEBESOPFER

Laila und Rama liebten sich, waren aber zu arm, um heiraten zu können. Sie lebten in verschiedenen Dörfern, die durch einen breiten Fluß getrennt waren, in dem es von Krokodilen wimmelte.

Eines Tages hörte Laila, daß ihr Rama gefährlich erkrankt war und niemand hatte, der ihn pflegte. Sie stürzte ans Flußufer und beschwor den Fährmann, sie überzusetzen, obgleich sie nicht bezahlen konnte.

Aber der niederträchtige Bootsmann weigerte sich, wenn sie nicht einwilligte, in dieser Nacht mit ihm zu schlafen. Die arme Frau bat und bettelte, aber ohne Erfolg, so daß sie schließlich aus lauter Verzweiflung auf seine Bedingungen einging.

Als sie endlich bei Rama eintraf, war er dem Tode nahe. Aber sie blieb einen Monat bei ihm und pflegte ihn gesund. Eines Tages fragte Rama, wie sie es fertiggebracht hätte, den Fluß zu überqueren. Da sie ihren Geliebten nicht belügen wollte, sagte sie ihm die Wahrheit.

Als Rama das hörte, bekam er einen Wutanfall, denn für ihn galt Tugend mehr als das Leben selbst. Er jagte sie aus dem Haus und wollte sie nie wiedersehen.

DER FEHLTRITT DES HERRN TUGUT

Gibt es so etwas wie *selbstlose Liebe*?« fragte jemand den Meister. Als Antwort erzählte er diese Geschichte:

Mister Tugut sah mit Bangen, wie die Engel im Himmel sein Sündenregister überprüften. Endlich sah der Protokollengel auf und rief aus: »Das ist ja fabelhaft! Das ist unerhört! In deinem ganzen Leben hast du nicht die geringste Sünde begangen, nicht

251

einmal die kleinste läßliche Sünde während deiner ganzen Lebenszeit! Alles, was du vollbracht hast, waren Werke der Nächstenliebe. Als was sollen wir dich aber nun in den Himmel lassen? Nicht als Engel, denn ein Engel bist du nicht. Nicht als menschliches Wesen, denn du hast keine einzige Schwäche. Wir müssen dich für einen Tag wieder auf die Erde schicken, damit du wenigstens eine Sünde begehen und als menschliches Wesen zu uns zurückkommen kannst.«

So fand sich der arme sündenlose Mr. Tugut bald an einer Straßenecke seiner Heimatstadt wieder, unglücklich und verdattert, doch entschlossen, wenigstens einen kleinen Fehltritt zu tun. Es vergingen eine Stunde, dann zwei, dann drei. Mr. Tugut stand ratlos da und fragte sich, was er tun sollte. Als ihm schließlich eine großgewachsene, kräftige Frau zuwinkte, ging er bereitwillig zu ihr. Die Dame war weit davon entfernt, jung oder hübsch zu sein, doch sie war für ihn die Eintrittskarte in den Himmel. Und so ging er mit ihr fort und verbrachte mit ihr die Nacht. Als der Morgen dämmerte, warf Mr. Tugut einen Blick auf die Uhr. Er mußte sich beeilen. Eine halbe Stunde noch, bis er wieder in den Himmel getragen werden sollte. Als er seine Sachen angelegt hatte und gehen wollte, erstarrte er, denn die alte Dame rief ihm aus dem Bett zu: »Oh, lieber Mr. Tugut, was für ein großes Werk der Nächstenliebe haben Sie heute nacht vollbracht!«

KONSERVIERUNGSMITTEL FÜR DIE LIEBE

Ein frischverheiratetes Paar sagte: »Was sollen wir tun, damit unsere Liebe von Dauer ist?«

Sagte der Meister: »Liebt gemeinsam andere Dinge.«

FRÖSCHE KENNEN KEINEN HONIG

Sag uns etwas über Sex.«»Sex«, sagte der Meister, »ist für diejenigen, die ihn kennen, göttlich.«

»Für die, die ihn kennen?«

Sagte der Meister:

»Der Frosch sitzt nahe bei den Blumen und weiß nichts von
dem Honig, den die Biene findet.«

HEUTE REICHTUM, MORGEN GELD

Ehemann: »Weißt du, Liebling, ich werde hart arbeiten, und
eines Tages werden wir reich werden.«

Ehefrau: »Wir sind schon reich, Liebster, denn wir haben einander. Eines Tages werden wir vielleicht Geld haben.«

DIE HEILIGE UND DER MÄRTYRER

Der Meister liebte das gewöhnliche Volk und mißtraute denen,
die wegen ihrer Heiligkeit auffielen.

Einem Schüler, der seine Meinung über das Heiraten wissen
wollte, sagte er: »Paß auf, daß du keine Heilige heiratest.«

»Warum denn nicht?«

»Weil das der sicherste Weg ist, dich zu einem Märtyrer zu
machen«, lautete des Meisters fröhliche Antwort.

WIE ES UNS GEFÄLLT

Mutter: »Was gefällt deiner Freundin an dir?« »Sie hält mich für gutaussehend, begabt, klug und für einen guten Tänzer.« »Und was gefällt dir an ihr?« »Sie hält mich für gutaussehend, begabt, klug und für einen guten Tänzer.«

LIEBE MIT HANDBREMSE

Warum sprichst du ständig von meinen früher begangenen Fehlern?« sagte der Ehemann. »Ich dachte, du hättest sie vergeben und vergessen.«

»Ich habe tatsächlich vergeben und vergessen«, antwortete die Ehefrau, »aber ich möchte sicher sein, daß du nicht vergißt, daß ich vergeben und vergessen habe.«

Ein Dialog:
Jünger: »Denk nicht an meine Sünden, o Herr!«
Herr: »Sünden? Welche Sünden? Da wirst du meinem Gedächtnis nachhelfen müssen. Ich habe sie schon seit Urzeiten vergessen.«
Liebe führt nicht Buch über Kränkungen.

EIN TREUER FREUND DES ORCHESTERS

Das Konzert in dem Badeort war schlecht und wurde auch in der Lokalzeitung nicht erwähnt. Nach der ersten Aufführung nahm die Zahl der Zuhörer merklich ab. Nur ein kleiner Mann kam jeden Abend und ließ keine Aufführung aus. Doch auch seine Anwesenheit, so sehr sich die Orchestermitglieder darüber freuten, konnte die Show finanziell nicht retten.

Am letzten Abend trat der Manager vor den Vorhang und sagte: »Meine Damen und Herren, bevor wir uns von Ihnen verabschieden, möchten wir unserem Freund hier in der ersten Reihe für seine hochgeschätzte Unterstützung danken. Er hat nicht eine einzige Aufführung ausgelassen!«

Der kleine Mann erhob sich, um seinen Dank zu stottern. »Das ist sehr liebenswürdig von Ihnen«, sagte er, »aber tatsächlich war hier der einzige Ort, wo meine Frau mich nie gesucht hätte!«

WOZU?

Als Robert, ein vierzehnjähriger Junge, sich in seine gleichaltrige Nachbarin verliebte, verkaufte er alles, was er besaß und nahm auch Gelegenheitsjobs an, um genug Geld zu haben, seinem Schwarm die teure Uhr, die sie sich wünschte, kaufen zu können. Seine Eltern waren nicht sehr glücklich darüber, hielten es aber für das beste, nichts zu sagen.

Am Tag, als der Kauf vonstatten gehen sollte, kam Robert von seiner Einkaufsexpedition zurück, ohne sein Geld ausgegeben zu haben. Und er erklärte es so: »Ich ging mit ihr zum Juwelier, und dort sagte sie, sie wolle die Uhr nun doch nicht. Andere Dinge gefielen ihr besser, zum Beispiel ein Armband, eine Kette oder ein goldener Ring.

Während sie so im Laden umherging, um sich zu entscheiden, erinnerte ich mich an das, was uns unser Lehrer einmal gesagt hatte. Ehe wir uns etwas anschaffen, sollten wir uns fragen, wozu wir es wollten. Da wurde mir klar, daß ich sie eigentlich doch nicht wollte, also verließ ich den Laden und ging fort.«

GELD UND LIEBE

Glauben Sie, daß Sie meiner Tochter das geben können, was sie sich wünscht?« fragte ein Mann einen Freier.

»Bestimmt, Sir. Sie sagt, sie wünscht sich nur mich.«

Niemand würde es Liebe nennen, wenn sie sich Geld wünschte. Warum ist es Liebe, wenn sie sich dich wünscht?

Sagte der Meister: »Was du Freundschaft nennst, ist in Wirklichkeit ein Geschäft: Entsprich meinen Erwartungen, gib mir, was ich möchte, und ich werde dich lieben; weise mich ab, und meine Liebe schlägt in Groll und Gleichgültigkeit um.«

Er erzählte von dem Familienvater, der nach einem anstrengenden Arbeitstag zu seiner Frau und seinem niedlichen, drei Jahre alten Töchterchen nach Hause kam.

»Bekommt Daddy einen Kuß?«

»Nein!«

»Schäm dich! Daddy muß den ganzen Tag hart arbeiten, um etwas Geld nach Hause zu bringen, und du behandelst ihn so! Wo ist der Kuß?«

Das niedliche, drei Jahre alte Töchterchen schaute ihm in die Augen: »Und wo ist das Geld?«

Sagte ein Schüler: »Ich gebe meine Liebe nicht für Geld.«

Sagte der Meister: »Ist es nicht ebenso schlecht – oder gar schlimmer –, wenn du Liebe für Liebe verlangst?«

DER MUTIGE BRÄUTIGAM

Ein Paar auf der Hochzeitsreise wollte gerade im Hotel zu Bett gehen, als ein maskierter Räuber einbrach. Er zeichnete mit Kreide einen Kreis auf den Fußboden, winkte dem Ehemann und sagte: »Stellen Sie sich in diesen Kreis! Tun Sie auch nur einen Schritt heraus, schieße ich Sie durch den Kopf.«

Während der Mann kerzengerade dastand, ergriff der Räuber alles, dessen er habhaft werden konnte, warf es in einen Sack und wollte gerade hinausgehen, als sein Blick auf die hübsche Braut fiel, die nur in ein Laken gehüllt war. Er winkte sie heran, drehte das Radio an und zwang sie, mit ihm zu tanzen, drückte sie an sich und küßte sie. Er hätte sie weiter bedrängt, wenn sie sich nicht heftig gewehrt hätte.

Als der Einbrecher schließlich das Zimmer verließ, drehte sich die Frau zu ihrem Mann um und schrie:

»Was bist du für ein Mann, einfach stehen zu bleiben in diesem Kreis, ohne eine Hand zu rühren, während ich beinahe vergewaltigt wurde!«

»Es stimmt nicht, daß ich nichts tat«, protestierte der Mann.

»Was willst du denn getan haben?«

»Ich trotzte ihm. Jedesmal, wenn er mir den Rücken zuwandte, streckte ich meinen Fuß aus dem Kreis.«

EINE WERTVOLLE MITGIFT

Die Familie war um den Eßtisch versammelt. Der älteste Sohn kündigte an, er werde das Mädchen von gegenüber heiraten.

»Aber ihre Familie hat ihr nicht einen Pfennig hinterlassen«, sagte der Vater mißbilligend.

»Und sie selbst hat nicht einen Pfennig gespart«, ergänzte die Mutter.

»Sie versteht nichts vom Fußball«, sagte Junior.

»Ich habe noch nie ein Mädchen mit solch komischer Frisur gesehen«, sagte die Schwester.

»Sie tut nichts als Romane lesen«, sagte der Onkel.

»Und sie zieht sich geschmacklos an«, sagte die Tante.

»Aber sie spart nicht an Puder und Schminke«, sagte die Großmutter.

»Alles richtig«, sagte der Sohn, »aber sie hat verglichen mit uns einen großen Vorteil.«

»Und der wäre?« wollten alle wissen.

»Sie hat keine Familie.«

DAS VIERTE GEBOT IN DER PRAXIS

Einem Mann, der Jahre damit verbrachte, das Gesetz seiner Religion zu studieren, sagte der Meister:

»Der Schlüssel zu einem rechtschaffenen Leben ist Liebe, nicht Religion oder das Gesetz.«

Dann erzählte er die Geschichte von zwei Jungen, die zur Sonntagsschule gingen und schließlich vom Religionsunterricht genug hatten, weshalb einer den Vorschlag machte, einfach wegzulaufen.

»Weglaufen? . . . Unsere Väter werden uns aber einholen und verprügeln.«

»Wir werden *sie* versohlen.«

»Was? Den *Vater* versohlen? Du bist wohl verrückt. Hast du vergessen, daß Gott uns befohlen hat, unseren Vater und unsere Mutter zu ehren?«

»Ja, stimmt! Du versohlst meinen Vater und ich deinen.«

Ein kleiner Junge rannte die Straße entlang und stieß, als er um die Ecke bog, mit einem Mann zusammen. »Du meine Güte«, sagte dieser, »wohin rennst du denn so eilig?«

»Nach Hause«, sagte der Junge, »und ich hab's eilig, weil meine Mutter mich verhauen wird.«

»Möchtest du so gerne verhauen werden, daß du deswegen nach Hause läufst?« fragte der Fremde erstaunt.

»Nein, aber wenn mein Vater vor mir nach Hause kommt, dann haut er!«

Als ein achtjähriges Mädchen das Taschengeld dafür verwandte, ihrer Mutter ein Geschenk zu kaufen, war diese sehr dankbar und glücklich, denn im allgemeinen hat eine Mutter und Hausfrau viel Arbeit und wenig Anerkennung.

Das Mädchen schien das verstanden zu haben, denn sie sagte: »Dafür, daß du so schwer arbeitest, Mutter, und keiner es richtig würdigt.«

Die Frau sagte: »Dein Vater arbeitet auch schwer.«

Sagte das Mädchen: »Ja, aber er macht nicht so viel Aufhebens davon.«

WENN EINEM FRAUEN ZU SCHAFFEN MACHEN

Zwei kleine Jungen unterhielten sich.
Fragte einer den anderen:
»Wie alt bist du?«
»Ich bin fünf. Wie alt bist du?«
»Weiß ich nicht.«
»Du weißt nicht, wie alt du bist?«
»Nee.«
»Machen dir Frauen zu schaffen?«
»Nee.«
»Dann biste vier.«

DER UNGELIEBTE TEDDYBÄR

Ein Ehepaar wußte nicht, was es tun sollte, um mit der Eifersucht ihres dreijährigen Sohnes auf das neue Baby fertig zu werden. In einem Buch über Psychologie des Kindes fanden sie einen Hinweis.

Als der kleine Bursche einmal besonders schlecht gelaunt war, sagte die Mutter: »Nimm den Teddy hier, Schatz, und zeig mir, was du am liebsten mit dem Baby machen möchtest.«

Dem Buch zufolge hätte er den Teddy schlagen und kneifen müssen. Doch der Dreijährige packte den Bären am Bein und ging mit strahlendem Gesicht zum Baby hinüber und schlug ihm damit auf den Kopf.

ALTE LIEBE

Es war der Tag der goldenen Hochzeit. Das Paar war den ganzen Tag über mit den vielen Verwandten und Freunden, die vorbeikamen, um zu gratulieren, auf Trab gehalten worden. So waren beide froh, als sie gegen Abend allein vor dem Haus sitzen und der untergehenden Sonne zusehen konnten, um sich von dem anstrengenden Tag zu erholen.

Der alte Mann blickte seine Frau liebevoll an und sagte: »Agatha, ich bin stolz auf dich!«

»Was hast du gesagt?« fragte die alte Dame. »Du weißt doch, ich höre schlecht. Sprich lauter.«

»Ich sagte, ich bin stolz auf dich.«

»Macht nichts«, erwiderte sie mit einer abfälligen Handbewegung, »ich habe dich auch satt!«

Frau zum Ehemann, der in die Zeitung vertieft ist: »Du brauchst nicht immer weiter, ›ha, ha‹ zu sagen. Ich habe schon vor zehn Minuten aufgehört zu sprechen.«

Der Arzt beugte sich über die leblose Gestalt im Bett. Dann richtete er sich auf und sagte: »Es tut mir leid, aber ich muß Ihnen sagen, Ihr Mann lebt nicht mehr, meine Liebe.«

Von der leblosen Gestalt im Bett kam ein schwacher Protest: »Doch, ich lebe noch.«

»Halt den Mund«, sagte die Frau, »der Arzt weiß das besser als du.«

WIE ZWEI HUNDE

Nach einer heftigen Diskussion mit seiner Frau sagte ein Mann: »Warum können wir nicht friedlich zusammenleben, wie unsere beiden Hunde, die sich nie zanken?«

»Das stimmt«, pflichtete seine Frau bei, »aber binde sie mal zusammen, dann wirst du sehen, was passiert.«

DIE GEBRANNTE KATZE

Sagte der verschmähte Liebhaber : »Ich habe mir einmal die Finger verbrannt. Ich werde mich nie mehr verlieben.«

Sagte der Meister: »Du bist wie die Katze, die sich einmal beim Sitzen auf dem Ofen verbrannt hat und nun überhaupt nicht mehr sitzen will.«

DIE VERTAUSCHTEN SESSEL

Nach dreißig Jahren gemeinsamen Fernsehens sagte ein Mann zu seiner Frau: »Laß uns heute abend etwas wirklich Aufregendes unternehmen!«

Sofort tauchten vor ihrem Auge Visionen von einer Nacht in der Stadt auf. »Phantastisch«, sagte sie, »was wollen wir machen?«

»Wir könnten einmal die Sessel tauschen.«

ONKEL GEORGS VERWANDTE

Ein Ehepaar kehrte von der Beerdigung Onkel Georgs zurück. Er hatte zwanzig Jahre bei ihnen gelebt und war eine solche Nervensäge gewesen, daß er beinahe ihre Ehe ruiniert hätte.

»Ich muß dir etwas sagen, mein Schatz«, sagte der Mann. »Wenn nicht meine Liebe zu dir gewesen wäre, hätte ich mich nicht einen einzigen Tag mit deinem Onkel Georg abgefunden.«

»*Mein* Onkel Georg?« rief sie entsetzt. »Ich dachte, es wäre *dein* Onkel Georg!«

SCHWEIGENDE WORTE

Als ein Mann, dessen Ehe nicht gut ging, seinen Rat suchte, sagte der Meister: »Du mußt lernen, deiner Frau zuzuhören.«

Der Mann nahm sich diesen Rat zu Herzen und kam nach einem Monat zurück und sagte, er habe gelernt, auf jedes Wort, das seine Frau sprach, zu hören.

Sagte der Meister mit einem Lächeln: »Nun geh nach Hause und höre auf jedes Wort, das sie nicht sagt.«

ERFAHRUNGEN EINER LEICHE

Einen Schüler verlangte es von ganzem Herzen, der Welt zu entsagen, aber er behauptete, seine Familie liebe ihn zu sehr, um ihn gehen zu lassen.

»Liebe?« sagte sein Guru. »Das ist durchaus keine Liebe. Hör zu . . .«, und er offenbarte dem Schüler ein Joga-Geheimnis, wie er seinen eigenen Tod simulieren könnte. Am nächsten Tag war der Mann allem äußeren Anschein nach tot, und das Haus hallte wider vom Weinen und Klagen seiner Familie.

Dann tauchte der Guru auf und sagte den trauernden Angehörigen, er habe die Macht, den Mann wieder zum Leben zu erwecken, wenn jemand an seiner Stelle sterben würde. Freiwillige vor!

Zum Erstaunen des »Leichnams« begann jedes Familienmitglied Gründe vorzubringen, warum gerade er am Leben bleiben müßte. Seine Frau faßte die Gefühle aller zusammen und sagte: »Es ist eigentlich wirklich nicht notwendig, daß jemand seinen Platz einnimmt. Wir werden auch ohne ihn fertig werden.«

Beim Begräbnis eines sehr reichen Mannes sah man einen Fremden genau so laut klagen und weinen wie die anderen.

Der Priester, der die Trauerfeier hielt, ging zu ihm und fragte: »Sind Sie vielleicht ein Verwandter des Verstorbenen?«

»Nein.«

»Warum weinen Sie dann?«

»Eben darum.«

LIEBE MICH, DU SCHUFT!

König Friedrich Wilhelm von Preußen war dafür bekannt, ein aufbrausendes Temperament zu haben. Er pflegte unbegleitet in den Straßen Berlins zu promenieren, und wenn ihm irgend jemand mißfiel – was nicht allzu selten vorkam – zögerte er nicht, seinen Spazierstock an dem glücklosen Opfer auszuprobieren.

So verwundert es nicht, daß die Leute sich still davonmachten, wenn sie den König von weitem kommen sahen. Eines Tages kam Friedrich eine Straße heruntergestampft; ein Berliner entdeckte ihn zu spät, um sich noch in einer Toreinfahrt zu verstecken.

»Du da!« sagte Friedrich, »wohin gehst du?«

Der Mann begann zu zittern.

»In dieses Haus hier, Eure Majestät.«

»Ist das dein Haus?«

»Nein, Eure Majestät.«

»Das Haus eines Freundes?«

»Nein, Eure Majestät.«

»Warum gehst du dann hinein?«

Der Mann bekam nun Angst, man könnte ihn für einen Einbrecher halten. Also platzte er mit der Wahrheit heraus: »Um Euer Majestät aus dem Wege zu gehen.«

»Warum wolltest du mir aus dem Wege gehen?«

»Weil ich vor Eurer Majestät Angst habe.«

Bei diesen Worten wurde der König zornig. Er packte den armen Mann bei den Schultern, schüttelte ihn heftig und schrie: »Wie kannst du es wagen, Angst vor mir zu haben! Ich bin dein König. Du sollst mich lieben! Liebe mich, du Schuft! Liebe mich!«

HÖHER ALS DER HIMMEL

Die Gemeinde wunderte sich, daß ihr Rabbi jede Woche am Vorabend des Sabbat verschwand. Sie hatten ihn in Verdacht, sich heimlich mit dem Allmächtigen zu treffen und beauftragten daher einen aus ihrer Mitte, ihm zu folgen.

Und das sah der Mann: Der Rabbi zog sich wie ein Bauer an und versorgte eine gelähmte, nichtjüdische Frau in ihrer Behausung, indem er putzte und ein Festtagsessen für sie vorbereitete.

Als der Spion zurückkam, fragte die Gemeinde: »Wohin ist der Rabbi gegangen? Fuhr er gen Himmel?«

»Nein«, erwiderte der Mann, »er stieg noch höher.«

DER UNSICHERE PRÜFER

Ein Bischof wollte sich vergewissern, wie weit eine Gruppe von Kandidaten geeignet war, getauft zu werden.

»Woran werden andere erkennen, daß ihr Katholiken seid?« fragte er.

Zunächst kam keine Antwort. Offenbar hatte niemand diese Frage erwartet. Der Bischof wiederholte sie. Dann fragte er noch einmal und machte das Kreuzzeichen, um ihnen einen Hinweis auf die richtige Antwort zu geben.

Plötzlich hatte einer der Kandidaten es erfaßt. »Liebe«, sagte er.

Der Bischof war überrascht. Er wollte gerade sagen: »Falsch«, konnte sich aber im letzten Augenblick noch zurückhalten.

MEIN LIEBER BRUDER

Zwei Brüder, der eine verheiratet, der andere nicht, besaßen eine Farm, deren fruchtbarer Boden reichlich Korn hervorbrachte. Die Ernte wurde zwischen den Brüdern geteilt.

Zuerst ging alles gut. Doch auf einmal begann der verheiratete Bruder nachts aufzuschrecken und dachte:»Das ist nicht gerecht. Mein Bruder ist nicht verheiratet, und er bekommt die halbe Ernte. Ich dagegen habe Frau und fünf Kinder, so daß mein Alter gesichert ist. Aber wer wird für meinen armen Bruder sorgen, wenn er alt ist? Er muß viel mehr für die Zukunft sorgen, als er es im Augenblick tut, deshalb ist sein Bedarf bestimmt größer als der meine.«

Bei diesen Gedanken stand er auf, schlich sich hinüber zu der Behausung seines Bruders und schüttete einen Sack Korn in dessen Scheune.

Auch der Junggeselle begann von diesen nächtlichen Anwandlungen überfallen zu werden. Ab und zu fuhr er aus dem Schlaf hoch und sagte sich:»Das ist einfach nicht gerecht. Mein Bruder hat eine Frau und fünf Kinder, und er bekommt die Hälfte der Ernte. Ich aber muß nur mich selbst versorgen. Ist es also richtig, daß mein Bruder, dessen Bedarf bestimmt größer ist als der meine, genau soviel bekommt wie ich?« Also stand er auf und schüttete einen Sack Korn in die Scheune seines Bruders.

Eines Nachts standen sie gleichzeitig auf und trafen sich, jeder mit einem Sack Korn auf dem Rücken.

Viele Jahre nach ihrem Tod wurde die Geschichte bekannt, und als die Bürger einen Tempel errichten wollten, bauten sie ihn dort, wo sich die beiden Brüder getroffen hatten, denn das schien ihnen der heiligste Platz der Stadt zu sein.

FREUNDE IN DER SCHLACHT

Mein Freund ist nicht vom Schlachtfeld zurückgekommen, Sir. Erbitte Erlaubnis, ihn zu suchen und hereinzuholen.«

»Abgelehnt«, sagte der Offizier, »ich möchte nicht, daß Sie Ihr Leben aufs Spiel setzen für einen Mann, der wahrscheinlich tot ist.«

Der Soldat machte sich trotzdem auf die Suche und kam eine Stunde später tödlich verwundet zurück, in den Armen seinen toten Freund.

Der Offizier tobte. »Ich habe Ihnen gesagt, er sei tot. Nun habe ich Sie beide verloren. Was hat es nun gebracht, hinauszugehen, um eine Leiche zurückzubringen?«

Der sterbende Mann antwortete: »Es hat sich gelohnt, Sir. Als ich ihn fand, lebte er noch. Und er sagte zu mir: ›Ich wußte, Jack, daß du kommen würdest‹.«

DER SCHLÜSSEL DES GELIEBTEN

Eine Geschichte von Attar aus Neishapur. Der Verehrer klopfte an die Tür seiner Liebsten.

»Wer klopft?« fragte die Liebste von drinnen.

»Ich bin's«, sagte der Liebhaber.

»Dann geh weg. Dieses Haus hat keinen Platz für dich und mich.« Der abgewiesene Verehrer ging in die Wüste.

Dort meditierte er monatelang über den Worten der Geliebten. Schließlich kehrte er zurück und klopfte wieder an die Tür.

»Wer klopft?«

»Du bist es.«

Und sofort wurde aufgetan.

TAG WIE NACHT

Ein Guru fragte seine Schüler, wie sie das Ende der Nacht vom Beginn des Tages unterscheiden könnten.

Einer sagte: »Wenn man in der Entfernung ein Tier sieht und erkennt, ob es eine Kuh oder ein Pferd ist.«

»Nein«, sagte der Guru.

»Wenn man in der Entfernung einen Baum sieht und erkennt, ob es ein Paternosterbaum oder ein Mango ist.«

»Wieder falsch«, sagte der Guru.

»Also, wie dann?« fragten die Schüler.

»Wenn man in das Gesicht eines Mannes blickt und darin seinen Bruder erkennt; wenn man in das Gesicht einer Frau blickt und in ihr seine Schwester erkennt. Wer dazu nicht fähig ist, für den ist – wo immer die Sonne auch stehen mag – Nacht.«

WANN KEHRT DIE LIEBE EIN?

Sieben närrische Männer waren zu einem Fest in ein Nachbardorf eingeladen. Sie waren mehr als leicht angeheitert, als sie nachts nach Hause torkelten. Da begann es zu regnen.

Also ließen sie sich unter einem großen Feigenbaum nieder, um dort die Nacht zu verbringen.

Als sie am folgenden Morgen erwachten, hoben sie ein großes Wehklagen an.

»Was ist passiert?« fragte ein Vorübergehender.

»Letzte Nacht kauerten wir uns unter diesen Baum und schliefen ein«, sagte einer der närrischen Männer. »Beim Aufwachen, heute morgen, stellten wir fest, daß unsere Glieder ineinander verschlungen sind, und wir können die Eigentümer nicht mehr unterscheiden.«

»Dem ist leicht abzuhelfen«, sagte der Reisende, »gebt mir eine Nadel.« Er stach die Nadel kräftig in das erstbeste Bein.

»Autsch«, schrie einer der Männer. »Na also«, sagte der Reisende zu dem Mann, »dieses Bein gehört Ihnen.«

Dann piekste er einen Arm, »Autsch«, schrie ein anderer und identifizierte sich somit als Besitzer des Armes.

Und so ging es weiter, bis die Glieder entwirrt waren und die närrischen Männer vergnügt in ihr Dort zurückkehrten, wobei sie noch nicht einmal durch Schaden klüger geworden waren.

Wenn dein Herz instinktiv auf anderer Menschen Freuden und Leiden antwortet, weißt du, daß du dein Selbst verloren und dein Eins-Sein mit dem Menschengeschlecht erfahren hast. Dann endlich ist Liebe eingekehrt.

X

Trompeters Klartext

»Wenn du über die Wirklichkeit sprichst,
bist du versucht, das Nichtsagbare in Worte zu fassen,
die mit Sicherheit mißverstanden werden.«

TROMPETERS KLARTEXT

Ein Dirigent probte mit seinem Orchester und sagte zu dem Trompeter: »Ich glaube, an diese Stelle sollten Sie mit etwas mehr Wagnerscher Verve herangehen, wenn Sie wissen, was ich meine, ein bißchen nachdrücklicher, betonter, etwas mehr Volumen, mehr Tiefe, mehr ...«

Der Trompeter unterbrach: »Soll ich lauter spielen, Sir?«

PHILOSOPH DER LIEBE

Ein Mann saß an seiner philosophischen Doktorarbeit. Wie ernst er seine Studien nahm, wurde seiner Frau erst klar, als sie ihn eines Tages fragte: »Warum liebst du mich so sehr?«

Wie aus der Pistole geschossen, erwiderte er: »Wenn du sagst, ›so sehr‹, beziehst du dich dann auf die Intensität, Tiefe, Häufigkeit, Qualität oder Dauer?«

Die Schönheit einer Rose ist nicht zu vermitteln, indem man ihre Blütenblätter präpariert.

MUSIKER UND MYSTIKER

Einmal stellte der Meister eine Rätselfrage: »Was haben Künstler und Musiker mit dem Mystiker gemeinsam?«

Niemand wußte eine Antwort: »Die Einsicht, daß die feinste Sprache nicht von der Zunge kommt«, sagte der Meister.

BESCHREIB DEN DUFT DER ROSE!

Die Schüler waren in eine Diskussion vertieft über den Ausspruch Lao-Tses:

»Der Wissende redet nicht, der Redende weiß nicht.«

Als der Meister dazukam, fragten sie ihn, was die Worte genau bedeuteten.

Sagte der Meister: »Wer von euch kennt den Duft einer Rose?«

Alle kannten ihn. Dann sagte er: »Kleidet ihn in Worte.«

Alle schwiegen.

WORTE UND WIRKLICHKEIT
ODER MIT DEM HAMMER AUF DEN KOPF

Von Mark Twain stammt der schöne Satz: »Es war sehr kalt, und wäre das Thermometer noch ein paar Zentimeter länger gewesen, wären wir erfroren.« – Wir erfrieren an Wörtern. Nicht die Kälte draußen spielt eine Rolle, sondern das Thermometer. Nicht die Realität fällt ins Gewicht, sondern was man sich über sie sagt.

Ich hörte einmal eine schöne Geschichte von einem Bauern in Finnland: Als die russisch-finnische Grenze neu festgelegt wurde, erfuhr ein Bauer, daß die Grenze jetzt mitten durch sein Grundstück verlief. Er habe daher die Wahl, seinen Hof entweder nach Rußland oder nach Finnland zu verlegen. Der Bauer versprach, ernsthaft darüber nachzudenken; nach einigen Wochen erklärte er, er wolle in Finnland leben. Eine Schar erboster Russen fiel über ihn her, um ihm die Vorteile der Zugehörigkeit zu Rußland zu erklären.

Der Mann hörte geduldig zu und sagte schließlich:

»Ich stimme mit allem, was Sie sagen, völlig überein. Tatsächlich war es schon immer mein Wunsch, bei Mütterchen Rußland zu leben. Aber in meinem Alter bin ich einfach nicht mehr in der Lage, auch nur einen dieser russischen Winter durchzustehen.«

»Wenn du über die Wirklichkeit sprichst«, sagte der Meister, »bist du versucht, das Nichtsagbare in Worte zu fassen, die mit Sicherheit mißverstanden werden. Daher werden Leute, die diesen Ausdruck dre Wirklichkeit, welche ›die Schriften‹ genannt werden, lesen, töricht und grausam, wenn sie nicht mehr ihrem gesunden Menschenverstand folgen, sondern sich an das halten, was ihnen ihre Schriften vermeintlich sagen.«

Der Meister hatte ein perfektes Beispiel bei der Hand, mit dem er dies verdeutlichen konnte.

»Ein Dorfschmied fand einen Lehrling, der bereit war, hart zu arbeiten bei geringer Bezahlung. Ohne lange Umschweife ging der Schmied mit dem jungen Burschen an die Arbeit und erklärte ihm: ›Wenn ich das Eisen aus dem Feuer nehme, werde ich es auf den Amboß legen, und sobald ich mit dem Kopf nicke, schlägst du mit dem Hammer drauf.‹

Der Lehrling tat genau, was *er meinte,* daß ihm gesagt worden sei. Und am nächsten Tag war er der Dorfschmied.«

Als der Meister einmal, einer Gruppe von Leuten zu erklären versuchte, wie die Menschen auf Worte reagieren, sich von Worten ernähren, von ihnen leben, mehr als von der Wirklichkeit, rief jemand laut protestierend dazwischen:

»Sie erzählen Unsinn! Wenn ich Gott, Gott, Gott sage, wird mich das dann göttlich machen? Und wenn ich Sünde, Sünde, Sünde sage, wird es mich böse machen?«

»Setz dich hin, du Hundesohn«, sagte der Meister.

Der Mann wurde kreidebleich vor Zorn und brachte eine Weile kein Wort heraus. Doch bald überschüttete er den Meister mit wüsten Beschimpfungen:

»Du nennst dich selbst einen Erleuchteten, nennst dich Guru, Meister, aber du solltest dich schämen!«

Mit zerknirschtem Gesicht sagte der Meister: »Entschuldigen Sie, mein Herr, ich ließ mich hinreißen. Ich bedauere meine unverzeihliche Entgleisung aufrichtig.«

Der Mann beruhigte sich sofort.

Der Meister sagte: »Sehen Sie, da haben Sie Ihre Antwort: Alles, was es brauchte, waren ein paar Worte, um Sie zu einem Wutanfall zu bringen, und ein paar andere Worte genügten, um Sie zu beruhigen, war es nicht so?«

Eine Religionsgemeinschaft hielt ihre Veranstaltungen in einem Hotel ab, dessen Devise in großen Lettern an den Wänden der Empfangshalle stand: »Es gibt keine Probleme, nur Chancen.«

Ein Mann trat an die Rezeption und sagte: »Entschuldigung, ich habe ein Problem.«

Der Empfangschef erwiderte lächelnd: »Wir kennen keine Probleme, Sir, nur Chancen.«

»Nennen Sie es, wie Sie wollen«, sagte der Mann ungeduldig, »in dem mir zugewiesenen Zimmer ist eine Frau.«

FEUER IN DER JAUCHEGRUBE

Ein Betrunkener, der nachts unterwegs war, fiel in eine Jauche-grube. Als er immer tiefer in die flüssige Masse sank, begann er »Feuer« zu schreien.

Mehrere Passanten hörten ihn und stürzten herbei, um ihm zu helfen. Als sie ihn herausgezogen hatten, fragten sie ihn, warum er »Feuer« geschrien habe, obwohl doch nichts gebrannt hatte.

Er gab ihnen die Antwort: »Wäre einer von Ihnen zu Hilfe gekommen, wenn ich ›Scheiße‹ geschrien hätte?«

WAHRHEIT IN PROZENTEN

Nasrudin wurde verhaftet und unter der Beschuldigung vor Gericht gestellt, er hätte in seinem Restaurant Pferdefleisch unter die panierten Hühnerschnitzel gemengt.

Ehe der Richter sein Urteil sprach, wollte er wissen, in welchem Verhältnis er Pferde- mit Hühnerfleisch vermischt habe. Unter Eid bekannte Nasrudin: »50:50, Euer Ehren.«

Nach der Verhandlung fragte ihn ein Freund,was genau 50:50 bedeute.

Sagte Nasrudin: »Ein Pferd auf ein Huhn.«

Eine Gruppe von hundert Holzfällern arbeitete sechs Monate im Wald. Zwei Frauen kochten für sie und besorgten die Wäsche.

Am Ende dieser Zeit heirateten zwei der Männer die beiden Frauen.

Die Lokalzeitung meldete: »Zwei Prozent der Männer haben hundert Prozent der Frauen geheiratet.«

SCHWARZ ODER WEISS

Ein Schäfer weidete seine Schafe, als ihn ein Spaziergänger ansprach. »Sie haben aber eine schöne Schafherde. Darf ich Sie etwas in bezug auf die Schafe fragen?«

»Natürlich«, sagte der Schäfer.

Sagte der Mann: »Wie weit laufen Ihre Schafe am Tag?«

»Welche, die weißen oder die schwarzen?«

»Die weißen.«

»Die weißen laufen ungefähr vier Meilen täglich.«

»Und die schwarzen?«

»Die schwarzen genausoviel.«

»Und wieviel Gras fressen sie täglich?«

»Welche, die weißen oder die schwarzen?«

»Die weißen.«

»Die weißen fressen ungefähr vier Pfund Gras täglich.«

»Und die schwarzen?«

»Die schwarzen auch.«

»Und wieviel Wolle geben sie ungefähr jedes Jahr?«

»Welche, die weißen oder die schwarzen?«

»Die weißen.«

»Nun ja, ich würde sagen, die weißen geben jedes Jahr ungefähr sechs Pfund Wolle zur Schurzeit.«

»Und die schwarzen?«

»Die schwarzen genausoviel.«

Der Spaziergänger war erstaunt. »Darf ich Sie fragen, warum Sie die eigenartige Gewohnheit haben, Ihre Schafe bei jeder Frage in schwarze und weiße aufzuteilen?«

»Das ist doch ganz natürlich«, erwiderte der Schäfer, »die weißen gehören mir, müssen Sie wissen.«

»Ach so! Und die schwarzen?«

»Die schwarzen auch«, sagte der Schäfer.

Der menschliche Verstand schafft törichte Kategorien, wo Liebe nur eine sieht.

MESSE FÜR EINEN HUND

Schubladen und Etiketten sind sehr wichtig für uns. »Ich bin Sozialdemokrat«, sagen wir. Doch sind Sie es wirklich? Sie wollen doch nicht sagen, daß Sie, wenn Sie die Partei wechseln, ein neues »Ich« besitzen. Ist es nicht dasselbe »Ich« mit neuen politischen Überzeugungen?

Wir verschwenden viel Zeit in unserem Leben mit Schubladen, in denen wir selbst oder in denen andere stecken. Wir identifizieren das »Ich« mit der Schublade, mit dem Etikett. Auch Katholik und Protestant sind beliebte Schubladen oder Etiketten.

Es war einmal ein Mann, der zu einem Priester ging und bat: »Herr Pfarrer, ich möchte, daß Sie eine Messe für meinen Hund lesen.«

Der Priester war empört: »Was soll das heißen, eine Messe für Ihren Hund lesen?«

»Es war mein Schoßhund«, sagte der Mann. »Ich habe diesen Hund geliebt und möchte, daß Sie für ihn eine Messe lesen.«

Der Priester wehrte ab: »Wir feiern keine Messen für Hunde. Versuchen Sie es doch bei der Konfession um die Ecke. Fragen Sie dort, ob Sie eine Messe haben können.«

Schon in der Tür, drehte sich der Mann noch einmal um und sagte: »Zu schade, ich habe diesen Hund wirklich geliebt. Ich wollte für die Messe eine Spende von einer Million Dollar machen.«

Darauf der Priester prompt: »Warten Sie doch! Warum haben Sie mir nicht gleich gesagt, daß der Hund katholisch war?«

VILLKOMMEN!

Was Prediger und Priester anging, schärfte der Meister den Leuten ein, auf Kompetenz zu achten und nicht auf Ansprüche.

Zwei Touristen, erzählte er, waren im Anflug auf Honolulu und diskutierten darüber, wie »Hawaii« richtig auszusprechen sei. Der eine sagte, man müsse es mehr mit einem *w* aussprechen, der andere mehr mit einem *v* wie Havaii.

Gleich nachdem sie gelandet waren, wandten sie sich an einen Einheimischen. »Aloha! Wie sprechen hier die Leute den Namen der Insel aus: Hawaii oder Havaii?«

»Havaii«, sagte der Einheimische.

»Vielen Dank für Ihre Auskunft!«

»Vunderbar, villkommen auf unserer Insel, ihr beide«, sagte der Einheimische.

DAS GESCHREI DER GERECHTEN

Nachdem ein Schüler bei einer Versammlung eine zündende politische Rede gehalten hatte, fragte er den Meister, was er von seinen Ausführungen halte. Erwiderte der Meister: »Wenn das, was du sagtest, wahr ist, warum mußtest du so schreien?«

Etwas später sagte er zu allen Schülern:

»Die Wahrheit hat mehr unter der Hitze ihrer Verteidiger zu leiden als unter allen Angriffen ihrer Gegner.«

ANGST VOR LEEREN BLÄTTERN

Als ein Diktator an die Macht kam, wurde der Meister beim Verteilen von Flugblättern, was gegen die Zensurbestimmungen verstieß, auf der Straße festgenommen.

Die Polizei untersuchte seinen Rucksack, fand darin jedoch statt Propagandamaterial nur blanke Papierbogen.

»Was hat das zu bedeuten?« wollte der Polizist wissen.

Der Meister lächelte und erwiderte: »Die Leute wissen, was das zu bedeuten hat.«

Die Geschichte sprach sich im ganzen Land herum, so daß es die Priester keineswegs amüsierte, als einige Jahre später der Meister dabei entdeckt wurde, wie er blanke Papierbogen im Tempelbezirk verteilte.

FINGERLUTSCHER

Eine religiöse Überzeugung«, sagte der Meister, »ist keine Aussage über die Wirklichkeit, sondern nur ein Hinweis, ein Fingerzeig auf etwas, das ein Geheimnis darstellt und jenseits des dem menschlichen Verstand Zugänglichen liegt. Kurz gesagt, eine religiöse Überzeugung ist nur ein Finger, der auf den Mond zeigt.

Manche Leute kommen über das Studium des Fingers nicht hinaus. Andere sind damit beschäftigt, an ihm zu lutschen. Wieder andere gebrauchen den Finger, um sich die Augen zuzudrücken. Das sind die frommen Eiferer, die die Religion blind gemacht hat.

Tatsächlich sind diejenigen selten, die den Finger weit genug von sich halten, um zu sehen, worauf er hinweist – es sind jene, die der Blasphemie bezichtigt werden, weil sie über Glaubensüberzeugungen hinausgegangen sind.«

KURZE REDE LANGER SINN

Argwöhnisch, wie der Meister war, wenn es um Wissen und Lernen göttlicher Dinge ging, versäumte er doch nie eine Gelegenheit, Künste und Naturwissenschaften und jede andere Form des Lernens zu unterstützen. Es war also nicht überraschend, daß er bereitwillig eine Einladung annahm, bei der Universitätseröffnung eine Rede zu halten.

Er traf eine Stunde vor Beginn ein, um sich auf dem Campus umzusehen, und staunte über die Studieneinrichtungen und -möglichkeiten, die zu seiner Zeit noch nicht vorhanden waren.

Bezeichnenderweise dauerte seine Eröffnungsansprache weniger als eine Minute. Er sagte:

»Laboratorien und Bibliotheken, Hallen, Portale und Bögen, wie auch gelehrte Vorlesungen werden zu nichts führen, wenn das weise Herz und das sehende Auge fehlen.«

EI, DU DICKES BUCH

Der Meister richtete bei einer entsprechenden Gelegenheit eine Grußadresse an die Gesellschaft »Die Religionsgefahr« und wies dabei unter anderem darauf hin, daß religiöse Menschen Gott allzuleicht zur Bemäntelung ihrer eigenen Beschränktheit und Selbstsucht benutzen.

Es war der Anlaß zu einer scharfen Entgegnung in Form eines umfangreichen Buches, in dem über hundert führende Persönlichkeiten der Religionsgemeinschaften in eingehenden Beiträgen die Aussage des Meisters zurückwiesen.

Als der Meister den dicken Band sah, lächelte er: »Wenn das, was ich sagte, falsch ist, wäre doch ein Artikel genug gewesen.«

ABSAGE CHINESISCH

Ablehnungsschreiben eines chinesischen Verlages, der dem Autor ein Manuskript zurückschickt:
»Wir haben Ihr Manuskript mit besonderem Genuß gelesen. Wir fürchten jedoch, sollten wir Ihre hervorragende Arbeit veröffentlichen, daß wir in Zukunft nicht mehr die Möglichkeit hätten, eine andere Arbeit, die nicht diesen von Ihnen gesetzten Standard erreicht, herausbringen zu können. Und wir können uns nicht vorstellen, wie in den nächsten hundert Jahren ein anderes Werk dem Ihren gleichkommen könnte. So sind wir zu unserem tiefsten Bedauern gezwungen, Ihr außerordentliches Essay zurückzuschicken. Zugleich bitten wir Sie tausendmal um Entschuldigung für unsere Kurzsichtigkeit und Ängstlichkeit.«

PRÄSIDENT ALS DUMMKOPF

Um einem Beamten einen Gefallen zu tun, unterschrieb Abraham Lincoln einmal einen Befehl, durch den einige Regimenter versetzt wurden. Der Kriegsminister Stanton war überzeugt, daß der Präsident einen schwerwiegenden Fehler gemacht hatte, und weigerte sich, den Befehl auszuführen. Sicherheitshalber fügte er noch hinzu: »Lincoln ist ein Dummkopf.«

Als Lincoln das erfuhr, sagte er: »Wenn Stanton sagt, ich sei ein Dummkopf, dann muß ich wohl einer sein, denn er hat fast immer recht. Am besten gehe ich mal hin und überzeuge mich selbst.«

Und genau das tat er. Stanton überzeugte ihn, daß der Befehl falsch war, und Lincoln widerrief ihn. Es war bekannt, daß Lincolns Größe u. a. darin bestand, wie er Kritik aufnahm.

283

ABIJAH – GELEHRTER UND PFERDEDIEB

Als es an der Zeit war, ihrem Erstgeborenen einen Namen zu geben, begann ein Ehepaar zu streiten. Die Frau wollte ihn nach ihrem Vater nennen, der Mann bestand darauf, daß der Sohn den Namen seines Vaters trägt. Schließlich wandten sich beide an den Rabbi, der ihren Streit schlichten sollte.

»Wie hieß dein Vater?« fragte der Rabbi den Mann.

»Abijah.«

»Und deiner?« fragte er die Frau.

»Abijah.«

»Wo liegt dann das Problem?« fragte der Rabbi verwirrt.

»Das ist so, Rabbi«, sagte die Frau. »Mein Vater war ein Gelehrter, und seiner ein Pferdedieb. Wie kann ich da zulassen, daß mein Sohn nach einem Schurken benannt wird?«

Der Rabbi dachte ernsthaft darüber nach, denn das Problem war in der Tat heikel. Er wollte nicht, daß die eine Partei das Gefühl hatte, gewonnen, oder die andere, verloren zu haben. Also sagte er schließlich:

»Ich schlage folgendes vor: Nennt den Jungen Abijah. Dann wartet ab und seht, ob er ein Gelehrter oder ein Pferdedieb wird. Dann wißt ihr, nach wem ihr ihn benannt habt.«

MOTTO IM MÜLLEIMER

Ein Bettler zupfte einen Passanten am Ärmel und bat um Geld, weil er sich eine Tasse Kaffee kaufen wollte. Und das war seine Geschichte: »Es gab eine Zeit, Sir, da war ich ein reicher Kaufmann, genau wie Ihr. Den ganzen Tag arbeitete ich hart. Auf meinem Schreibtisch stand der Leitspruch: *kreativ denken, entschlossen handeln, gefährlich leben.* Nach diesem Motto lebte ich – und das Geld strömte nur so herein. Und dann … und dann…(der Bettler zitterte vor Schluchzen) …warf die Putzfrau mein Motto in den Mülleimer.«

DAS ERKENNUNGSZEICHEN

Ein Fallschirmspringer sprang aus einem Flugzeug. Es war windig, und ein mächtiger Sturm trieb ihn hundert Meilen von seiner Bahn ab. Sein Schirm verfing sich in einem Baum, und dort hing er nun stundenlang in der Luft und rief um Hilfe.

Schließlich kam jemand vorbei. »Wie sind Sie auf diesen Baum gekommen?« fragte er.

Der Fallschirmspringer sagte es ihm, und fragte dann: »Wo bin ich?«

»Auf einem Baum«, lautete die Antwort.

»He! Sie müssen ein Geistlicher sein!«

Der Fremde war verblüfft. »Ja, das bin ich. Wie kommen Sie darauf?«

»Weil das, was Sie sagten, durchaus richtig ist, und dennoch völlig überflüssig.«

MANN ODER MAUS

Ein stattlicher Mann schickte sich an, das Lokal gegen zehn Uhr zu verlassen. »Warum so früh?« fragte der Wirt.

»Wegen meiner Frau.«

»Du hast also Angst vor deiner Frau? Bist du ein Mann oder eine Maus?«

»Eines bin ich mir sicher: Ich bin keine Maus, denn meine Frau hat Angst vor Mäusen.«

FALLSCHIRMSPRINGERS ALPTRAUM

Womit bestreiten Sie Ihren Lebensunterhalt?« fragte eine Dame einen jungen Mann auf einer Cocktailparty.

»Ich bin Fallschirmspringer.«

»Das muß doch schrecklich sein«, sagte die Lady.

»Nun ja, es gibt schon brenzlige Situationen.«

»Erzählen Sie mir Ihre schrecklichste Erfahrung.«

»Das war damals«, sagte der Fallschirmspringer, »als ich auf einem Rasen landete und ein Schild sah: Rasen betreten verboten.«

DIE BESCHLUSSHANSELN

Der Präsident des größten Bankenkonsortiums der Welt lag im Krankenhaus. Einer der Vizepräsidenten besuchte ihn und sagte: »Ich bringe Ihnen die guten Wünsche des Aufsichtsrates für Ihre Genesung, auf daß Sie hundert Jahre alt werden mögen. Das ist ein offizieller Beschluß, der mit einer Mehrheit von fünfzehn zu sechs Stimmen bei zwei Enthaltungen angenommen wurde.«

NATÜRLICH GEH'N SIE NACH KALKUTTA!

Zwei Handelsvertreter trafen sich auf einem Bahnsteig.
»Hallo.«

»Hallo.«

Schweigen.

»Wohin fahren Sie?«

»Kalkutta.«

Schweigen.

»Hören Sie! Wenn Sie sagen, Sie fahren nach Kalkutta, wissen Sie genau, daß ich denke, in Wirklichkeit fahren Sie nach Bombay. Aber nun weiß ich zufällig, daß Sie tatsächlich nach Kalkutta fahren. Warum sagen Sie also nicht die Wahrheit?«

LIEBEN SUPPIE?

Auf dem Abschlußessen einer internationalen Konferenz wandte sich der amerikanische Delegierte zu dem neben ihm sitzenden chinesischen Abgeordneten, zeigte auf die Suppe und fragte etwas herablassend:

»Lieben Suppie?«

Der Chinese nickte eifrig.

Später hieß es dann: »Lieben Fischie, und lieben Fleischie?« – und immer war die Antwort ein freundliches Nicken.

Am Ende des Essens stellte der Vorsitzende der Konferenz den Gastredner des Abends vor – keinen anderen als den Chinesen, der eine geistreiche, humorvolle Rede in untadeligem Englisch hielt zum großen Erstaunen seines amerikanischen Nachbarn.

Als der Vortrag beendet war, wandte sich der Redner seinem Nachbarn zu und fragte, amüsiert lächelnd: »Lieben Redie?«

MANN VERBLÜFFT FRAU

Als Frau Webster ihren Mann dabei ertappte, wie er das Dienstmädchen küßte, sagte sie ihm, sie sei sehr überrascht. Aber Herr Webster war ein bißchen pingelig, was den korrekten Gebrauch der Sprache betraf (verständlicherweise, schrieb er doch gerade an seinem berühmten Wörterbuch), und so erklärte er ihr: »Nein, meine Liebe, ich bin überrascht. Du bist verblüfft!«

DIE PROTEKTIONSKOMPETENZ

Der Kalif ernannte Nasrudin zum höchsten Ratgeber an seinem Hof, weil er positive Berichte über ihn gehört hatte. Nasrudins Autorität beruhte also nicht auf Kompetenz, sondern auf der Protektion durch den Kalifen, wodurch er für alle Ratsuchenden eine Gefährdung darstellte, wie der folgende Fall zeigte:

»Nasrudin, Ihr seid ein Mann von Erfahrung«, sagte ein Höfling. »Wißt Ihr, wie man schmerzende Augen heilt? Meine tun mir sehr weh.«

»Ich will Euch von meiner eigenen Erfahrung sprechen«, sagte Nasrudin. »Ich hatte einmal Zahnschmerzen, und es wurde nicht besser, bis der Zahn gezogen war.«

DIE VERWANDLUNG DES TAUSENDFÜSSLERS

Der Meister erzählte dem Prediger eine Parabel: Ein Tausendfüßler ging zu einer alten, weisen Eule und klagte über Gicht. Jedes einzelne seiner vielen Beine tat ihm weh.

Was läßt sich dagegen tun?

Nachdem die Eule gründlich nachgedacht hatte, gab sie dem Tausendfüßler den Rat, ein Eichhörnchen zu werden. Mit nur vier Beinen wären neunhundertsechsundneunzig Promille seiner Schmerzen beseitigt.

Sagte der Tausendfüßler: »Eine glänzende Idee! Jetzt sag mir noch, wie ich ein Eichhörnchen werden kann.«

»Plag mich nicht damit«, erwiderte die Eule. »Ich zeige nur den Ausweg.«

DAS URTEIL DER SCHWIEGERMUTTER

Der Meister schimpfte mit einem Schüler, der sich wegen einer zwanghaften Neigung, die Wahrheit zu sagen, ständig in Schwierigkeiten brachte.

»Müssen wir denn nicht immer die Wahrheit sagen?« protestierte der Mann.

»Aber nein, es ist manchmal besser, die Wahrheit zurückzuhalten.«

Als er aufgefordert wurde, dafür ein Beispiel zu nennen, erzählte der Meister von einer Schwiegermutter, die zu einem einwöchigen Besuch gekommen war und einen ganzen Monat blieb.

Das junge Paar faßte schließlich einen Plan, den Besuch loszuwerden. »Ich mache heute zum Abendessen eine Suppe«, sagte die junge Frau zu ihrem Mann, »und wir fangen an zu streiten. Du sagst, die Suppe ist zu sehr gesalzen, und ich sage, sie ist zu wenig gesalzen. Wenn meine Mutter auf deiner Seite ist, bin ich beleidigt und sage ihr, sie könne heimfahren. Wenn sie jedoch mir zustimmt, wirst du wütend und sagst, sie könne sofort gehen.«

Die Suppe wurde aufgetragen. Es gab einen bösen Streit, bis schließlich die Frau sagte: »Wie findest du's, Mutter. Ist die Suppe zu sehr gesalzen oder nicht?«

Die alte Dame tauchte ihren Löffel in die Suppe, führte ihn an die Lippen, kostete sorgfältig, überlegte einen Augenblick und sagte:

»Genau richtig!«

ÜBERDRUCK DER SEELE

Ein Mann, der sich als religiöser Schriftsteller betätigte, bat um ein Wort der Weisheit. Sagte der Meister:

»Manche Leute schreiben, um damit ihren Lebensunterhalt zu verdienen; andere, um die Leser an ihren Einsichten und Fragestellungen teilnehmen zu lassen und sie damit zu plagen. Wieder andere schreiben, um sich über ihr Innerstes Klarheit zu verschaffen.

Keiner von ihnen wird überdauern. Dieser Vorzug gebührt denjenigen, die nur deshalb schreiben, weil sie sonst bersten würden.«

Und als nachträglichen Gedanken fügte er an:

»Diese Schriftsteller verleihen dem Göttlichen Ausdruck – ganz egal, *worüber* sie schreiben.«

DER FLUCH DER BELESENHEIT

Der junge Schüler war ein solches Wunderkind, daß Gelehrte von überall her seinen Rat suchten und sein Wissen bestaunten.

Als der Gouverneur einen Ratgeber suchte, kam er zu dem Meister und sagte: »Sagt mir, stimmt es, daß der junge Mann soviel weiß, wie allgemein behauptet wird?«

»Ehrlich gesagt«, erwiderte der Meister trocken, »der Bursche liest so viel, daß ich mir nicht vorstellen kann, woher er die Zeit nimmt, irgend etwas zu wissen.«

FROSCHPERSPEKTIVEN

Ein Frosch hatte sein Leben lang in einem Brunnen gewohnt. Eines Tages sah er zu seinem Erstaunen einen anderen Frosch.

»Woher kommst du?« fragte er.

»Aus dem Meer, dort lebe ich«, sagte der andere.

»Wie ist das Meer? Ist es so groß wie mein Brunnen?«

Der Meeresfrosch lachte: »Das ist nicht zu vergleichen«, sagte er.

Der Brunnenfrosch tat so, als sei er daran interessiert, was sein Besucher über das Meer zu berichten habe. Aber er dachte: »Unter all den Lügnern, die ich in meinem Leben kennengelernt habe, ist dieser hier zweifellos der größte und unverschämteste.«

Wie soll man einem Frosch im Brunnen vom Ozean erzählen oder einem Ideologen von der Wirklichkeit?

DIE RUCHLOSESTEN MÖRDER

Der Meister reagierte auf Ideologien allergisch. »In einem Krieg der Ideen«, sagte er, »ist das Volk das Opfer.«
Später legte er genauer dar: »Das Volk tötet für Geld oder für Macht. Doch die ruchlosesten Mörder sind diejenigen, die für ihre Ideen töten.«

TEELÖFFELMETHODE

Menschliche Probleme widerstehen hartnäckig ideologischen Lösungen, stellte der Fachmann für effektivere Arbeitsvorgänge aus eigener Erfahrung fest, als er dem Meister vorführte, wie man heute einen Graben nach modernen Methoden aushebt. »Diese Maschine«, sagte er, »hat Scharen von Männern die Arbeit weggenommen. Man sollte sie eigentlich zerstören und dafür hundert Männer mit Hacke und Schaufel in diesen Graben stellen.«
»Richtig«, sagte der Meister, »oder noch besser tausend Männer mit Teelöffeln.«

DER UNFEHLBARE

Du hörst zu«, sagte der Meister, »nicht um zu entdecken, sondern um auf etwas zu stoßen, was dein eigenes Denken bestätigt. Du argumentierst, nicht um die Wahrheit zu finden, sondern um deine Ansichten zu verteidigen.«

Dann erzählte er die Geschichte von einem König, der einmal durch eine kleine Stadt zog und überall Anzeichen einer verblüffenden Schießkunst feststellte. Bäume, Zäune und Wände waren mit Kreiseln bemalt und hatten genau in der Mitte ein Einschußloch. Er fragte, wo dieser Meisterschütze sei, der sich bald als ein zehnjähriger Junge entpuppte.

»Das ist doch unglaublich!« sagte der König erstaunt. »Wie um alles in der Welt bringst du das fertig?«

»Kinderleicht«, war die Antwort. »Ich schieße zuerst und male dann die Kreise.«

»Ebenso ziehst du zuerst deine Folgerungen und baust dann deine Prämissen um sie herum auf«, sagte der Meister. »Ist es nicht derselbe Weg, den du einschlägst, um an deiner Religion und deinen Theorien festzuhalten?«

TRAUER UM DEN STÖRENFRIED

Es war einmal ein Rabbi, der vom Volk als Gottesmann verehrt wurde. Kein Tag verging, an dem nicht viele Menschen vor seiner Tür standen, um Rat baten, Heilung begehrten oder auch nur den Segen des heiligen Mannes. Und jedesmal, wenn der Rabbi sprach, hingen die Menschen an seinen Lippen und sogen jedes einzelne Wort in sich auf.

Unter den Zuhörern gab es jedoch einen unangenehmen Burschen, der nicht die geringste Gelegenheit auslieβ, um dem Meister zu widersprechen. Er beobachtete die Schwächen des Rabbi und machte sich über dessen Fehler lustig zum groβen Miβvergnügen seiner Anhänger, die allmählich in ihm die Inkarnation des Teufels sahen.

Eines Tages wurde der »Teufel« krank und starb. Jedermann seufzte erleichtert auf. Äuβerlich wahrten sie den geziemenden Ernst, aber im Herzen waren sie froh, denn nun würden die ermutigenden Reden des Meisters nicht mehr unterbrochen und sein Auftreten nicht mehr von diesem respektlosen Ketzer kritisiert werden.

Daher waren die Menschen erstaunt, als sie sahen, daβ der Meister bei der Beerdigung ehrlich trauerte. Als er später von einem Schüler gefragt wurde, ob er das unabänderliche Schicksal des Toten beklage, sagte er: »Nein, nein. Warum sollte ich um unseren Freund trauern, der nun im Himmel ist? Ich klage um mich selbst. Dieser Mann war mein einziger Freund. Hier bin ich von Menschen umgeben, die mich verehren. Er als einziger forderte mich heraus. Ich habe Angst, nicht mehr weiter zu wachsen, nun, da er gegangen ist.« Und bei diesen Worten brach der Meister in Tränen aus.

LICHT GEGEN DIE VERFOLGER

W as ist die Ursache des Bösen?«
»Unwissenheit«, sagte der Meister.
»Und wie wird sie beseitigt?«

»Nicht durch Anstrengung, sondern durch Licht; durch Verstehen, nicht durch Handeln.«

Und nach einer Weile fügte der Meister hinzu:

»Das Zeichen des Erleuchtetseins ist Friede – du hörst auf zu fliehen, sobald du erkennst, daß du nur von den Trugbildern verfolgt wirst, die deine Ängste erfunden haben.«

WIE WEIZEN AUS ÄGYPTISCHEN GRÄBERN

E ine Handvoll Weizenkörner wurde in dem Grab eines der alten ägyptischen Könige gefunden. Fünftausend Jahre alt. Irgend jemand pflanzte die Körner ein und gab ihnen Wasser. Und zu aller Erstaunen schlugen die Körner aus und keimten nach fünftausend Jahren.

Wenn ein Mensch erleuchtet wird, werden seine Worte zu Samen voller Leben und Kraft. Und sie können in Form von Samen Jahrhunderte überdauern, bis sie in ein empfängliches fruchtbares Herz gesät werden.

Ich dachte immer, die Worte der Schrift wären tot und trocken. Ich weiß jetzt, sie sind voller Kraft und Leben. Es war mein Herz, das steinern und trocken war, wie hätte also irgend etwas dort wachsen können?

EIN BLICK IN SEINE AUGEN

Der Befehlshaber der Besatzungstruppen sagte zu dem Bürgermeister des Bergdorfes: »Wir sind sicher, daß Ihr einen Verräter in Eurem Dorf versteckt. Wenn Ihr ihn uns nicht übergebt, werden wir Euch und die Dorfbewohner in Angst und Schrecken versetzen.«

In der Tat versteckte sich ein Mann in dem Dorf, der gut und aufrichtig schien und von allen geliebt wurde. Aber was konnte der Bürgermeister tun, wenn das Wohlergehen des ganzen Dorfes auf dem Spiel stand? Tagelange Beratungen im Dorfrat führten zu keinem Entschluß. Also beriet der Bürgermeister die Angelegenheit schließlich mit dem Dorfgeistlichen. Der Priester und der Bürgermeister suchten eine ganze Nacht in der Schrift und stießen zuletzt auf eine Lösung. Ein Text lautete: »Es ist besser, einer stirbt und das Volk wird gerettet.«

Also übergab der Bürgermeister den unschuldigen Mann den Besatzungstruppen und bat ihn deswegen um Vergebung. Der Mann sagte, es sei nichts zu vergeben. Er würde das Dorf nicht in Gefahr bringen. Er wurde grausam gefoltert, bis seine Schreie im ganzen Dorf zu hören waren, und schließlich wurde er getötet.

Zwanzig Jahre später kam ein Prophet durch jenes Dorf, ging direkt zu dem Bürgermeister und sagte: »Was habt Ihr getan? Dieser Mann war von Gott ausersehen, der Retter dieses Landes zu werden. Und Ihr habt ihn ausgeliefert, so daß er gefoltert und getötet wurde.«

»Was konnte ich tun?« wandte der Bürgermeister ein. »Der Priester und ich sahen in der Schrift nach und handelten entsprechend.«

»Das war Euer Fehler«, sagte der Prophet, »Ihr saht in die Schrift. Ihr hättet auch in seine Augen sehen sollen.«

BERICHTIGT DIE HEILIGEN SCHRIFTEN

Ein gelehrter Mann kam einst zu Buddha und sagte: »Was Ihr lehrt, Sir, steht nicht in den Heiligen Schriften.«

»Dann fügt Ihr es doch in die Schriften ein«, sagte Buddha.

Nach einer verlegenen Pause fuhr der Mann fort:

»Darf ich mir die Kühnheit erlauben, Sir, anzudeuten, daß einiges von dem, was Ihr lehrt, den Heiligen Schriften direkt widerspricht?«

»Dann berichtigt die Schriften«, sagte Buddha.

Den Vereinten Nationen wurde ein Vorschlag unterbreitet, die Heiligen Bücher aller Religionen der Welt zu überprüfen. Alles, was zu Intoleranz, Grausamkeit oder Fanatismus führen könnte, sollte gestrichen werden. Alles, was irgendwie gegen die Würde und das Wohlergehen der Menschen gerichtet wäre, sollte ausgelassen werden.

Als sich herausstellte, daß Jesus Christus selbst diesen Vorschlag gemacht hatte, stürzten Reporter zu seiner Residenz, um nähere Erläuterungen zu bekommen. Seine Erklärung war einfach und kurz: »Die Heiligen Schriften sind wie der Sabbat für den Menschen gemacht«, sagte er, »nicht der Mensch für die Schriften.«

XI
Der verschwommene Ehemann

»Menschen reagieren nicht auf das,
was in Wirklichkeit geschieht,
sondern auf Vorstellungen,
die sie im Kopf haben.«

DER VERSCHWOMMENE EHEMANN

L iebling«, sagte eine Frau auf einer Party zu ihrem Mann, »trink lieber nicht mehr. Du siehst schon so verschwommen aus.«

TIGER UND FUCHS

E ine Fabel des arabischen Mystikers Sa'di: Unterwegs im Wald sah ein Mann einen Fuchs, der seine Beine verloren hatte. Er wunderte sich, wie das Tier wohl überleben konnte. Dann sah er einen Tiger mit einem gerissenen Wild. Der Tiger hatte sich satt gefressen und überließ dem Fuchs den Rest. Am nächsten Tag ernährte Gott den Fuchs wiederum mit Hilfe des gleichen Tigers. Der Mann war erstaunt über Gottes große Güte und sagte zu sich: »Auch ich werde mich in einer Ecke ausruhen und dem Herrn voll vertrauen, und er wird mich mit allem Nötigen versorgen.«

Viele Tage brachte er so zu, aber nichts geschah, und der arme Kerl war dem Tode nahe, als er eine Stimme hörte: »Du da, auf dem falschen Weg, öffne die Augen vor der Wahrheit! Folge dem Beispiel des Tigers und nimm dir nicht länger den behinderten Fuchs zum Vorbild.«

NASRUDIN UND DAS EI

Nasrudin verdiente seinen Lebensunterhalt, indem er Eier verkaufte. Jemand betrat seinen Laden und sagte:

»Rate, was ich in der Hand habe.«

»Gib mir einen Tip«, sagte Nasrudin.

»Ich werde dir mehrere geben: Es hat die Form eines Eis und die Größe eines Eis. Es sieht aus wie ein Ei, schmeckt wie ein Ei und riecht wie ein Ei. Innen ist es gelb und weiß. Es ist flüssig, ehe es gekocht wird, und wird beim Erhitzen immer fester. Außerdem wurde es von einer Henne gelegt . . .«

»Ach, ich weiß«, sagte Nasrudin. »Es ist eine Art Kuchen.«

Der Fachmann hat ein besonderes Talent, den Wald vor lauter Bäumen nicht zu sehen.

Der Oberpriester hat ein besonderes Talent, den Messias zu übersehen!

DIE STATIONEN DER LEBENSRETTER

An einer felsigen Küste, an der Schiffbrüche häufig waren, gab es früher eine kleine baufällige Lebensrettungsstation. Es war eigentlich nur eine Hütte, und es gab nur ein Boot, aber die wenigen Mann Besatzung nahmen ihre Aufgabe sehr ernst, hatten ständig ein wachsames Auge auf das Meer und fuhren furchtlos auch bei stürmischer See aus, wenn sie einen Hinweis auf ein Schiffsunglück hatten, ohne Rücksicht auf sich und ihre Sicherheit. Viele Menschenleben wurden so gerettet und die Station wurde berühmt.

Je bekannter sie wurde, desto mehr wollten die Bewohner der

Umgebung an ihrer hervorragenden Arbeit teilhaben. Großzügig boten sie Zeit und Geld an, neue Mitglieder wurden geworben, neue Boote gekauft und neue Mannschaften ausgebildet. Auch die Hütte wurde durch ein komfortables Gebäude ersetzt, das den Bedürfnissen der geretteten Schiffbrüchigen gerecht wurde, und da Schiffsunglücke nicht jeden Tag vorkamen, wurde es zu einem beliebten Treffpunkt, einer Art lokalem Klub. Mit der Zeit waren die Mitglieder so mit ihren gesellschaftlichen Belangen beschäftigt, daß das Interesse an der Rettung Schiffbrüchiger abnahm, obgleich sie stolz eben dieses Motto auf ihren Abzeichen trugen. Wenn aber tatsächlich Menschen aus der See gerettet wurden, empfand man sie als Belästigung, weil sie schmutzig waren, sich erbrachen und Teppiche und Mobiliar verunreinigten.

Bald nahmen die gesellschaftlichen Betätigungen des Klubs so zu, und die Aktivitäten zur Lebensrettung so ab, daß in einer Klubversammlung darüber debattiert wurde, wobei einige Mitglieder darauf bestanden, zu dem ursprünglichen Zweck und der eigentlichen Aufgabe zurückzukehren. Es wurde abgestimmt, und die Unruhestifter, die sich als kleine Minderheit herausstellte, wurden aufgefordert, den Klub zu verlassen und einen anderen zu gründen.

Und genau das taten sie, etwas weiter südlich an der gleichen Küste und zwar mit einer solchen Selbstlosigkeit und Kühnheit, daß sie nach kurzer Zeit durch ihren heldenhaften Einsatz berühmt wurden. Daraufhin nahm ihre Mitgliederzahl zu, ihre Hütte wurde ausgebaut . . . und ihr Idealismus verkümmerte. Wer heute zufällig an diese Küste kommt, findet dort eine Anzahl exklusiver Klubs. Jeder ist zu Recht stolz auf seinen Anfang und seine Tradition.

Es gibt immer noch Schiffbrüchige in dieser Gegend, aber das scheint niemand weiter zu bekümmern.

DER UNECHTE GURU UND DIE KROKODILE

Ein Suchender war unterwegs zu einem Meister, der ihn auf den Pfad der Heiligkeit führen sollte. Er kam zu einem Ashram, dem ein Guru vorstand, der zwar im Ruf großer Heiligkeit stand, aber auch ein Betrüger war. Doch der Suchende wußte das nicht.

»Ehe ich dich als Schüler annehme«, sagte der Guru, »muß ich deinen Gehorsam prüfen. In der Nähe des Ashram fließt ein von Krokodilen wimmelnder Fluß. Ich möchte, daß du durch diesen Fluß watest.«

Der Glaube des jungen Schülers war so groß, daß er genau das tat: er durchwatete den Fluß mit dem Ruf: »Gelobt sei die Kraft meines Gurus!« Zu des Gurus Erstaunen erreichte der Mann das andere Ufer und kam unversehrt zurück.

Das überzeugte den Guru, daß er ein größerer Heiliger war, als er selbst gedacht hatte und er beschloß, allen seinen Schülern seine Kraft zu demonstrieren und dadurch seinen Ruf, ein Heiliger zu sein, zu untermauern. Er stieg in den Fluß und rief: »Seht her und staunt!« Die Krokodile stürzten sich sogleich auf ihn und verschlangen ihn.

GESANG FÜR EINEN VERRÜCKTEN

Eine Frau nahm Gesangsunterricht. Sie hatte eine solch kreischende Stimme, daß ihr Nachbar es nicht mehr aushalten konnte. Schließlich nahm er allen Mut zusammen, klopfte an ihre Tür und sagte: »Madam, wenn Sie nicht mit dem Singen aufhören, werde ich noch verrückt.«

»Was reden Sie da?« antwortete die Frau. »Ich habe schon seit zwei Stunden aufgehört.«

KEIN ÄRGER IN DER MORGENSTUND'

Du siehst so müde aus, Jack, was ist mit dir?« »Ich bin erst früh morgens nach Hause gekommen, und gerade als ich mich auszog, wachte meine Frau auf und sagte: ›Stehst du nicht viel zu zeitig auf, Jack?‹ Um keinen Ärger zu machen, zog ich mich wieder an und ging zur Arbeit.«

JUNGE FRAU IM STRESS

Eine aktive junge Frau fühlte sich gestreßt und überanstrengt. Der Arzt verschrieb ihr Tranquilizer und sagte, sie solle nach einigen Wochen wiederkommen.

Als sie das nächste Mal kam, fragte er sie, ob sie sich besser fühle. Sie sagte: »Nein, aber ich habe festgestellt, daß die anderen Leute viel entspannter zu sein scheinen.«

ZU WENIG ROUGE

Als der Meister jemanden sagen hörte: »Ich hätte meine Frau viel lieber, wenn sie ein anderer Typ von Frau wäre«, erinnerte er sich, wie er einmal einen Sonnenuntergang auf dem Meer bewundert hatte.

»Ist das nicht schön?« sagte er zu einer für ihr Nörgeln auf dem Schiff bekannten Dame, die neben ihm an der Reling stand.

»Ja«, sagte die Frau widerstrebend. »Aber glauben Sie nicht, daß links noch etwas mehr Rosa fehlt?«

Sagte der Meister: »Jeder sieht schöner aus, wenn man die eigenen voreingenommen Erwartungen an sein Aussehen ablegt.«

DAS BUTTERSEITEN-ARGUMENT

Der Meister disputierte mit niemandem, wenn er merkte, daß sein Gegenüber nur eine Bestätigung seiner eigenen Auffassung suchte und nicht die Wahrheit.

Einmal führte er den Schülern den Wert eines Argumentes vor Augen:

»Fällt eine bestrichene Scheibe Brot mit der Butterseite nach unten oder nach oben?«

»Natürlich mit der Butterseite nach unten.«

»Nein, mit der Butterseite nach oben.«

»Probieren wir's doch aus!«

Also nahm er eine Scheibe Brot, bestrich sie mit Butter und warf sie hoch. Sie fiel – mit der Butterseite nach oben!

»Ich habe gewonnen!«

»Aber nur, weil ich einen Fehler gemacht habe.«

»Was für einen Fehler?«

»Ich habe offensichtlich die falsche Seite bestrichen.«

GIFT IM KOPF

Eine Gruppe Touristen, die es aufs flache Land verschlagen hatte, bekam ein Essen vorgesetzt, das ihnen nicht mehr sehr frisch erschien. Bevor sie es selbst aßen, ließen sie einen Hund probieren. Dem schien das Essen zu schmecken, und er zeigte auch keine Nachwirkungen.

Doch am nächsten Tag erfuhren sie, daß der Hund gestorben war. Panik ergriff sie. Viele begannen, sich zu erbrechen, und klagten über Fieber und Durchfall. Ein Arzt wurde gerufen, der die Opfer wegen Lebensmittelvergiftung behandeln sollte.

Der Arzt fragte zunächst, was mit dem Hundekadaver geschehen sei. Es wurde nachgeforscht. Ein Nachbar erklärte beiläufig:
»Oh, man warf ihn in einen Graben, weil er von einem Auto
überfahren worden war.«

SAURER MANN

Der Meister schonte niemanden, der in Selbstmitleid und Groll
schwelgte.

»Unrecht erlitten zu haben«, sagte er, »ist *nichts*, es sei denn,
du bist erpicht, dich daran zu erinnern.«

Der Meister setzte das Thema fort mit der Geschichte von dem
Hotelbesitzer, der sich bitter über die Folgen beklagte, die der Bau
einer neuen Schnellstraße für sein Geschäft mit sich gebracht
hatte.

»Hör mal zu«, sagte ihm ein Freund. »Ich kann dich einfach
nicht verstehen. Jeden Abend sehe ich das Schild ›Besetzt‹ vor
deinem Hotel.«

»Danach kannst du nicht gehen. Bevor die Schnellstraße
gebaut wurde, mußte ich jeden Tag dreißig bis vierzig Leute fort-
schicken. Jetzt schicke ich nie mehr als fünfundzwanzig weg.«

Fügte der Meister hinzu: »Wenn du entschlossen bist, negativ
zu empfinden, sind sogar nichtexistierende Kunden wirkliche
Kunden.«

DAS VERFLUCHTE TÖRTCHEN

Ein Reisender gab dem Speisewagenkellner seine Bestellung auf. »Zum Nachtisch«, sagte er, »möchte ich Obsttörtchen und Eis.« Der Kellner sagte, sie hätten keine Obsttörtchen. Der Mann explodierte.

»Was? Keine Törtchen? Das ist absurd. Ich bin einer der besten Kunden dieser Eisenbahnlinie. Jedes Jahr organisiere ich Reisen für Tausende von Touristen und lasse Hunderte von Tonnen Fracht mit der Bahn befördern. Und wenn ich selbst einmal mit dieser Linie reise, kann ich noch nicht einmal einfache Obsttörtchen bekommen! Ich werde das mit dem Vorstand besprechen.«

Der Küchenchef rief den Kellner zu sich und sagte: »Wir können ihm diese Törtchen bei der nächsten Station besorgen.«

Gleich nach dem nächsten Halt ging der Kellner noch einmal zu dem Reisenden. »Ich bin glücklich, Ihnen sagen zu können, Sir, daß unser Küchenchef diese Törtchen speziell für Sie gemacht hat. Er hofft, sie werden Ihnen schmecken. Und außerdem erlauben wir uns, Ihnen dazu diesen 75 Jahre alten Cognac anzubieten mit Empfehlungen von der Eisenbahngesellschaft.«

Der Reisende warf seine Serviette auf den Tisch, ballte die Faust und schrie: »Zum Teufel mit den Törtchen! Ich möchte wütend sein!«

FERIENGRÜSSE MISERABEL

Der häufigste Grund des Unglücklichseins«, erklärte der Meister, »ist der gefaßte Entschluß, unglücklich zu sein. Daher kommt es, daß von zwei Personen in genau derselben Situation sich die eine glücklich und die andere miserabel fühlt.«

Er erzählte, wie sich einmal seine kleine Tochter gesträubt hatte, in ein Ferienlager zu gehen. In seinem Bemühen, ihr die Bedenken zu zerstreuen, adressierte der Meister einige Postkarten an sich selbst und gab sie dem Kind.

»Schreib bloß drauf ›Es geht mir gut‹«, sagte er, »und steck jeden Tag eine Karte in den Briefkasten.«

Das Mädchen überlegte kurz und fragte: »Wie schreibt man ›miserabel‹?«

SCHÖNER TAG EIN SCHLECHTER TAG

Der Meister behauptete, daß der Hauptgrund für vieles Unglück in der Welt auf die geheime Befriedigung der Menschen zurückzuführen ist, sich schlecht zu fühlen.

Er erzählte von einem Freund, der zu seiner Frau sagte:

»Warum läßt du nicht alles stehen und liegen und machst dir einen schönen Tag, meine Liebe?«

»Ach, du weißt doch genau, mein Lieber, daß ich mich niemals dabei wohl fühlen würde, mir einfach einen schönen Tag zu machen«, gab sie gereizt zur Antwort.

SPAZIERGANG IM FAHRSTUHL

Die ungeduldige Witwe drückte auf den Fahrstuhlknopf und wurde wütend, weil der Lift nicht sofort kam.

Als er schließlich eintraf, fuhr sie den Fahrstuhlführer an:

»Wo waren Sie denn?«

»Lady, wohin kann man in einem Fahrstuhl gehen?«

DER AUFGEFLOGENE BISCHOF

V or vielen Jahren besuchte ein Bischof von der Ostküste der Vereinigten Staaten ein kleines religiöses College an der Westküste. Er wohnte in dem Haus des College-Präsidenten, der ein progressiver junger Mann war. Professor für Physik und Chemie.

Eines Tages lud der Präsident seine Fakultätskollegen zum Essen mit dem Bischof ein, damit sie von seiner Weisheit und Erfahrung profitieren konnten. Nach dem Essen kam das Gespräch auf das Millennium, und der Bischof behauptete, es würde nicht mehr lange auf sich warten lassen. Einer der Gründe dafür sei die Tatsache, daß in der Natur alles entdeckt und alle nur denkbaren Erfindungen gemacht worden seien.

Der Präsident widersprach höflich. Seiner Meinung nach, sagte er, befände sich die Menschheit auf der Schwelle zu großartigen neuen Entdeckungen. Der Bischof forderte den Präsidenten auf, eine solche zu benennen. Dieser sagte, er erwarte, daß die Menschen in den nächsten fünfzig Jahren fliegen lernen würden.

Der Bischof bekam einen Lachanfall. »Unsinn, mein Lieber«, rief er, »wenn Gott vorgesehen hätte, daß wir fliegen sollen, hätte ER uns mit Flügeln versehen. Fliegen ist den Vögeln und Engeln vorbehalten.«

Der Bischof hieß Wright. Er hatte zwei Söhne, Orville und Wilbur. Sie erfanden das erste Flugzeug.

DER HERR PFARRER WEISS IMMER BESCHEID

Der Gemeindepfarrer hatte Geburtstag, und die Kinder kamen mit Glückwünschen und Geschenken.

Der Pfarrer nahm das in Geschenkpapier eingehüllte Päckchen von der kleinen Mary und sagte: »Oh, ich sehe, du hast mir ein Buch geschenkt.« (Marys Vater hatte in der Stadt eine Buchhandlung.)

»Ja, woher wissen Sie das?«

»Der Herr Pfarrer weiß immer Bescheid.«

»Und du, Tommy, du hast mir einen Pullover gebracht«, sagte der Pfarrer und ergriff das Päckchen, das Tommy ihm hinhielt. (Tommys Vater hatte ein Wollwarengeschäft.)

»Das stimmt. Woher wußten Sie das?«

»Nun ja, der Herr Pfarrer weiß immer Bescheid.«

So ging es weiter, bis der Pfarrer Bobbys Schachtel ergriff. Das Einwickelpapier war feucht (Bobbys Vater verkaufte Weine und Spirituosen), deshalb sagte der Pfarrer: »Ich sehe, du hast mir eine Flasche Whiskey gebracht, und etwas ist ausgelaufen.«

»Falsch«, sagte Bobby, »es ist kein Whiskey.«

»Nun, dann ist es eine Flasche Rum.«

»Wieder falsch.«

Fathers Finger waren feucht. Er steckte einen in den Mund, aber das half ihm auch nicht weiter.

»Ist es Gin?«

»Nein«, sagte Bobby, »ich habe Ihnen einen kleinen Hund gebracht.«

UNGEHEUER AM FLUSS

E in Dorfpriester wurde in seinen Gebeten durch spielende Kinder unter seinem Fenster abgelenkt. Um sie loszuwerden, rief er: »Unten am Fluß ist ein schreckliches Ungetüm. Lauft hin, dann werdet ihr sehen, wie es Feuer aus seinen Nasenlöchern bläst.«

Bald hatte jeder im Dorf von dem gräßlichen Wesen gehört, und alles stürzte zum Fluß. Als der Priester das sah, schloß er sich der Menge an. Keuchend lief er hinunter zum Fluß, der vier Meilen entfernt war, und dachte: »Richtig, ich habe ja die Geschichte erfunden. Aber man kann nie wissen!«

Es ist einfach leichter, an die von uns geschaffenen Götzen zu glauben, wenn wir andere von ihrer Existenz überzeugen können.

AUF KRÜCKEN

A ls ein Dorfvorsteher durch einen Unfall seine Beine nicht mehr gebrauchen konnte, lernte er, mit Krücken zu gehen. Allmählich war er imstande, sich sehr schnell fortzubewegen, sogar zu tanzen und kleine Pirouetten zu drehen, um seine Nachbarn zu unterhalten.

Dann hatte er die Idee, seinen Kindern den Gebrauch von Krücken beizubringen. Bald wurde es in dem Dorf zum Statussymbol, auf Krücken zu gehen, und binnen kurzem tat es jeder. In der vierten Generation konnte niemand mehr im Dorf ohne Krücken gehe. Die Dorfschule nahm in ihren Lehrplan »Krückenlaufen – Theorie und Praxis« auf, und die Handwerker im Dorf wurden berühmt für die Qualität der von ihnen hergestellten Krücken. Man sprach sogar davon, elektronische, batteriebetriebene Krücken zu entwickeln.

Eines Tages trat ein junger Mann vor den Ältestenrat des Dorfes und wollte wissen, warum jedermann mit Krücken gehe, während Gott doch den Menschen Beine zum Laufen gegeben habe. Die Dorfältesten waren belustigt, daß dieser Grünschnabel sich für klüger hielt als sie und beschlossen daher, ihm eine Lektion zu erteilen.

»Warum zeigst du uns nicht, wie man es macht?« fragten sie.

»Einverstanden«, rief der junge Mann.

Eine Demonstration wurde für zehn Uhr am nächsten Sonntag auf dem Dorfplatz vereinbart. Alle waren anwesend, als der junge Mann mit seinen Krücken in die Mitte des Platzes humpelte. Als die Dorfuhr die volle Stunde schlug, stellte er sich aufrecht hin und ließ seine Krücken fallen. Stille breitete sich über der Versammlung aus, als er einen Schritt vorwärts tat – und platt aufs Gesicht fiel.

Damit wurde jedermann in seinem Glauben bestätigt, daß es völlig unmöglich war, ohne die Hilfe von Krücken zu gehen.

DER GUTE KÖNIG UND DIE UNSCHULDIGEN

Es war einmal ein sehr weiser und guter König«, sagte der Meister, »dem zu Ohren gekommen war, daß in seinem Staatsgefängnis eine Anzahl Unschuldiger eingesperrt war. Daraufhin befahl er, ein anderes, bequemeres Gefängnis für Unschuldige zu bauen.«

DER BÄR IST GAR NICHT LOS

Ein Bär ging in seinem sechs Meter langen Käfig hin und her. Als die Gitterstäbe nach fünf Jahren entfernt wurden, ging der Bär weiterhin diese sechs Meter hin und her, als ob der Käfig noch da wäre. Für ihn war er da!

Sie werden von geistigen, nicht wirklichen Mauern gefangengehalten.

NICHTS WIE DURCHHALTEN

Ein Mann in den Achtzigern wurde nach dem Geheimnis seines ungeheuren Durchhaltevermögens gefragt.

»Ja«, sagte er, »ich trinke nicht, ich rauche nicht, und ich schwimme täglich eine Meile.«

»Aber ich hatte einen Onkel, der genau das tat, und er starb mit sechzig.«

Bei Ihrem Onkel lag es wohl daran, daß er nicht lange genug durchhielt."

DIE VERSCHLÜSSELTE BOTSCHAFT

Entschuldigung, Sir«, sagte ein schüchterner Student, »ich konnte nicht entziffern, was Sie in meiner letzten Hausarbeit an den Rand geschrieben haben.«

»Ich habe Ihnen geraten, leserlich zu schreiben«, sagte der Lehrer.

PUMPEN NICHT LEICHT GEMACHT

Ein Freund bat Nasrudin um eine Summe Geldes. Nasrudin war überzeugt, das Geld würde nicht zurückgegeben werden. Aber da er seinen Freund nicht beleidigen wollte und die erbetene Summe nicht groß war, gab er ihm den Betrag. Zu seinem großen Erstaunen erhielt er das Geld genau nach einer Woche zurück.

Einen Monat später bat der Freund noch einmal um eine ein wenig höhere Summe. Nasrudin weigerte sich. Als der Mann nach dem Grund fragte, sagte er:

»Letztes Mal habe ich nicht erwartet, daß du mir das Geld zurückgeben wirst – und du hast mich enttäuscht. Dieses Mal erwarte ich, daß du das Geld zurückgibst – und ich möchte nicht wieder enttäuscht werden.«

VOM GLAUBEN AN DIE EIGENE PROPAGANDA

Aufrichtigkeit ist nicht genug«, konnte der Meister oft sagen. »Was du brauchst, ist Ehrlichkeit.«

»Worin besteht der Unterschied?« fragte jemand.

»Ehrlichkeit ist ein ständiges Offensein für die Tatsachen«, sagte der Meister. »Aufrichtigkeit ist das Glauben an die eigene Propaganda.«

DIE PEST IN DAMASKUS

Die Pest war auf dem Weg nach Damaskus und überholte in der Wüste die Karawane eines Häuptlings.

»Wohin so schnell?« fragte der Häuptling.

»Nach Damaskus. Ich habe vor, tausend Leben zu nehmen.«

Auf ihrem Rückweg von Damaskus kam die Pest wieder an der Karawane vorbei.

Der Häuptling sagte: »Fünfzigtausend Leben hast du dahingerafft, nicht tausend.«

»Nein«, sagte die Pest, »ich nahm tausend. Es war dieAngst, die die übrigen nahm.«

MEIN FREUND, DER DRACHE

Ein Mann suchte einen Psychiater auf und sagte ihm, er werde jede Nacht von einem über dreißig Meter langen Drachen mit drei Köpfen besucht.

Er war ein Nervenbündel, konnte nicht mehr schlafen und stand am Rande eines Zusammenbruchs. Sogar an Selbstmord hatte er schon gedacht.

»Ich glaube, ich kann Ihnen helfen«, sagte der Psychiater, »aber ich muß Sie warnen, es wird ein oder zwei Jahre dauern und 3000 Dollar kosten.«

»3000 Dollar!« rief der Mann. »Vergessen Sie es! Ich werde einfach nach Hause gehen und mich mit dem Drachen anfreunden.«

FLUCHT VOR DEM DRACHEN

Nisterus der Große, einer der heiligen Väter der Ägyptischen Wüste, wanderte eines Tages mit einer großen Anzahl Schüler, die ihn als einen Gottesmann verehrten, durch die Wüste.

Plötzlich erschien vor ihnen ein Drache, und sie liefen alle davon.

Viele Jahre später, als Nisterus im Sterben lag, sagte einer der Schüler zu ihm: »Vater, hattet Ihr auch Angst an jenem Tag, als wir den Drachen sahen?«

»Nein«, erwiderte der Sterbende.

»Warum lieft Ihr dann mit uns davon?«

»Ich hielt es für besser, vor dem Drachen zu fliehen, als später vor dem Geist der Eitelkeit.«

DER BULLE UND DER BRIEFTRÄGER

Die Menschen wollen sich nicht von den Befürchtungen und Ängsten, ihrem Groll und ihrem Schuldgefühl trennen, weil diese negativen Empfindungen für sie ein Anstoß sind und ihnen das Gefühl verschaffen, am Leben zu sein«, erklärte der Meister.

Und mit dieser Geschichte machte er seine Einsicht den Schülern deutlich:

Der Dorfpostbote nahm mit seinem Fahrrad eine kleine Abkürzung über eine Wiese, auf der Rinder weideten. Auf halbem Weg erspähte ihn ein Bulle und ging auf ihn los. Mit Mühe und Not konnte der arme Kerl über den Weidezaun entkommen.

»Fast hätte er Sie erwischt, nicht wahr?« sagte der Meister, der die Szene aus sicherem Abstand beobachtet hatte.

»Ja«, keuchte der alte Mann, »fast erwischt es mich immer.«

HEILIG, ABER ÄNGSTLICH

Ein Besucher erzählte die Geschichte eines Heiligen, der einen sterbenden Freund besuchen wollte, aber Angst hatte, bei Nacht zu reisen und daher zur Sonne sagte:

»Im Namen Gottes, bleib am Himmel, bis ich zu dem Dorf komme, wo mein Freund im Sterben liegt.«

Und die Sonne blieb auf der Stelle stehen, bis der heilige Mann das Dorf erreicht hatte.

Der Meister lächelte. »Hätte der heilige Mann nicht mehr davon gehabt, wenn er seine Angst, des Nachts zu reisen, überwunden hätte?« sagte er.

WAS VERKAUFT DER LIEBE GOTT ALS EINZELHÄNDLER?

Eine Frau träumte, sie beträte einen ganz neuen Laden am Markt, und zu ihrem Erstaunen stand Gott hinter dem Ladentisch.

»Was verkaufst du hier?« fragte sie.

»Alles, was dein Herz begehrt«, sagte Gott.

Die Frau wagte kaum zu glauben, was sie hörte, beschloß aber das Beste zu verlangen, was ein Mensch sich nur wünschen konnte. »Ich möchte Frieden für meine Seele und Liebe und Glück, und weise möchte ich sein und nie mehr Angst haben«, sagte sie. Nach kurzem Nachdenken fügte sie hinzu: »Nicht nur für mich allein, sondern für alle Menschen auf der Erde.«

Gott lächelte: »Ich glaube, du hast mich falsch verstanden, meine Liebe«, sagte er, »wir verkaufen hier keine Früchte, nur die Samen.«

DIE ANGST DER BOGENSCHÜTZEN VOR DEM SIEG

Viele meinen, wenn sie keine Sehnsüchte hätten, wären sie wie ein Stück Holz. In Wirklichkeit würden sie jedoch ihre Verspanntheit verlieren. Befreien Sie sich von Ihrer Angst zu versagen, von Ihrer Anspannung, Erfolg haben zu müssen, und Sie werden bald Sie selbst sein. Entspannt. Sie werden dann nicht mehr mit angezogener Handbremse fahren. Genau das wird geschehen.

Es gibt einen schönen Satz von Tranxu, einem großen chinesischen Weisen, den ich mir gut gemerkt habe. Er lautet: »Wenn der Bogenschütze schießt, ohne einen besonderen Preis gewinnen zu wollen, kann er seine ganze Kunst entfalten; schießt er, um eine Bronzemedaille zu erringen, fängt er an, unruhig zu werden; schießt er um den ersten Preis, wird er blind, sieht zwei Ziele und verliert die Beherrschung. Sein Können ist dasselbe, aber der Preis spaltet ihn. Er ist ihm wichtig! Er denkt mehr ans Gewinnen als ans Schießen, und der Zwang zu gewinnen schwächt ihn.«

Gilt dieses Bild nicht für die meisten Menschen?

Wenn man nicht für Erfolg lebt, verfügt man über all sein Können, besitzt man all seine Kräfte, ist man entspannt, sorgt man sich nicht, es macht einem nichts aus, ob man verliert oder gewinnt.

IRRTUM AUSGESCHLOSSEN

Eine Sufi-Geschichte: Ein Mann, den man für tot hielt, wurde von seinen Freunden zur Beerdigung getragen. Als der Sarg in das Grab hinabgelassen werden sollte, kam der Mann plötzlich wieder zu sich und schlug gegen den Sargdeckel.

Der Sarg wurde geöffnet; der Mann richtete sich auf. »Was tut ihr?« fragte er die versammelte Menge. »Ich lebe, ich bin nicht tot.«

Seine Worte stießen auf verblüfftes Schweigen. Schließlich sagte einer der Trauergäste: »Mein Freund, sowohl die Ärzte wie die Priester haben deinen Tod bescheinigt. Die Fachleute können sich doch wohl nicht täuschen!«

Also wurde der Sargdeckel wieder zugeschraubt, und der Mann wurde beerdigt, wie es sich gehörte.

GEISTER MEIDEN SOJABOHNEN

Wenn du je wieder heiratest oder eine Geliebte hast, wenn ich tot bin, werde ich zurückkommen und spuken«, sagte eine Frau auf dem Totenbett zu ihrem Mann.

Als er also einige Monate nach dem Tode seiner Frau sich wieder verliebte, war er entsetzt, aber nicht überrascht, als der Geist seiner Frau in der Nacht ins Haus kam und ihn bitter der Untreue zieh.

So ging das jede Nacht, bis er es nicht mehr aushalten konnte und einen Zen-Meister um Rat fragte. Dieser sagte: »Was macht dich so sicher, daß es ein Geist ist?«

»Die Tatsache, daß sie alles, was ich gesagt und getan, gedacht und gefühlt habe, weiß und beschreiben kann.«

Der Meister gab dem Mann eine Tüte voll Sojabohnen und sagte: »Achte darauf, daß du die Tüte nicht öffnest, wenn sie heute nacht kommt, frag sie, wie viele Bohnen in der Tüte sind.«

Als der Mann dem Geist diese Frage stellte, floh dieser und kam nie wieder. »Warum?« fragte der Mann den Meister.

Der Meister lächelte: »Ist es nicht seltsam, daß dein Geist nur das wußte, was du wußtest?« fragte er.

KANNIBALE MIT MANIEREN

Als jemand voller Stolz von den wirtschaftlichen und kulturellen Errungenschaften in seinem Land sprach, zeigte sich der Meister davon völlig unbeeindruckt.

»Haben alle diese Errungenschaften die leiseste Veränderung in den Herzen deiner Landsleute bewirkt?« fragte er.

Darauf erzählte er von dem weißen Mann, der von Kannibalen gefangengenommen und zu ihrem Oberhäuptling gebracht worden war, um später lebendig gebraten zu werden. Er staunte nicht schlecht, als er den Häuptling ein perfektes Englisch mit Harvard-Akzent sprechen hörte.

»Haben Ihre Jahre an der Harvard-Universität nichts an Ihren Gewohnheiten geändert?« fragte ihn der weiße Mann.

»Selbstverständlich, Sie haben mir Kultur beigebracht. Wenn Sie gebraten sind, werde ich zur Tafel den Abendanzug anziehen und Sie mit Messer und Gabel verspeisen.«

WARUM HAT DER PAPAGEI HUSTEN?

Ein alter Seemann gab das Rauchen auf, als sein Lieblingspapagei einen Dauerhusten entwickelte. Er machte sich Vorwürfe, daß der Pfeifenqualm im Zimmer die Gesundheit des Papageis geschädigt hatte.

Er ging mit dem Vogel zum Tierarzt.

Nach einer gründlichen Untersuchung erklärte der Veterinär, der Papagei leide weder an Psittacose noch an einer Lungenentzündung, sondern habe ganz einfach den Husten seines pfeifenrauchenden Herrchens nachgeahmt.

DER TIEFE SINN DES WALNUSSHOLZES

Wie Jesus vor Jahrhunderten, warnte der Meister die Leute vor der Religion, weil sie, sich selbst überlassen, blinden Gesetzesgehorsam rechtfertigt. Und so erklärte er dies:

Ein Unteroffizier fragte während der Gewehrausbildung eine Gruppe Rekruten, warum für den Gewehrschaft Walnußholz verwendet wird.

»Weil es widerstandsfähiger ist«, antwortete einer.

»Falsch!«

»Weil es eine größere Elastizität hat«, sagte ein anderer.

»Auch falsch!«

»Vielleicht weil es glatter ist als andere Hölzer«, sagte ein dritter.

»Mach dich nicht lächerlich!« sagte der Unteroffizier. »Walnußholz wird deshalb verwendet, weil es in den Vorschriften steht.«

ES ZIEHT

Die Halle war zum Brechen voll, meistens ältliche Damen. Es handelte sich um eine Art neuer Religion oder Sekte. Einer der Redner, nur mit Turban und Lendentuch bekleidet, stand auf. Er sprach gefühlvoll von der Macht des Geistes über die Materie, der Psyche über den Körper.

Alle lauschten gebannt. Schließlich kehrte der Redner auf seinen Platz mir gegenüber zurück. Sein Nachbar wandte sich ihm zu und fragte in einem lauten Flüstern:

»Glauben Sie wirklich, was Sie gesagt haben, daß der Körper nichts fühlt, daß sich alles im Geist abspielt und daß der Geist bewußt durch den Willen beeinflußt werden kann?«

Der Scharlatan erwiderte in frommer Überzeugung: »Natürlich glaube ich das.«

Darauf der Nachbar: »Würden Sie dann bitte mit mir den Platz tauschen? Ich sitze nämlich genau im Durchzug.«

EIN GENÜGSAMER TRINKER

Ein Mann in der Bar wandte sich zu dem neben ihm sitzenden Fremden und sagte:

»Ich verstehe es einfach nicht. Ich brauche nur einen kleinen Drink, nur einen einzigen kleinen Drink, und schon bin ich betrunken.«

»Wirklich. Nur einen?«

»Ja. Und gewöhnlich ist es der achte.«

BEKEHRTER ESEL

Nasrudin brachte eine Ladung Salz auf den Markt. Sein Esel watete durch den Fluß, und das Salz löste sich auf. Als das Tier das jenseitige Ufer erreicht hatte, sprang es voller Freude über seine leicht gewordene Last im Kreise umher. Aber Nasrudin ärgerte sich.

Am nächsten Markttag packte er die Körbe voll Baumwolle. Der Esel wurde von der immer schwerer werdenden Last beinahe unter Wasser gezogen, als er den Fluß durchquerte.

»Da hast du's«, sagte Nasrudin fröhlich. »Das soll dir eine Lehre sein, damit du nicht denkst, es sei immer lohnend, durch Wasser zu waten.«

REPORTERLATEIN

In einer kleinen Stadt ereignete sich ein Autounfall. Viele Menschen standen um das Opfer herum, und ein Zeitungsreporter konnte nicht nahe genug herankommen, um zu sehen, um wen es sich handelte.

Da kam ihm ein Gedanke. »Ich bin der Vater des Opfers!« rief er. »Bitte, laßt mich durch.«

Die Menge machte ihm Platz, so daß er direkt zur Unglücksstelle gelangte. Dort entdeckte er zu seiner Verlegenheit, daß das Opfer ein Esel war.

DIE THEORETISCHE FÜHRUNGSKRAFT

Ein Manager, der gerade von einem Motivationsseminar
zurückgekommen war, bestellte einen Angestellten in sein
Büro und sagte:

»Von heute an sollen Sie Ihre Arbeit selbst planen und kon-
trollieren. Ich bin überzeugt, dies wird die Produktion beträcht-
lich erhöhen.«

»Bekomme ich auch mehr Geld?« fragte der Angestellte.

»Aber nein. Geld ist keine Motivation, und eine Gehaltser-
höhung bringt Ihnen keine Befriedigung.«

»Wenn die Produktion nun wirklich steigt, bekomme ich dann
mehr Geld?«

»Hören Sie«, sagte der Manager, »offensichtlich verstehen Sie
die Motivationstheorie nicht. Nehmen Sie dieses Buch mit nach
Hause, und lesen Sie es; Sie werden daraus lernen, was Sie wirklich motiviert.«

Beim Hinausgehen fragte der Mann: »Wenn ich das Buch gelesen habe, bekomme ich dann mehr Geld?«

DER KLEMPNER AN DEN NIAGARAFÄLLEN

Ein eifriger junger Mann, der gerade seine Prüfung als Klempner bestanden hatte, wurde zu den Niagarafällen mitgenommen. Er betrachtete sie kurz und sagte dann: »Ich glaube, das
kann ich in Ordnung bringen.«

DER TAKTLOSE DIRIGENT

Ein reicher Mann beschloß, sich einen lebenslangen Traum zu erfüllen, nämlich ein Orchester zu dirigieren. Also mietete er einen Schlagzeuger, drei Saxophonisten und vierundzwanzig Geiger. Bei der ersten Probe dirigierte er so schlecht, daß der Schlagzeuger die anderen Musiker aufforderte, gemeinsam die Probe zu verlassen.

Aber einer der Saxophonisten sagte: »Warum sollen wir gehen? Er bezahlt uns gut. Und außerdem muß er doch irgend etwas von Musik verstehen.«

Bei der nächsten Probe konnte der Dirigent nicht Takt halten. Daraufhin begann der Schlagzeuger wie wild die Trommel zu schlagen. Der Dirigent klopfte ab, blickte die Musiker wütend an und fragte: »Wer war das?«

FLOH IM OHR

Ein Elefant brach aus einer Herde aus und stürmte über eine kleine Holzbrücke, die einen Abgrund überspannte.

Die altersschwache Brücke zitterte und ächzte unter dem Gewicht des Elefanten.

Als er glücklich auf der anderen Seite war, rief ein Floh, der sich in einem Ohr des Elefanten niedergelassen hatte, hochzufrieden: »Junge, Junge, die Brücke haben wir ganz schön wackeln lassen!«

DER GRÖSSENWAHNSINNIGE HAHN

Ein Hahn scharrte in der Box eines großen Bauernpferdes. Als das Pferd unruhig wurde und hin und her zu stampfen begann, blickte der Hahn zu ihm auf und sagte:

»Wir sollten beide vorsichtig sein, Brüderchen, sonst treten wir uns gegenseitig auf die Zehen.«

REDNERS TROST

Es war sehr freundlich von Ihnen, bis zum Ende meiner Rede zu bleiben, obgleich alle anderen hinausgingen.«

»Nett, daß Sie das sagen. Aber wissen Sie, ich bin der nächste Redner.«

EIN GEBROCHENES HERZ

Ein Landstreicher stand im Büro eines reichen Mannes und bat um ein Almosen.

Der Mann läutete seiner Sekretärin und sagte: »Sehen Sie diesen armen unglücklichen Mann hier? Seine Zehen gucken aus den Schuhen heraus, die Hosen sind ausgefranst, sein Mantel ist zerlumpt. Ich wette, der Mann hat sich seit Tagen nicht rasiert, nicht geduscht und hat auch nicht anständig gegessen. Es bricht mir das Herz, wenn ich Leute in solch elendem Zustand sehe. Also schafft ihn mir aus den Augen, sofort!«

WACHSTUM IST GUT, SAGTE DIE KREBSZELLE

Der Meister hörte mit gespannter Aufmerksamkeit zu, als der berühmte Wirtschaftswissenschaftler seinen Entwurf einer künftigen Entwicklung erläuterte.

»Sollte Wachstum der einzige Gesichtspunkt in einer Wirtschaftstheorie sein?« fragte er.

»Ja. Jedes Wachstum ist gut in sich.«

»Denken nicht Krebszellen genau so?« sagte der Meister.

EINE VARIANTE DES TEUFELS

Eines Tages machte der Teufel mit einem Freund einen Spaziergang. Sie sahen, wie sich vor ihnen ein Mann bückte und etwas aufhob.

»Was hat dieser Mann gefunden?« fragte der Freund.

»Ein Stück Wahrheit«, sagte der Teufel.

»Beunruhigt dich das nicht?« fragte der Freund.

»Nein, durchaus nicht«, sagte der Teufel, »ich werde ihm gestatten, ein religiöses Glaubensbekenntnis daraus zu machen.«

Ein religiöses Bekenntnis ist ein Wegweiser, der den Weg zur Wahrheit zeigt. Menschen, die sich krampfhaft an den Wegweiser halten, werden daran gehindert, auf die Wahrheit zuzugehen, weil sie irrtümlicherweise glauben, sie schon zu besitzen.

MAN HAT ZU TUN

Den Schülern, die stets nach Worten der Weisheit verlangten, sagte der Meister: »Weisheit wird nicht in Worten ausgedrückt, sie offenbart sich im Handeln.«

Aber als er sah, wie sie sich Hals über Kopf in Betriebsamkeit stürzten, lachte er laut und sagte: »Das ist nicht Handeln, das ist Bewegung.«

WER DEN FLUSS NASSER MACHEN WILL

So paradox es scheint, behauptete der Meister doch stets, der wahre Reformer erkenne, daß alles, so wie es ist, vollendet ist und sei daher auch fähig, nicht daran zu rühren.

»Warum will er dann überhaupt irgendetwas reformieren?« wunderten sich die Schüler.

»Nun, es gibt solche und solche Reformer: die eine Art bleibt selbst untätig, aber offen für den Strom des Geschehens. Solche Menschen ändern Richtung und Verlauf des Flusses. Die anderen produzieren selbst ihre Tätigkeit; sie ähneln denen, die mit viel Getöse den Fluß nasser machen wollen.«

DER WAHRHEITSLADEN IST ZU TEUER

Ich konnte kaum meinen Augen trauen, als ich den Namen des Ladens sah: Wahrheitsladen. Dort wurde Wahrheit verkauft. Die Verkäuferin war sehr höflich: Welche Art Wahrheit wollte ich kaufen, Teilwahrheiten oder die ganze Wahrheit? Natürlich die ganze Wahrheit. Nichts da mit Trugbildern, Rechtfertigungen, moralischen Mäntelchen. Ich wollte meine Wahrheit schlicht und klar und ungeteilt. Sie winkte mich in eine andere Abteilung des Ladens, wo die ganze Wahrheit verkauft wurde.

Der Verkäufer dort sah mich mitleidig an und zeigte auf das Preisschild. »Der Preis ist sehr hoch, Sir«, sagte er.

»Wieviel?« fragte ich, entschlossen, die ganze Wahrheit zu erwerben, gleichgültig, was sie kostete.

»Wenn Sie diese hier nehmen«, sagte er, »bezahlen Sie mit dem Verlust Ihrer Ruhe und Gelassenheit, und zwar für den Rest Ihres Lebens.«

Traurig verließ ich den Laden. Ich hatte gedacht, ich könnte die ganze Wahrheit billig bekommen. Ich bin noch nicht bereit für die Wahrheit. Immer wieder sehne ich mich nach Ruhe und Frieden. Ich habe es noch nötig, mich mit Rechtfertigungen und moralischen Mäntelchen zu täuschen. Ich suche immer noch Schutz bei meinen nicht in Frage gestellten Anschauungen.

XII
Die Nacht singt

*»Das Verlangen, fern und mit Gott allein zu sein,
macht das ganze Leben und Wirken
eines Menschen zum Gebet.«*

DIE NACHT SINGT

Einige Schüler hatten bei einem Ausflug den Gipfel eines schnee-
bedeckten Berges erreicht. Weit und breit herrschte kosmische
Stille. Es reizte sie zu wissen, ob vielleicht des Nachts irgendwelche
Geräusche zu hören seien. So schalteten sie ein Tonbandgerät ein,
stellten es vor den Eingang ihres Zeltes und legten sich zur Ruhe.

Nachdem die Schüler wieder in ihr Kloster zurückgekehrt
waren, spielten sie das Tonband ab. Doch kein Ton, kein Laut,
vollständige, makellose Stille.

Der Meister, der das Tonband mit abhörte, platzte heraus:
»Hört ihr es nicht?«

»Was hören?«

»Den Klang der Galaxien in Bewegung«, sagte der Meister.

Die Schüler schauten einander verwundert an.

TROTZ UNSERES FRÜHEN TODES

Als die Schüler baten, ihnen ein Modell von Spiritualität zu
geben, das sie nachahmen könnten, sagte der Meister nur:
»Still, lauscht!«

Und als sie auf die Laute der Nacht draußen lauschten, begann
der Meister leise den berühmten Haiku zu sprechen:

»Von einem frühen Tod,

zeigt die Zikade sich unbeeindruckt.

Sie singt.«

STILLE

Der Gouverneur unterbrach eine Reise, um dem Meister seine Ehrerbietung zu erweisen.

»Staatsgeschäfte lassen mir keine Zeit für lange gelehrte Abhandlungen«, sagte er. »Könntet Ihr das Wesentliche der Religion für einen aktiven Menschen wie mich in einem oder zwei Absätzen zusammenfassen?«

»Ich werde es mit einem einzigen Wort zum Nutzen Eurer Hoheit ausdrücken.«

»Unglaublich! Wie lautet dieses außergewöhnliche Wort?«

»Stille.«

Ein nicht übertrieben eifriger Schüler klagte, er habe noch nie die Stille kennengelernt, die der Meister stets empfahl.

Sagte der Meister:

»Stille erfahren nur aktive Menschen.«

Ein alter Mann konnte stundenlang still in der Kirche sitzen. Eines Tages fragte ihn ein Priester, worüber Gott mit ihm spräche.

»Gott spricht nicht. Er hört nur zu«, war die Antwort.

»Was redest du dann mit ihm?«

»Ich spreche auch nicht. Ich höre nur zu.«

Die vier Stufen des Gebetes:

Ich spreche, du hörst zu.

Du sprichst, ich höre zu.

Keiner spricht, beide hören zu.

Keiner spricht, keiner hört: Schweigen.

KANNST DU SCHWEIGEN?

Der heutige Mensch scheut das Schweigen ganz besonders. Es fällt ihm schwer, für sich allein innezuhalten. Immer drängt es ihn, in Bewegung zu sein, etwas zu unternehmen und etwas zu sagen. Und so ist denn sein Handeln meistens nicht frei, schöpferisch und dynamisch, wie er gern annimmt; es ist zwanghaft. Wenn man lernt, innezuhalten und zu schweigen, wird man *frei*, zu handeln oder nicht zu handeln, zu reden oder nicht zu reden, und menschliches Reden und Handeln erlangen dann neue Tiefe und neue Kraft.

Der heutige Mensch kann nicht mehr tief in sich gehen. Sobald er es versucht, wird er aus seinem Herzen gleichsam herausgeschwemmt, so wie die See eine Leiche ans Ufer spült. Der Mensch kann nur glücklich werden, wenn er zu den Quellen des Lebens in den Tiefen seiner Seele gelangt; doch wird er dauernd aus seinem Zuhause verbannt und aus der stillen Klause seines geistlichen Lebens ausgeschlossen. Somit hört er auf, Person zu sein.

Der Dichter Khalil Gibran sagt: »Man redet, wenn man nicht mehr mit sich selbst in Frieden lebt. Und wenn man nicht mehr in den Tiefen seines Herzens wohnen kann, lebt man auf seinen Lippen. Dann wird Getön zum Vergnügen und zum Zeitvertreib.«

BUCH OHNE BUCHSTABEN

Ein Redner führte aus, daß ein Bruchteil der enormen Summen, die in der modernen Welt für Waffen ausgegeben werden, alle wesentlichen Probleme der gesamten Menschheit lösen könnte. Die voraussehbare Reaktion der Schüler nach dem Vortrag war: »Warum sind die Menschen so dumm?«

»Deswegen«, sagte der Meister ernst, »weil Menschen wohl gelernt haben, gedruckte Bücher zu lesen. Sie haben aber die Kunst vergessen, ungedruckte zu lesen.«

»Gebt uns ein Beispiel eines ungedruckten Buches.«

Aber der Meister wollte keines geben.

Eines Tages gab er ihrem Drängen nach und sagte: »Die Lieder der Vögel, das Summen der Insekten verkünden die Wahrheit wie ein Trompetenstoß. Gräser und Blumen weisen den Weg. Lauscht! So liest man.«

DAS GEQUAKE TÄUSCHT

Als der Meister gefragt wurde, wie man Stille entdecken kann, erzählte er diese Geschichte:

Eine Faktorei war am Ankauf von Ochsenfroschhäuten interessiert. Ein Farmer telegrafierte der Firma, daß er jede Anzahl nach Bedarf liefern könnte, bis zu hunderttausend Häute und mehr. Die Firma drahtete zurück: »Bitten um erste Lieferung von fünfzigtausend.«

Zwei Wochen später traf mit der Post eine einzige Brüllfroschhaut ein und dazu die Notiz:

»Sehr geehrte Herren, ich bitte um Entschuldigung. Das ist alles, was es an Froschhäuten in der Nähe gab. Das Gequake hat mich sicher getäuscht.«

Danach sagte der Meister: »Untersuche den Lärm, den die Leute machen. Dann durchschaue den Lärm, den du selbst machst, und du wirst nichts, nur Leere – und Stille finden.«

DIE GÖTTLICHE SPRACHE

Als der Meister mit wohlklingender Stimme Sanskritverse sang, hörte ihm ein Schüler wie gebannt zu und sagte: »Ich habe immer gewußt, daß es keine Sprache auf der Welt gibt, die göttliche Dinge so zum Ausdruck bringt wie das Sanskrit.«

»Mach dich nicht lächerlich«, sagte der Meister. »Die Sprache des Göttlichen ist nicht Sanskrit, sondern Schweigen.«

DIE KATZE DES GURUS

Jeden Abend, wenn der Guru sich zur Andacht niederließ, pflegte die Ashram-Katze herumzustreunen und die Beter abzulenken. Also ließ er die Katze während des Abendgottesdienstes anbinden.

Lange nach dem Tode des Gurus wurde die Katze stets während des Abendgottesdienstes angebunden. Und als die Katze schließlich starb, wurde eine andere Katze in den Ashram gebracht, so daß man sie ordnungsgemäß während des Abendgottesdienstes anbinden konnte.

Jahrhunderte später schrieben die Schüler des Gurus gelehrte Abhandlungen darüber, welche wichtige Rolle eine Katze in jedem ordentlich gestalteten Gottesdienst spiele.

DAS LEBENSELEXIER

Mahatma Gandhi pflegte es als seine Erfahrung hinzustellen, daß er tagelang leicht ohne einen einzigen Bissen Nahrung leben konnte, aber nicht für eine einzige Minute ohne Gebet. Wenn man ihm auch nur für eine Minute das Gebet nähme, so hat er gesagt, würde er bei dem Leben, das er führte, verrückt.

VOR EINEM SCHÖNEN BILD

Zu meinem Bekanntenkreis gehört ein sehr frommer und heiligmäßiger Jesuit, der eine kleine Sammlung jener schönen Landschaftsbilder besitzt, die man heute in Kalendern findet. Er hat mir gesagt, er betrachte, wenn er müde sei, einfach eines dieser Bilder und stelle fest, daß er sich ins Gebet versenkt habe.

DIE WALDKIRCHE

Es war einmal ein Wald, in dem die Vögel bei Tag und die Insekten bei Nacht sangen. Bäume gediehen, Blumen blühten und alle Art von Kreatur freute sich des Lebens in Freiheit.

Und jeder, der diesen Wald betrat, wurde hingeführt zur Einsamkeit, die die Heimat Gottes ist, der im Schweigen der Natur und ihrer Schönheit wohnt.

Doch dann begann das Zeitalter des bewußtlosen Handelns, als es den Menschen möglich wurde, dreihundert Meter hohe Gebäude zu errichten und innerhalb eines einzigen Monats Flüsse, Wälder und Berge zu zerstören. Man baute Häuser für den Gottesdienst aus dem Holz der Waldbäume und aus den Steinen

338

im Waldboden. Kirchtürme und Minarette ragten in den Himmel, die Luft war erfüllt von Glockengeläut, Gebet, Gesang und Ermahnung.

Und plötzlich hatte Gott kein Haus mehr.

LIEBER GOTT AUF DER STRASSE

Es war einmal eine gläubige und fromme Frau, die Gott liebte. Jeden Morgen ging sie in die Kirche. Unterwegs riefen ihr die Kinder zu. Bettler sprachen sie an, aber sie war so in sich versunken, daß sie nichts wahrnahm.

Eines Tages ging sie wie immer die Straße hinab und erreichte gerade rechtzeitig zum Gottesdienst die Kirche. Sie drückte an der Tür, doch sie ließ sich nicht öffnen. Sie versuchte es heftiger und fand die Tür verschlossen.

Der Gedanke, daß sie zum erstenmal in all den Jahren den Gottesdienst versäumen würde, bedrückte sie. Ratlos blickte sie auf und sah genau vor ihrem Gesicht einen Zettel an der Tür.

Darauf stand: »Ich bin hier draußen!«

Von einem Heiligen wurde erzählt, daß er jedesmal, wenn er fortging, um seinen religiösen Pflichten nachzukommen, zu sagen pflegte: »Und nun, Herr, auf Wiedersehen! Ich gehe in die Kirche.«

Ein allgemein bekannter Sünder wurde exkommuniziert. Man verbot ihm, die Kirche zu betreten.

Er klagte Gott sein Leid. »Sie wollen mich nicht hineinlassen, Herr, weil ich ein Sünder bin.«

»Warum jammerst du«, sagte Gott. »Mich lassen sie auch nicht hinein.«

TEMPELMANNS IRRTUM

Mein Tempelpriester sagt mir, daß der Tempel für mich der einzige Ort ist, um zu Gott zu beten. Was sagst du dazu?«

»Dein Tempelpriester ist nicht die richtige Person, die du hier um Rat fragen solltest«, erwiderte der Meister.

»Aber er ist doch Experte, oder nicht?«

Darauf erzählte der Meister von einem Erlebnis, das er auf einer Reise im Ausland hatte: Als er in seinen zwei von zu Hause mitgebrachten Reiseführern blätterte, musterte sie sein Fremdenführer mit finsterer Miene und deutete dann auf das eine Buch:

»Das da sehr schlechter Reiseführer, anderes Buch besser.«

»Warum? Enthält dieses mehr Informationen?«

Der Fremdenführer schüttelte den Kopf: »Dieses Buch sagt, Fremdenführer fünf Dollar geben, anderes sagt fünfzig Cent.«

GEBET DER FRÖSCHE

Als Bruder Bruno eines Nachts betete, fühlte er sich durch das Quaken eines Ochsenfrosches gestört. Er versuchte, es nicht zu beachten, doch umsonst. Wütend schrie er aus dem Fenster: »Ruhe! Ich bete gerade.«

Bruder Bruno war ein Heiliger, und so wurde sein Befehl sofort befolgt. Alle Kreatur verstummte, damit eine dem Gebet dienliche Stille einkehren konnte.

Aber nun drängte sich ein anderer Laut in Bruder Brunos Gebet – eine innere Stimme, die ihm sagte: »Vielleicht gefällt Gott das Quaken dieses Frosches genauso wie der Gesang deiner Psalmen.«

»Was kann Gott am Quaken eines Frosches gefallen?« erwiderte Bruno spöttisch. Doch die Stimme gab nicht nach: »Warum glaubst du, hat Gott diesen Laut geschaffen?«

Bruno beschloß, eben dies herauszufinden. Er beugte sich aus dem Fenster und befahl: »Sing!« Das bedächtige Gequake des Frosches erfüllte wieder die Luft und wurde von allen Fröschen der Nachbarschaft vielstimmig aufgenommen. Und als Bruder Bruno die Laute auf sich wirken ließ, klangen die Stimmen, da er sich nicht länger gegen sie sträubte, durchaus nicht mehr schrill, sondern verschönerten tatsächlich die nächtliche Stille.

Diese Entdeckung brachte Bruder Brunos Herz in Einklang mit dem Universum, und er verstand zum erstenmal in seinem Leben, was Beten heißt.

UN-ERHÖRT

Hier ist eine Lieblingsgeschichte des Sufimeisters Sa'di aus Schiraz:

Einer meiner Freunde war hocherfreut, daß seine Frau schwanger war. Er wünschte sich glühend einen männlichen Sproß. Und er betete unaufhörlich zu Gott und machte entsprechende Gelübde.

Es geschah, daß seine Frau einen Sohn gebar. Mein Freund war glücklich und lud das ganze Dorf ein, um Dank zu sagen.

Jahre später, auf dem Rückweg aus Mekka, kam ich durch das Dorf meines Freundes. Man sagte mir, er sei im Gefängnis.

»Warum? Was hat er getan?« fragte ich.

Seine Nachbarn sagten: »Sein Sohn tötete im Rausch einen Mann und lief davon. Also wurde der Vater festgenommen und ins Gefängnis geworfen.«

Gott beharrlich um etwas zu bitten, das wir haben möchten, ist in der Tat eine lebenswerte Übung.

Es kann freilich auch sehr gefährlich sein.

WENN DER SCHNURRBART BRENNT

Wenn der Neurotiker bei dir Hilfe sucht, will er nur selten geheilt werden, denn jede Heilung tut weh. In Wirklichkeit will er in seiner Neurose bestätigt werden. Am liebsten aber hätte er ein Wunder, das ihn schmerzlos heilte.

Der alte Mann liebte seine Pfeife nach dem Essen. Eines Abends roch seine Frau Brandgeruch und rief: »Um Himmels willen, Pa! Du hast deinen Schnurrbart angezündet.«

»Ich weiß«, antwortete der alte Mann böse, »siehst du nicht, daß ich um Regen bete?«

KOPF ODER ZAHL

Der große japanische General Nobunaga beschloß anzugreifen, obgleich seine Männer nur im Verhältnis eins zu zehn denen des Feindes gegenüberstanden. Er war von seinem Sieg überzeugt, aber seine Soldaten waren voller Zweifel. Auf dem Weg in die Schlacht hielten sie an einem Shinto-Schrein. Nachdem Nobunaga dort gebetet hatte, kam er heraus und sagte: »Ich werde nun eine Münze werfen. Wenn es Kopf ist, werden wir gewinnen, wenn Zahl, verlieren wir. Das Schicksal wird sich uns zu erkennen geben.«

Er warf die Münze. Es war Kopf. Die Soldaten waren so kampfbesessen, daß sie die Schlacht mit Leichtigkeit gewannen.

Am nächstenTag sagte ein Adjutant zu Nobunaga: »Niemand kann den Weg des Schicksals ändern.«

»Ganz richtig«, erwiderte Nobunaga und zeigte ihm eine gefälschte Münze, die auf beiden Seiten einen Kopf trug.

Macht des Gebetes? Macht des Schicksals?

Oder die Macht eines Glaubens, der überzeugt ist, irgend etwas werde passieren?

WIE'S KOMMT

Der Meister betete, als seine Schüler zu ihm kamen und sagten: »Herr, lehre uns beten.« Und so lehrte er sie . . .

Zwei Männer gingen eines Tages über ein Feld, als sie einen wütenden Bullen sahen. Auf der Stelle stürzten sie zum nächsten Zaun, der Bulle ihnen auf den Fersen. Bald wurde ihnen klar, daß sie es nicht schaffen würden, und einer schrie dem anderen zu: »Es ist aus! Nichts kann uns retten. Sag ein Gebet. Schnell!«

Da schrie der andere zurück: »Ich habe nie in meinem Leben gebetet und kenne kein Gebet für diese Gelegenheit.«

»Ganz egal! Der Bulle hat uns gleich eingeholt. Jedes Gebet ist recht.«

»Dann will ich das einzige Gebet beten, an das ich mich erinnere und das mein Vater vor dem Essen betete:

›Herr, mach uns wahrhaft dankbar für das, was du uns gegeben hast‹.«

DIE MANNSCHAFTSBETER

Die katholische Fußballmannschaft war unterwegs zu einem wichtigen Spiel. Ein Reporter stieg in den Zug und fragte nach dem Trainer.

»Wie ich gehört habe«, sagte der Reporter, »haben Sie einen Kaplan dabei, der für den Erfolg der Mannschaft betet. Würden Sie mich ihm bitte vorstellen?«

»Es wäre mir ein Vergnügen«, antwortete der Trainer, »welchen möchten Sie sprechen, den Angriffs- oder den Verteidigungskaplan?«

FLUCHEN WIE BETEN

Der arabische Meister Jalal ud-Din Rumi erzählte gerne folgende Geschichte:

Eines Tages verrichtete der Prophet Mohammed sein Morgengebet in der Moschee. In der Menschenmenge, die mit dem Propheten zusammen betete, war ein arabischer Aspirant. Mohammed begann den Koran zu lesen und sagte den Vers, in dem der Pharao den Anspruch erhebt: »Ich bin euer wahrer Gott«. Bei diesen Worten ergriff den guten Aspiranten so spontan der Zorn, daß er in die Stille hineinschrie: »Dieser prahlerische Hurensohn!«

Der Prophet sagte nichts, aber nach dem Gebet begannen die anderen den Araber zu schelten: »Schämst du dich nicht? Dein Gebet wird Gott mißfallen, weil du nicht nur die heilige Stille des Gebetes unterbrochen hast, sondern auch in Gegenwart von Gottes Propheten unflätige Worte gebrauchtest.«

Der Araber wurde rot vor Scham und zitterte vor Angst, bis Gabriel dem Propheten erschien und sagte: »Gott grüßt dich und bittet dich, diesen Leuten Einhalt zu gebieten, daß sie diesen einfachen Araber nicht weiter schelten; seine ehrlich gemeinten Flüche gingen mir mehr zu Herzen als die heiligen Gebete vieler anderer.«

Gott sieht unser Herz an, wenn wir beten, nicht die äußeren Formeln.

DER TANZ DES RABBI

Die Juden einer kleinen Stadt in Rußland erwarteten ungeduldig die Ankunft eines Rabbi. Das kam nicht oft vor, und deshalb dachten sie lange über die Fragen nach, die sie dem heiligen Mann stellen wollten.

Als er schließlich kam und sie mit ihm in der großen Halle der Stadt zusammentrafen, konnte er die Spannung spüren, mit der sie seine Antworten auf ihre Fragen erwarteten.

Zuerst sagte er nichts; er blickte ihnen nur in die Augen und summte eine schwermütige Melodie. Bald begannen alle zu summen. Er fing an zu singen, und alle sangen mit ihm. Er wiegte seinen Körper und tanzte mit feierlichen, abgemessenen Schritten. Die Gemeinde folgte seinem Beispiel. Bald waren sie so sehr von dem Tanz gefangen, so sehr in die Bewegungen vertieft, daß sie auf nichts anderes mehr achteten. Auf diese Weise wurde jeder in der Menge wieder ganz, wurde von der inneren Zersplitterung geheilt, die uns von der Wahrheit fernhält.

Fast eine Stunde verging, ehe der Tanz langsam aufhörte. Die Spannung in ihrem Inneren war gewichen, und jeder verharrte in dem schweigenden Frieden, der den Raum erfüllte. Dann sagte der Rabbi die einzigen Worte, die an jenem Abend über seine Lippen kamen: »Ich hoffe, ich habe eure Fragen beantwortet.«

BOMBEN VON DER ALTEN DAME

Eine fromme alte Dame nach dem Krieg: »Gott meinte es sehr gut mit uns. Wir beteten unablässig, so fielen alle Bomben auf die andere Seite der Stadt.«

DIE REGENTANTE

Es war zur festen Gewohnheit geworden, jedes Jahr ihre fromme Tante einzuladen, wenn sie ein Gartenfest veranstalteten. In diesem Jahr vergaßen sie es. Als die Einladung doch noch in letzter Minute eintraf, sagte sie: »Jetzt ist es zu spät. Ich habe schon um Regen gebetet.«

ENTSAGUNG IM HIMALAYA

Im alten Indien wurde den Vedischen Riten große Bedeutung beigemessen, auch auf naturwissenschaftlichem Gebiet, so daß, wenn die Weisen um Regen beteten, nie Dürre im Land herrschte.

Nach diesen Riten begann ein Mann zu Lakshmi, der Göttin des Reichtums, zu beten, damit sie ihn reich mache.

Zehn lange Jahre betete er ohne Erfolg, und nach dieser Zeit erkannte er plötzlich, daß Reichtum trügerisch sei. Darauf begann er ein Leben der Entsagung im Himalaya.

Als er eines Tages während der Meditation die Augen aufschlug, sah er vor sich eine außergewöhnlich schöne Frau, so strahlend und so leuchtend, als wäre sie aus Gold.

»Wer bist du, und was tust du hier?« fragte er.

»Ich bin die Göttin Lakshmi, die du zwölf Jahre lang mit Lobgesängen verehrtest«, sagte die Frau. »Ich bin gekommen, um dir deinen Wunsch zu erfüllen.«

»Nun, meine liebe Göttin«, erwiderte der Mann, »seither habe ich das Glück der Meditation erfahren und mein Verlangen nach Reichtum verloren. Du kommst zu spät. Sag mir, warum hast du dein Kommen so lange hinausgeschoben?«

»Um dir die Wahrheit zu sagen«, antwortete die Göttin, »die Besonderheit dieser Riten, die du so treu befolgt hast, rechtfertigte durchaus, daß dir Reichtum zuteil geworden wäre. Weil ich dich aber liebe und dein Wohlergehen wünsche, hielt ich ihn zurück.«

Wenn du die Wahl hättest, was würdest du wählen: Die Erfüllung deiner Bitte oder die Gnade, inneren Frieden zu haben, ob sie nun erfüllt wird oder nicht?

DER SEUFZER DES SCHUSTERS

Ein Schuster kam zu Rabbi Isaak von Ger und sprach: »Sag mir, wie soll ich es mit meinem Morgengebet halten? Meine Kunden sind arme Leute, die nur ein Paar Schuhe besitzen. Sie bringen sie spät abends, und ich arbeite fast die ganze Nacht daran; sogar wenn der Morgen anbricht, gibt es immer noch zu tun, wenn die Schuhe fertig sein sollen, ehe die Männer zur Arbeit gehen. Deshalb möchte ich wissen: Wie soll ich es mit meinem Morgengebet halten?«

»Wie hast du es denn bisher gemacht?« fragte der Rabbi.

»Manchmal bete ich es schnell und gehe dann gleich wieder an die Arbeit – doch fühle ich mich dabei nicht wohl. Ein andermal lasse ich die Stunde des Gebetes vorbeigehen. Dann habe ich aber auch das Gefühl, es fehle mir etwas, und hier und da, wenn ich den Hammer hebe, meine ich, mein Herz seufzen zu hören: ›Was für ein unglücklicher Mensch bin ich doch, daß ich nicht mein Morgengebet verrichten kann.‹«

Sagte der Rabbi: »Wenn ich Gott wäre, wäre mir dieser Seufzer mehr wert als das Gebet.«

MORGENGEBET

Großmutter: »Betest du jeden Abend deine Gebete?« Enkel: »Oh ja!«

»Und jeden Morgen?«

»Nein. Am Tage habe ich keine Angst.«

DAS ALPHABET-GEBET

Eine chassidische Geschichte: Eines Abends spät merkte ein armer Bauer auf dem vom Markt, daß er sein Gebetbuch nicht bei sich hatte. Da ging mitten im Wald ein Rad seines Karrens entzwei und es betrübte ihn, daß dieser Tag vergehen sollte, ohne daß er seine Gebete verrichtet hatte.

Also betete er: »Ich habe etwas sehr Dummes getan, Herr. Ich bin heute früh ohne mein Gebetbuch von zu Hause fortgegangen und mein Gedächtnis ist so schlecht, daß ich kein einziges Gebet auswendig sprechen kann. Deshalb werde ich dies tun: Ich werde fünfmal langsam das ganze ABC aufsagen und du, der du alle Gebete kennst, kannst die Buchstaben zusammensetzen und daraus die Gebete machen, an die ich mich nicht erinnern kann.«

Und der Herr sagte zu seinen Engeln: »Von allen Gebeten, die ich heute gehört habe, ist dieses ohne Zweifel das beste, weil es aus einem einfachen und ehrlichen Herzen kam.«

BALLETT BETEND

Der Meister saß mit seinen Schülern unter den Zuschauern. Er sagte: »Ihr habt so manches Gebet *gehört*, und so manches Gebet *gesprochen*. Heute abend sollt ihr ein Gebet *sehen*.«

In diesem Augenblick hob sich der Vorhang, und das Ballett begann.

WIE EIN KAISER BETET

Der moslemische Mystiker, Farid, wurde von seinen Nachbarn gedrängt, an den Hof in Delhi zu gehen, um von Akbar für das Dorf eine Gefälligkeit zu erbitten. Farid betrat die Residenz und fand Akbar beim Gebet.

Als der Kaiser schließlich ansprechbar war, fragte Farid: »Was für ein Gebet habt Ihr gesprochen?«

»Ich betete, der All-Barmherzige möge mir Erfolg, Reichtum und ein langes Leben schenken«, lautete die Antwort.

Farid machte auf der Stelle kehrt und entfernte sich mit den Worten: »Ich kam, um einen Kaiser zu treffen. Aber ich fand nur einen Bettler, genau wie alle anderen.«

SKANDALGESCHICHTE

Man sah den Ortspfarrer öfters im Gespräch mit einer schönen Frau von schlechtem Ruf – und das auch noch in der Öffentlichkeit, was seine Pfarrkinder als Skandal ansahen.

Er wurde zu einer Standpauke vor den Bischof zitiert. Als der Bischof fertig war, sagte der Pfarrer: »Eure Exzellenz, ich war immer der Meinung, es sei besser, mit einer schönen Frau zu reden und dabei an Gott zu denken, als zu Gott zu beten und an eine schöne Frau zu denken.«

BETEN VERBOTEN

Eine Kirche oder Synagoge braucht Geldspenden, wenn sie weiterbestehen will. Aber es gab einmal eine jüdische Synagoge, die keinen Klingelbeutel zirkulieren ließ, wie es in christlichen Kirchen üblich ist. Sie versuchte, Geld zu beschaffen, indem sie Eintrittskarten für reservierte Plätze an Feiertagen verkaufte, denn dann war die Gemeinde am zahlreichsten vertreten, und die Leute spendeten großzügig.

An einem solchen Feiertag kam ein Junge zur Synagoge. Er suchte seinen Vater, aber die Platzanweiser wollten ihn nicht hineinlassen, weil er keine Eintrittskarte hatte.

»Hören Sie«, sagte der Junge, »es geht um eine ernste Sache.«

»Das sagen Sie alle«, erwiderte der Platzanweiser.

Der Junge war ganz verzweifelt und begann zu bitten:

»Bitte, Sir, lassen Sie mich hinein. Es geht um Leben und Tod. Ich werde nur eine Minute drinbleiben.«

Der Türsteher gab nach. »Okay, wenn es so wichtig ist«, sagte er, »aber laß dich nicht beim Beten erwischen!«

DES FISCHERS WUNDERBARE VERWANDLUNG

Eines Nachts schlich ein Fischer in das Anwesen eines reichen Mannes und warf sein Netz in einen See voller Fische. Der Besitzer hörte ihn und schickte seine Wachen aus. Als der Fischer sie mit erleuchteten Fackeln überall nach ihm suchen sah, beschmierte er schnell seinen Körper mit Asche und setzte sich unter einen Baum, wie es heilige Männer in Indien zu tun pflegen.

Der Besitzer und seine Wachen konnten keinen Wilderer entdecken, obgleich sie lange Zeit suchten. Sie fanden nur einen mit Asche bedeckten heiligen Mann, der in Meditation versunken unter einem Baum saß.

Am nächsten Tag verbreitete sich überall die Nachricht, daß ein großer Weiser geruhte, auf dem Anwesen des reichen Mannes Aufenthalt zu nehmen. Mit Blumen, Früchten und Essen strömten die Menschen herbei, sogar mit Geld, um ihre Ehrerbietung zu bekunden, denn man hing dem frommen Glauben an, Gaben an einen heiligen Mann bringen dem Geber Gottes Segen.

Der Fischer, zum Weisen geworden, wunderte sich über sein Glück. »Es ist leichter, seinen Lebensunterhalt mit dem Glauben dieser Leute zu verdienen, als durch meiner Hände Arbeit«, sagte er sich. Also meditierte er weiter und tat keinen Handschlag mehr.

DAS DRÖHNENDE LACHEN

Von dem großen Zen-Meister Rinzai wird erzählt, daß er jeden Abend vor dem Zubettgehen ein dröhnendes Lachen von sich gab, das in allen Gängen widerhallte und überall in den Klostergebäuden zu hören war.

Und das erste, was er tat, wenn er bei Morgengrauen aufwachte, war schallend zu lachen, laut genug, um jeden Mönch auch aus dem tiefsten Schlaf zu wecken.

Seine Schüler fragten ihn immer wieder, warum er lachte, aber er wollte es ihnen nicht sagen. Und als er starb, nahm er das Geheimnis seines Lachens mit ins Grab.

DER WILLE RAMAS

In einem kleinen indischen Dorf lebte ein Weber, eine wirklich fromme Seele. Den ganzen Tag pflegte er den Namen Gottes vor sich hin zu sprechen, und die Leute hatten unbedingtes Vertrauen zu ihm. Wenn er eine ausreichende Menge Tuch gewoben hatte, ging er auf den Markt, um sie zu verkaufen. Fragte jemand nach dem Preis für ein Stück Stoff, antwortete er stets: »Es ist der Wille Ramas, daß der Preis für das Garn 35 Cents beträgt, die Arbeit bringt 10 Cents, der Verdienst, so will es Rama, ist vier Cents. Also kostet dieses Stück Stoff nach Ramas Willen, 49 Cents.«

Die Leute hatten ein solches Vertrauen zu dem Mann, daß sie nie mit ihm handelten; sie bezahlten den verlangten Preis und nahmen die Ware entgegen.

Der Weber hatte die Gewohnheit, nachts in den Dorftempel zu gehen, Gott zu loben und seinen Namen zu preisen. Eines Nachts stürmte während seines Gesanges eine Räuberbande in den Tempel. Sie suchten jemand, um die von ihnen gestohlenen Waren wegzutragen und sagten zu ihm: »Komm mit uns!« Der Weber ging lammfromm mit ihnen und trug die Pakete auf dem Kopf. Da begann die Polizei Jagd auf sie zu machen, und die Räuber rannten davon; der Weber wollte auch davonlaufen, aber da er schon älter war, holten ihn die Polizisten bald ein, und weil sie die gestohlenen Waren bei ihm fanden, verhafteten sie ihn und warfen ihn ins Gefängnis.

Am folgenden Tag wurde er dem Richter vorgeführt und des Diebstahls beschuldigt. Als ihn der Richter fragte, was er zu seinen Gunsten anzuführen hätte, sagte er folgendes:

»Euer Ehren, nach Ramas Willen beendete ich letzte Nacht mein Abendessen und ging, so wollte es Rama, in den Tempel, um dort sein Lob zu singen. Da stürmte plötzlich, nach Ramas Willen, eine Räuberbande herein und forderte mich, nach Ramas Willen auf, die Waren für sie zu tragen. Sie häuften eine solche Last auf meinen Kopf, daß es nicht schwer war, mich einzuholen, als nach dem Willen Ramas die Polizei die Verfolgung aufnahm. Dann wurde ich nach dem Willen Ramas verhaftet und ins Gefängnis geworfen. Und so stehe ich heute morgen, nach dem Willen Ramas, vor Euch.«

Der Richter sagte zu dem Polizisten: »Laßt den Mann frei, er ist wie man sieht nicht ganz zurechnungsfähig.«

Als der Weber wieder zu Hause war und man ihn fragte, was geschehen war, sagte der fromme Mann: »Nach dem Willen Ramas wurde ich verhaftet und vor Gericht verhört. Und nach dem Willen Ramas wurde ich freigesprochen.«

DIE MEERESGLOCKEN

Der Tempel hatte auf einer zwei Meilen in der offenen See gelegenen Insel gestanden. In ihm befanden sich tausend Glocken. Große und kleine, Glocken, von den besten Handwerkern der Welt gegossen. Wenn der Wind wehte oder ein Sturm wütete, begannen alle Glocken gleichzeitig zu ertönen und in einer Symphonie zusammenzuklingen, die das Herz des Hörers in Entzücken versetzte.

Aber im Laufe der Jahrhunderte versank die Insel im Meer und mit ihr der Tempel und die Glocken. Nach einer alten Überlieferung ertönten die Glocken auch weiterhin, unaufhörlich, und jeder konnte sie hören, der aufmerksam lauschte. Beflügelt von dieser Überlieferung, reiste ein junger Mann Tausende von Meilen, um dieses Wunder zu hören. Tagelang saß er an der Küste, der Stelle gegenüber, wo der Tempel einst gestanden hatte und lauschte – lauschte mit allen Fasern seines Herzens. Aber er hörte nur die sich am Strand brechenden Wellen. Er bemühte sich immer wieder, das Brausen der Wellen zu verdrängen, damit er die Glocken hören konnte. Aber vergeblich; das Rauschen des Meeres schien das Universum zu überfluten.

Viele Wochen blieb er seiner Aufgabe treu. Wenn er entmutigt war, pflegte er den Worten der Dorf-Pandits zu lauschen, die überschwenglich die Legende der Tempelglocken erzählten und jene erwähnten, die sie gehört und damit ihre Wahrheit bekräftigt hatten. Und sein Herz begann zu brennen, als er ihre Worte hörte, nur um wieder entmutigt zu sinken, als wochenlanges Bemühen nichts ergab.

Schließlich beschloß er, den Versuch aufzugeben. Vielleicht war es ihm nicht bestimmt, zu den Glücklichen zu gehören, die die Glocken vernehmen konnten. Vielleicht stimmte die Legende nicht. Er wollte nach Hause zurückkehren und seinen Mißerfolg eingestehen. Am letzten Tag ging er zu seinem Lieblingsplatz am Strand, um sich von der See, dem Himmel, dem Wind und den Kokospalmen zu verabschieden. Er lag im Sand, blickte in den Himmel und lauschte dem Rauschen des Meeres. An diesem Tag sträubte er sich nicht gegen das Rauschen. Im Gegenteil, er gab sich ihm hin und empfand das Tosen der Wellen angenehm und beruhigend. Bald hatte er sich so in diesem Klang verloren, daß er sich seiner selbst kaum mehr bewußt war, so tief war die Stille in seinem Herzen geworden.

In der Tiefe dieser Stille hörte er es! Das helle Klingeln einer winzigen Glocke, gefolgt von einer anderen und noch einer anderen und wieder einer anderen . . . und bald ertönten alle tausend Tempelglocken in wunderbarem Zusammenklang, und sein Herz war außer sich vor Freude und Staunen.

Wenn du die Tempelglocken hören willst, lausche dem Klang des Meeres. Wenn du Gott sehen willst, sieh dir die Schöpfung mit offenen Augen an. Lehne sie nicht ab, grübele nicht darüber nach. Sieh sie dir einfach an.

EIN BISCHOF LERNT BETEN

Als das Schiff des Bischofs für einen Tag an einer fernen Insel anlegte, beschloß er, diesen Tag so gut wie möglich zu nutzen. Er schlenderte am Strand entlang und traf drei Fischer, die ihre Netze flickten. In Pidgin-Englisch erklärten sie ihm, daß sie vor vielen Jahrhunderten von Missionaren christianisiert worden waren. »Wir Christen!« sagten sie und zeigten stolz auf sich.

Der Bischof war beeindruckt. Kannten sie das Vaterunser?

Davon hatten sie noch nie gehört. Der Bischof war schockiert. Wie konnten diese Männer behaupten, Christen zu sein, wenn sie nicht etwas so Grundlegendes wie das Vaterunser kannten?

»Was sagt ihr also, wenn ihr betet?«

»Wir heben Augen zu Himmel. Wir beten: ›Wir sind drei, du bist drei, sei uns gnädig.‹« Der Bischof war bestürzt über dieses primitive, ja zutiefst ketzerische Gebet. So verbrachte er den ganzen Tag damit, sie das Gebet des Herrn zu lehren. Die Fischer lernten schwer, aber sie strengten sich an, und ehe der Bischof am nächsten Tag die Segel setzte, hörte er befriedigt, wie sie das ganze Gebet fehlerfrei aufsagten.

Monate später passierte das Schiff des Bischofs zufällig wieder diese Inseln. Als er auf dem Deck betend hin- und herging, erinnerte er sich mit Freuden daran, daß es auf jener fernen Insel drei Männer gab, die dank seiner geduldigen Bemühungen nun korrekt beten konnten. Als er gedankenverloren aufblickte, sah er im Osten einen hellen Fleck. Das Licht kam auf das Schiff zu, und als der Bischof verwundert hinsah, erkannte er drei Gestalten, die sich auf dem Wasser dem Schiff näherten. Der Kapitän stoppte, alle Matrosen beugten sich über die Reling, um das erstaunliche Ereignis zu sehen.

Als sie so nahe waren, daß man sie verstehen konnte, erkannte der Bischof seine drei Freunde, die Fischer.

»Bischof!« riefen sie, »wir so froh, dich zu sehen. Wir hören, dein Boot an Insel vorbeifahren, wir schnell schnell kommen, dich zu treffen.«

»Was wollt ihr?« fragte der Bischof ehrfürchtig.

»Bischof«, sagten sie, »wir so sehr traurig. Wir vergessen schönes Gebet. Wir sagen: Unser Vater im Himmel geheiligt sei dein Name, dein Reich komme . . . dann wir vergessen. Bitte sage uns ganzes Gebet noch einmal.«

Demütig sagte der Bischof: »Geht nach Hause zurück, gute Leute, und sagt, wenn ihr betet: ›Wir sind drei, du bist drei, sei uns gnädig!‹«

Ich habe oft alte Frauen beobachtet, die in der Kirche endlose Rosenkränze beten. Wie sollte Gott wohl durch dieses unzusammenhängende Gemurmel gepriesen werden? Aber jedesmal, wenn ich in ihre Augen oder emporgewandten Gesichter sehe, weiß ich in meinem Herzen, daß sie Gott näher sind als viele kluge Leute.

SCHÖNE NONNE RYONEN

Die buddhistische Nonne Ryonen wurde im Jahre 1779 geboren. Der berühmte japanische Krieger Shingen war ihr Großvater. Sie galt als das schönste Mädchen Japans und als Dichterin von Rang. So wurde sie schon im Alter von siebzehn Jahren auserwählt, am königlichen Hof zu dienen, wo sie eine große Zuneigung zu Ihrer Majestät, der Kaiserin, entwickelte. Nun starb die Kaiserin eines plötzlichen Todes, und Ryonen machte eine tiefe geistliche Entwicklung durch: Ihr wurde plötzlich bewußt, wie flüchtig alle Dinge sind. Deshalb entschloß sie sich, Zen zu studieren.

Aber ihre Familie wollte davon nichts wissen. Man zwang sie praktisch zu einer Heirat, aber vorher hatte sie sich das Versprechen geben lassen, daß es ihr frei stünde, Nonne zu werden, wenn sie ihrem Mann drei Kinder geboren hätte. Diese Bedingung wurde erfüllt, als sie 25 Jahre alt war. Dann konnten sie weder die Bitten ihres Mannes noch irgend etwas auf der Welt von der Aufgabe abhalten, an die sie ihr Herz gehängt hatte. Sie rasierte ihren Kopf kahl, nahm den Namen Ryonen an – das heißt: Klar verstehen – und begann ihre Suche.

Ryonen kam zu der Stadt Edo und bat den Meister Tetsugyu, sie als Schülerin anzunehmen. Er warf ihr einen Blick zu und wies sie ab, weil sie zu schön war. Also ging sie zu einem anderen Meister, Hakuo. Er wies sie aus dem gleichen Grund ab: Ihre Schönheit, sagte er, würde nur Unruhe stiften. Darauf brannte Ryonen ihr Gesicht mit einem glühenden Eisen und zerstörte dadurch für immer ihre körperliche Schönheit. Als sie zu Hakuo zurückkam, nahm er sie als Schülerin an.

Ryonen schrieb ein Gedicht auf die Rückseite eines kleinen Spiegels zur Erinnerung an dieses Ereignis:
Als Magd meiner Kaiserin verbrannte ich Weihrauch,
um meinen schönen Kleidern Duft zu verleihen.
Nun, als heimatloser Bettler verbrenne ich mein Gesicht,
um die Welt des Zen zu betreten.

Als sie wußte, daß ihre Zeit gekommen war, um aus dieser Welt zu scheiden, schrieb sie noch ein Gedicht:
Sechsundsechzigmal haben diese Augen die Schönheit des Herbstes gesehen . . . Verlange nichts mehr.
Lausche nur noch dem Laut der Kiefern, wenn kein Windhauch sich rührt.

WER DAS SCHICKSAL ZWINGEN KANN

Der Hinduweise Narada machte sich auf eine Pilgerreise zu dem Tempel des Gottes Vishnu. Eines Nachts hielt er in einem Dorf an und wurde in der Hütte eines armen Ehepaares gastfreundlich aufgenommen. Ehe er am nächsten Morgen aufbrach, sagte der Mann zu Narada: »Ihr geht zu Gott Vishnu. Bittet ihn, mir und meiner Frau ein Kind zu schenken, denn wir sind schon jahrelang kinderlos.«

Als Narada den Tempel erreichte, sagte er zu dem Gott: »Dieser Mann und seine Frau waren sehr freundlich zu mir. Sei barmherzig, und gib ihnen ein Kind.« Der Gott erwiderte, und es klang endgültig: »Es ist dem Schicksal dieses Mannes nicht bestimmt, Kinder zu haben.« Also verrichtete Narada seine Gebete und kehrte nach Hause zurück.

Fünf Jahre später unternahm er noch einmal die gleiche Pilgerreise, machte in dem gleichen Dorf halt und wurde von dem gleichen Ehepaar aufgenommen. Dieses Mal spielten zwei kleine Kinder vor dem Eingang der Hütte.

»Wessen Kinder sind das?« fragte Narada.

»Meine«, sagte der Mann.

Narada war verwirrt. Der Mann fuhr fort: »Bald nachdem Ihr uns vor fünf Jahren verlassen habt, kam ein heiliger Bettelmönch in unser Dorf. Wir nahmen ihn für die Nacht auf. Am nächsten Morgen segnete er vor dem Weggehen meine Frau und mich . . . und der Herr schenkte uns diese beiden Kinder.«

Als Narada dies hörte, konnte er nicht schnell genug zu dem Tempel von Gott Vishnu kommen. Kaum war er angekommen, rief er gleich vom Eingang her:

»Habt Ihr mir nicht gesagt, es sei dem Schicksal dieses Mannes nicht bestimmt, Kinder zu haben? Er hat zwei Kinder!«

Als der Gott das hörte, lachte er laut und sagte: »Das muß das Werk eines Heiligen sein. Heilige haben die Macht, das Schicksal zu ändern.«

DER GELDGIERIGE MÖNCH

Gessen war ein buddhistischer Mönch. Er war auch ein außerordentlich begabter Künstler. Ehe er jedoch an einem Gemälde zu arbeiten begann, verlangte er stets eine Vorauszahlung. Und seine Forderungen waren maßlos. So wurde er bekannt als der geldgierige Mönch.

Einmal ließ ihn eine Geisha kommen, damit er ein Bild für sie male. Gessen sagte: »Wieviel zahlst du mir?« Das Mädchen hatte zufällig einen Kunden da. Sie sagte: »Jeden Betrag, den du verlangst. Aber du mußt hier und jetzt vor mir malen.«

Gessen machte sich sofort an die Arbeit, und als das Bild fertig war, nannte er die höchste Summe, die er je verlangt hatte. Als die Geisha ihm das Geld gab, sagte sie zu ihrem Kunden: »Dieser ist angeblich ein Mönch, aber er denkt nur an Geld. Sein Talent ist außergewöhnlich, aber er hat ein schmutziges, geldgieriges Gemüt. Wie soll man die Leinwand eines solch gewinnsüchtigen Mannes ausstellen? Seine Arbeit taugt gerade für meine Unterwäsche.«

Bei diesen Worten warf sie ihm einen Unterrock hin und verlangte, daß er ein Bild darauf male. Gessen stellte die übliche Frage, bevor er sich an die Arbeit machte.

»Wieviel wirst du zahlen?«

»Jeden Betrag, den du verlangst.«

Gessen nannte seinen Preis, malte das Bild, steckte unverfroren das Geld ein und ging weg.

Viele Jahre später entdeckte man zufällig, warum Gessen so geldgierig war. Seine Heimatprovinz wurde oft von verheerenden Hungersnöten heimgesucht. Die Reichen taten nichts, um den Armen zu helfen. Also ließ Gessen insgeheim Scheunen bauen und für solche Notfälle mit Getreide füllen. Niemand wußte, woher das Korn kam, oder wer der Wohltäter der Provinz war.

Gessen brauchte noch aus einem anderen Grund Geld, nämlich für die Straße, die von der Stadt zu seinem weitentfernten Dorf führte. Sie war in einem solch schlechten Zustand, daß Ochsenkarren nicht darauf fahren konnten; für die Alten und Kranken war das eine große Beschwernis, wenn sie in die Stadt mußten. Also ließ Gessen die Straße ausbessern.

Schließlich war da noch ein Meditationstempel, den Gessens Lehrer immer hatte bauen wollen, aber aus Geldmangel nicht bauen konnte. Gessen errichtete diesen Tempel als Zeichen der Dankbarkeit gegenüber seinem verehrten Lehrer.

Nachdem der geldgierige Mönch die Straße, den Tempel und die Scheunen hatte bauen lassen, warf er Malfarben und Pinsel weg, zog sich in die Berge zurück, um dort ein kontemplatives Leben zu führen. Er malte kein Bild mehr.

DIE SCHILDKRÖTE IM SCHLAMM

Der Kaiser von China hörte von der Weisheit eines Eremiten, der in den Bergen im Norden lebte. Er schickte Boten zu ihm, die ihm das Amt des Premierministers in seinem Reich antragen sollten. Die kaiserlichen Gesandten waren tagelang unterwegs, ehe sie die Eremitenklause erreichten. Den Eremiten fanden sie halbnackt auf einem Felsen sitzend beim Fischen. Zuerst bezweifelten sie, daß das der Mann sein sollte, von dem der Kaiser so große Stücke hielt, aber Erkundigungen im nächsten Dorf ergaben, daß er es tatsächlich war. So riefen sie ihn vom Ufer aus höflich an.

Der Eremit watete ans Ufer, nahm die reichen Geschenke der Gesandten entgegen und vernahm ihr seltsames Begehren. Als ihm schließlich klar wurde, daß der Kaiser ihn, den Eremiten,

361

zum Premierminister des Reiches machen wollte, warf er den Kopf zurück und brüllte vor Lachen. Als er sich schließlich beruhigt hatte, sagte er zu den bestürzten Gesandten: »Seht ihr diese Schildkröte hier, wie sie im Schmutz mit ihrem Schwanz wippt?«

»Ja, geehrter Herr«, sagten die Abgesandten.

»Nun sagt mir, stimmt es, daß sich der kaiserliche Haushalt jeden Tag in der Palastkapelle versammelt und eine ausgestopfte Schildkröte verehrt, die sich in einem Schrein über dem Hauptaltar befindet, eine göttliche Schildkröte, deren Rückenschild mit Diamanten, Rubinen und anderen Edelsteinen inkrustiert ist?«

»So ist es in der Tat, geehrter Herr«, sagten die Abgesandten.

»Glaubt ihr wohl, daß dieser kleine Bursche hier, der im Schmutz mit seinem Schwanz wackelt, den Platz mit der göttlichen Schildkröte tauschen würde?«

»Nein, verehrter Herr«, sagten die Gesandten.

»Dann geht und sagt dem Kaiser, daß auch ich das nicht will. Ich möchte lieber lebendig in diesen Bergen als tot in seinem Palast sein. Niemand kann in einem Palast wohnen und lebendig bleiben.«

SICH ÄNDERN, UM DIE WELT ZU ÄNDERN

Der Sufi Bayazid erzählt folgende Geschichte:»In meiner Jugend war ich Revolutionär, und mein einziges Gebet zu Gott lautete: ›Herr, gib mir die Kraft, die Welt zu ändern.‹

Als ich die mittleren Jahre erreichte und merkte, daß die Hälfte meines Lebens vertan war, ohne daß ich eine einzige Seele geändert hätte, wandelte ich mein Gebet ab und bat: ›Herr, gib mir die Gnade, alle jene zu verändern, die mit mir in Berührung kommen. Nur meine Familie und Freunde, dann bin ich schon zufrieden.‹

Nun, da ich ein alter Mann bin und meine Tage gezählt sind, beginne ich einzusehen, wie töricht ich war. Mein einziges Gebet lautet nun: ›Herr, gib mir die Gnade, mich selbst zu ändern.‹ Wenn ich von Anfang an darum gebetet hätte, wäre mein Leben nicht vertan.«

VERLORENES VOLK

Ein Schüler fragte einmal Konfuzius: »Was sind die Grundvoraussetzungen für eine gute Regierung?«

Er antwortete: »Nahrung, Waffen und das Vertrauen des Volkes.«

»Aber«, fuhr der Schüler fort, »wenn Ihr gezwungen wäret, auf eine der drei Voraussetzungen zu verzichten, welche würdet Ihr aufgeben?«

»Waffen.«

»Und wenn Ihr noch eine weitere aufgeben müßtet?«

»Nahrung.«

»Aber ohne Nahrung werden die Menschen sterben.«

»Seit urvordenklichen Zeiten ist der Tod das Schicksal der Menschen. Aber wenn ein Volk seinen Herrschern nicht mehr vertraut, ist es in der Tat verloren.«

MUSIK DER UNSTERBLICHKEIT

In einem Konzentrationslager lebte einmal ein Gefangener, der, obwohl zum Tode verurteilt, furchtlos und frei war. Eines Tages sah man ihn mitten auf dem Gefängnisplatz Gitarre spielen. Eine große Menge versammelte sich um ihn, denn unter dem Zauber der Musik wurden alle genauso furchtlos wie er. Als die Gefängnisbeamten das merkten, verboten sie dem Mann zu spielen.

Aber am nächsten Tag war er wieder da, sang und spielte auf seiner Gitarre, und die Menge um ihn war größer als zuvor. Wütend schleppten ihn die Wärter weg und hackten seine Finger ab.

Am nächsten Tag war er wieder da, sang und spielte, so gut er mit seinen blutenden Fingern konnte. Dieses Mal jubelten ihm die Menschen zu. Die Wärter schleppten ihn fort und zerschlugen seine Gitarre.

Am nächsten Tag sang er aus ganzem Herzen. Was für ein Lied! So rein und beglückend! Die Menge fiel ein, und während des Singens wurden ihre Herzen so rein wie seines und ihr Geist genauso unbesiegbar. Dieses Mal waren die Wärter so wütend, daß sie ihm die Zunge ausrissen. Stille breitete sich über dem Lager aus, eine Ahnung von Unsterblichkeit.

Zu jedermanns Erstaunen war er am nächsten Tag wieder da und wiegte sich tanzend zu einer tonlosen Musik, die nur er hören konnte. Und bald faßten sich alle an den Händen und tanzten um diese blutende, zerbrochene Gestalt in der Mitte, während die Wachen wie angewurzelt dastanden.

WEDER REDEN NOCH SCHWEIGEN

Ein Mönch sagte einmal zu Fuketsu: »Ich hörte Euch einst Erstaunliches sagen, und zwar, daß Wahrheit mitgeteilt werden könne, ohne darüber zu reden, aber auch ohne zu schweigen. Könnt Ihr mir das bitte erklären?«

Fuketsu antwortete:

»Als ich ein kleiner Junge in Südchina war, wie sangen da im Frühling die Vögel in den blühenden Bäumen!«

DIE ZERSTÖRUNG DER WELT

Für den Vortrag des Meisters über »*Die Zerstörung der Welt*« wurde viel Voraus-Reklame gemacht, und eine große Menschenmenge versammelte sich auf dem Gelände des Klosters, um ihm zuzuhören.

Die Ansprache war in weniger als einer Minute beendet. Er sagte nur:

»Folgendes wird die menschliche Rasse vernichten:

Politik ohne Prinzipien,

Fortschritt ohne Mitleid,

Reichtum ohne Arbeit,

Lernen ohne Stille,

Religion, wenn sie nicht furchtlos ist

und Verehrung ohne Bewußtheit.«

QUELLENVERZEICHNIS

Die Geschichten dieses Bandes wurden aus folgenden Büchern Anthony de Mellos ausgewählt:

Daß ich sehe. Meditation des Lebens. Aus dem Englischen von Matthilde Wiemann, Verlag Herder–Freiburg–Basel–Wien, 6. Auflage 1994.

Eine Minute Unsinn. Aus dem Englischen von Robert Johna, Verlag Herder Freiburg–Basel–Wien, 2. Auflage 1994 (Taschenbuchausgabe Herder/Spektrum, Band 4379, 3.Auflage 1996).

Eine Minute Weisheit. Aus dem Englischen von Ursula Schottelius, Verlag Herder Freiburg–Basel–Wien, 9. Auflage 1996.

Die Fesseln lösen. Einübung in erfülltes Leben. Aus dem Portugiesischen von Irene Lucia Johna, Verlag Herder Freiburg–Basel–Wien, 5. Auflage 1997.

Der springende Punkt. Wach werden und glücklich sein. Illustrationen von Jules Stauber. Vorwort und herausgegeben von J.Francis Stroud S.J. Aus dem Englischen von Irene Lucia Johna, Verlag Herdere Freiburg–Basel–Wien. 7. Auflage 1997.

Von Gott berührt. Die Kraft des Gebetes. Aus dem Englischen von Radbert Kohlhaas, Verlag Herder Freiburg–Basel–Wien, 6. Auflage 1996.

Warum der Schäfer jedes Wetter liebt. Weisheitsgeschichten. Aus dem Englischen von Ursula Schottelius, Verlag Herder Freiburg–Basel–Wien, 5. Auflage 1992. (Taschenbuchausgabe Herder/Spektrum, Band 4523, 2. Auflage 1997).

Warum der Vogel singt. Weisheitsgeschichten. Illustrationen von Jules Stauber. Aus dem Englischen von Ursula Schottelius, Verlag Herder Freiburg–Basel–Wien 1993. (Taschenbuchausgabe Herder/Spektrum, Band 4149, 9. Auflage 1996).

Wer bringt das Pferd zum Fliegen? Weisheitsgeschichten. Vorwort von Parmananda R. Divarkar. Illustrationen von Jules Stauber. Aus dem Englischen von Ursula Schottelius, Verlag Herder Freiburg–Basel–Wien, 3. Auflage 1995 (Taschenbuchausgabe Herder/Spektrum, Band 4304, 4. Auflage 1997).

Wie ein Fisch im Wasser. Einladung zum glücklichen Leben. Illustrationen von Jules Stauber. Aus dem Englischen von Irene Lucia Johna, Verlag Herder Freiburg–Basel–Wien, 3. Auflage 1994 (Taschenbuchausgabe Herder/Spektrum, Band 4459, 2. Auflage 1996).